复杂水域公轨两用大跨度钢箱混合梁三塔斜拉桥施工关键技术

——以泸州邻玉长江大桥施工技术为例

符 强 严泽洪 著

合肥工業大學出版社

编写委员会

主　编　符　强　严泽洪

副主编　李旭军　陈　伟　刘　雄　安金星
朱　彬　蔡孝彬　刘忠兵　黎邦华

编　委　黄胜春　温岳飞　左　权　沈志鹏
周　剑　许红涛　郭少杰　丁锡峰
王　炯　黄金河　向　坤　王　林
魏康康　金红霞　白　晶　徐辉辉
杨　康　任　强　勾永杰　吴义伟
查扬帆　张泽生　王宏伟　周　为
李长志　彭水平　王　琦　卢　浩
何祥华　谢永涛

前　言

随着我国交通运输行业的快速发展，我国修建了大量跨江、跨海及跨越大峡谷的大跨度斜拉桥。据不完全统计，目前世界上跨径排名前 10 的斜拉桥中，中国占了 7 座；跨径超过 1000 m 的斜拉桥有 5 座，其中 4 座为中国建造。进入 21 世纪以来，我国建成的斜拉桥无论是数量和跨度，还是使用性能都跻身世界领先地位。因此，我国在斜拉桥建造领域取得了瞩目成就，成为世界上名副其实的桥梁强国。斜拉桥是一种自锚式桥梁结构体系，其受力特征为斜拉索上端锚固于索塔、下端锚固于主梁，三者共同承受荷载；主梁自重及其他荷载由斜拉索传递到索塔，再由索塔传递至桥梁基础。由于斜拉索对主梁是一种多点弹性支承，且密索体系下斜拉索在主梁纵桥向的锚固间距不大，故主梁受力以受压为主、承受的弯矩很小。斜拉桥以其优越的结构体系深受桥梁工程师的青睐。

邻玉长江大桥是一座公轨两用大跨度钢箱混合梁三塔斜拉桥，于 2016 年 1 月开工建设，2023 年 12 月建成通车。该桥是连接泸州城南副中心和城北副中心的重要快速通道，穿越城西组团，同时也是城市二环路的一部分。随着泸州城市化进程的加速，交通需求日益增长，品质美感也成为城市发展的追求，因此建设地标性跨江桥梁的需求尤为突出。邻玉长江大桥所在的长江流域，属较典型的山区性河流。长江河段汛期洪水的特点是涨落缓慢、峰高量大、持续时间长、淹没时间久。在此条件下修建大跨度斜拉桥面临以下挑战：一是，在深水区及厚卵石层覆盖条件下施工的大型基础设施，面临水流湍急、工期紧张、地质条件差及作业面小等难题；二是，索塔采用超高钻石型变截面索塔，其施工方法与常规索塔有所差异，施工难度更大，另外，超高型索塔对塔上横梁的吊装提出了更大挑战；三是，邻玉长江大桥的斜拉索设置为空间索面形式，空间索面的索导管施工难度较平面索面更大，这对索导管的精确定位安装要求更高；四是，泸州邻玉长江大桥的主梁宽度超过 50 m，属于超宽主梁结构形式，边跨混凝土主梁一次浇筑的混凝土方量大，保证混凝土主梁的浇筑及养护质量难度较大。中跨钢箱梁节段重量大，常规施工方案需采用大型起重船舶配合吊装，进行大节段钢箱梁起吊及精确拼装具有一定难度。因此，在邻玉长江大桥的施工中需解决以上技术难题，形成复杂水域环境下修建大跨度斜拉桥的成熟施工工艺。

本书依托邻玉长江大桥建设项目，系统总结了在深水区及厚卵石层覆盖条件下施工的大型基础设施、超高钻石型变截面索塔、超宽型主梁及桥面附属设施的成套施工技术。该项目研究成果不仅指导了邻玉长江大桥的施工建设，也为后续类似项目的施工提供参考。

本书共五章，第一章介绍了邻玉长江大桥的工程概述、建设条件、技术标准及总体设计；第二章介绍了邻玉长江大桥的钢栈桥、大直径桩基、大体积承台、水下基础双壁钢围堰及承台钢管桩围堰等大型基础设施的施工技术；第三章介绍了邻玉长江大桥的钻石型索塔液压爬模、多层间断式箱型索塔钢系梁及斜拉索的施工技术；第四章介绍了邻玉长江大桥的混凝土主梁、钢箱梁及钢-混凝土混合梁的施工技术；第五章介绍了邻玉长江大桥的施工过程中主梁、索塔及斜拉索的线形和应力监控技术。

特别感谢泸州市政府投资建设工程管理第一中心、葛洲坝（泸州）长江六桥投资有限公司、林同棪国际工程咨询（中国）有限公司、中铁二院（成都）咨询监理有限责任公司等单位专家对作者在邻玉长江大桥施工方面的大力支持。

在本书的编写过程中，得到了葛洲坝路桥工程有限公司各位专家、领导的无私帮助和指导，作者在此一并表示深切的谢意！

由于作者水平有限，书中难免有不足和纰漏之处，恳请各位读者批评指正！

符　强

2024 年 8 月

目　　录

第1章 总 述

1.1 主桥工程概述

1.1.1 项目建设背景

泸州市位于四川省东南部，长江和沱江交汇处，地处中国白酒金三角核心，是“酒以地兴，城以酒名”的中国酒城，有四川省第一大港口和第三大航空港，是南向综合交通枢纽、世界级白酒产业基地、成渝经济区重要商贸物流中心，也是长江上游重要的港口城市。

泸州市是四川省的重要城市，也是成渝经济圈的重要组成部分，但由于长江的阻隔，泸州市的交通状况存在拥堵问题。为解决此问题，泸州市规划了省属重点工程邻玉长江大桥作为二环路重要跨长江通道，旨在构建便捷、高效的城市交通网络，为经济高质量发展赋能。根据《长江经济带综合立体交通走廊规划(2014—2020年)》，泸州新建过江通道共有九座，邻玉长江大桥为其中之一。

1.1.2 设计范围及主要内容

项目起于城南组团机场路，起点与机场路相交形成全互通立交，后沿城南组团规划路网外侧前进，依次跨越S308省道、泸州、蓝田机场、滨江南路、长江后在江阳区福利山处上岸，向北延伸经江北立交、店子坡立交，终点至设计已完成的马屋基立交，路线全长约7.5 km，双向八车道。项目包含跨越长江特大桥一座、全互通立交两座、部分互通立交一座、简易互通立交一座及人行过街系统。项目设计工作内容为全线路基路面工程、桥梁、立交、交通、排水管网、照明工程，总体平面布置图如图1-1-1所示。

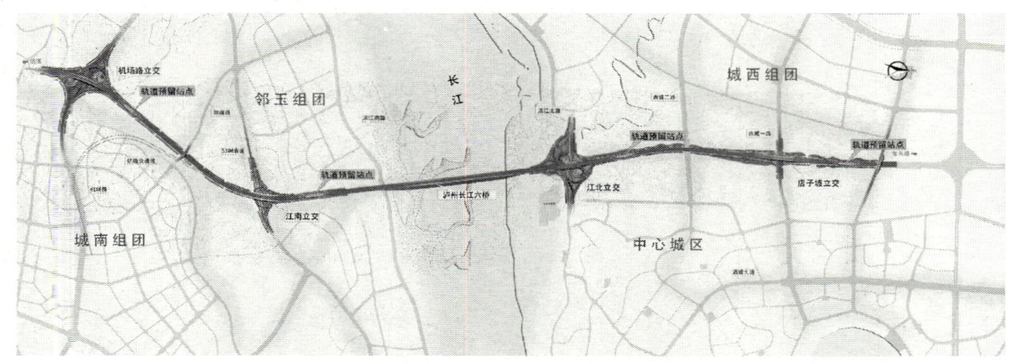

图 1-1-1　项目总体平面布置图

1.2　工程建设条件

1.2.1　自然条件

（1）气象条件

本工程项目所在区域属亚热带季风性湿润气候，光热水资源丰富，霜雪天气极少，光热水同步协调，春秋季暖和，夏季炎热。年平均日照为 1258 h，无霜期为 348 d，年平均气温为 18.9℃，极端最高气温为 40.2℃（1972 年 8 月），极端最低气温为－1.2℃（1977 年 1 月）。平均年降水量为 1207 mm，年最大降雨量为 1437.7 mm（1968 年），年最少降水量为 789.7 mm（1960 年），日最大降雨量为 225.2 mm（1968 年 7 月）。区域内盛行东北风，年平均风速为 17 m/s，最大风速为 22.5 m/s，年平均大风次数为 59 次。

（2）地形、地貌

拟建邻玉长江大桥地处河谷岸坡地貌，长江由西向东流向，桥址处河谷走向较顺直，河谷形态呈不对称“U”形，枯水期河面宽 720～750 m，汛期河面宽 1050～1100 m，河床高程一般 210～228.5 m，最低处 207.2 m，相对高差约 18.5 m，河床水坑较多，主航道靠右岸即北岸一侧。河谷总体地形为北高南低，MP1～MP5 主墩和 P12、P13 引桥墩位于河床中，勘察期间桥址河面高程约 230.6 m，水深 2.5～9 m。由于拟建大桥位于市郊区，采砂等人工活动频繁，对河床及两岸地形改造较大。拟建大桥桥址卫星图片如图 1-2-1 所示。

长江南岸为堆积岸，地形坡度大，高程 230～246 m，岸坡坡角 15°～35°，局部因采砂工程活动发育陡坎，P12 引桥墩位于南岸江边。岸坡岩土层主要为粉砂

图 1-2-1　拟建邻玉长江大桥桥址卫星图片

土、卵石土，坡面植被繁茂，杂草丛生，多为灌木，局部土层产生溜滑及塌岸现象。南岸现状地貌特征如图 1-2-2 所示。

(a) 南岸桥址西侧斜坡地貌

(b) 南岸桥址处陡坡地貌

图 1-2-2　邻玉长江大桥桥址南岸现状地貌特征图

长江北岸为冲刷岸，河床基岩出露较好，为侏罗系沙溪庙组沉积层，上覆为第四系冲洪积层卵石土堆积形成Ⅱ级阶地。岸坡地形坡度大，高程 225～275 m，整体上呈上陡下缓，下部地形坡度 15°～25°，上部地形坡度 30°～45°，坡面植被繁茂，杂草丛生，多为树木，局部表土层产生溜滑现象。北岸现状地貌特征如图 1-2-3 所示。

图 1-2-3 邻玉长江大桥桥址北岸现状地貌特征图

(3) 水文条件

泸州市境内河流众多，属长江水系，以长江为主干，成树枝状分布，由南向北或由北向南汇入长江。全市河流可分为长江沿岸小支流、沱江、永宁河及赤水河四个小流域。拟建邻玉长江大桥位于长江流域，该流域内的河流属较典型的山区性河流。长江在泸州市境内的河段长 133 km，集雨面积为 9832 km^2，泸州市城区段年平均流量为8870 m^3/s。长江河段汛期洪水的特点是涨落缓慢、峰高量大、持续时间长、淹没时间可达一周之久。据长江泸州水位站资料分析，每年洪枯范围为 223.7～244.8 m，变幅均大于 10 m，10～15 m 变幅占 64.4%，15～19 m 变幅占 35.5%，1905 年历史洪水变幅达 20.8 m。一般洪水上涨始于 6 月初，下落止于 10 月末，长达 5 个月，历年最高洪水基本发生在 7～8 月。20 年一遇洪水防洪标准为 244.4 m，百年一遇的洪水防洪标准为 247.5 m。长江（泸州段）施工前 4 年水位资料见表 1-2-1 所列，邻玉长江大桥水位监测汇总见表 1-2-2 所列。

表 1-2-1 邻玉长江大桥施工前 4 年水位资料 （单位：m）

月份	2014 年		2015 年		2016 年		2017 年	
	最高水位	最低水位	最高水位	最低水位	最高水位	最低水位	最高水位	最低水位
1 月	225.563	224.563	226.063	224.763	226.463	224.863	未观测	未观测
2 月	225.263	224.463	225.363	224.763	226.163	224.763	226.021	225.563
3 月	225.763	224.663	226.763	224.763	226.463	225.063	226.199	225.087
4 月	226.963	225.463	226.663	225.163	227.363	225.563	228.324	224.432
5 月	226.463	224.963	226.563	224.763	228.163	225.763	226.433	226.109

（续表）

月份	2014 年		2015 年		2016 年		2017 年	
	最高水位	最低水位	最高水位	最低水位	最高水位	最低水位	最高水位	最低水位
6 月	229.163	226.363	228.763	225.663	231.763	227.363	231.579	226.173
7 月	233.563	229.363	231.463	227.763	233.563	229.263	232.230	230.061
8 月	234.663	229.963	232.263	227.963	233.063	228.263	236.600	230.803
9 月	235.463	230.063	233.763	230.063	233.563	227.663	231.984	230.381
10 月	231.363	227.263	231.463	227.763	230.663	228.263	230.819	229.172
11 月	228.163	225.063	227.763	225.163	228.463	226.263	228.723	226.439
12 月	225.863	224.963	226.263	225.463	226.863	225.163	227.100	226.400
小结	本年最高水位	235.463	本年最高水位	233.763	本年最高水位	233.563	本年最高水位	236.600
	本年最低水位	224.463	本年最低水位	224.763	本年最低水位	224.763	本年最低水位	224.432

注：①水位数据取自泸州二郎滩水位资料，二郎滩航行水尺距离拟建的邻玉长江大桥 8.5 km，两地水位差距非常小。表中水位高程为 1985 国家高程基准。②考虑到向家坝水电站 2012 年正式开始蓄水发电对长江下游的水位影响较大，故 2012 年以前的水位资料不作为施工的依据，仅考虑 2012 年以后的水位资料。

表 1-2-2　邻玉长江大桥水位监测汇总表（施工中）　　（单位：m）

月份	2018 年		2019 年		2020 年	
	最高	最低	最高	最低	最高	最低
1 月	227.370	225.400	226.920	225.460	225.800	225.000
2 月	227.130	224.280	227.170	224.750	226.500	225.700
3 月	226.750	223.625	227.200	224.800	226.810	225.992
4 月	226.826	224.432	227.370	225.005	225.900	224.770
5 月	232.090	225.170	230.100	226.2400	228.200	224.300
6 月	234.400	226.500	229.800	226.200	232.200	226.700
7 月	239.600	232.100	236.800	229.200	237.700	229.200
8 月	239.760	232.800	237.500	229.700	243.540	231.400
9 月	233.500	230.000	233.200	229.200	239.200	230.500

（续表）

月份	2018 年		2019 年		2020 年	
	最高	最低	最高	最低	最高	最低
10 月	234.170	230.000	229.800	227.800	233.500	229.000
11 月	227.800	225.110	229.200	225.800	228.900	224.256
12 月	227.200	225.900	226.600	225.800	225.700	225.700
月份	2021 年		2022 年		2023 年	
	最高	最低	最高	最低	最高	最低
1 月	227.950	225.350	226.100	224.900	227.170	224.420
2 月	225.300	225.100	226.570	226.100	227.290	226.590
3 月	225.120	224.270	225.400	225.000	227.080	225.180
4 月	226.600	225.100	228.510	226.400	226.300	224.570
5 月	227.800	225.700	231.000	227.600	226.640	225.320
6 月	231.100	225.500	235.400	227.400	228.150	224.750
7 月	233.180	228.900	231.500	228.700	231.220	225.240
8 月	233.400	228.800	230.200	228.100	233.750	228.850
9 月	235.400	226.700	228.500	226.500	231.230	228.050
10 月	230.100	228.600	228.700	225.500	229.070	227.430
11 月	229.800	228.700	227.400	226.180	227.930	226.390
12 月	227.300	226.300	227.100	226.260	227.450	225.820

注：①高程系为 1985 国家高程基准；②以上数据为葛洲坝项目部实测进场后实测长江水位资料；③观测点位于长江主桥北岸侧；④水位监测数据更新至 2023 年 12 月 31 日。

（4）通航条件

通航标准：根据拟建桥通航论证资料，桥位处于长江航道技术等级的Ⅰ-（3）级。通航净空：Ⅰ-（3）级航道通航净宽为 180 m，通航净高为 18 m。通航水位：根据相关水文资料计算分析得出桥位处的最高通航水位为 244.4 m。

1.2.2 工程地质

（1）地形地貌条件

地面调查和钻探显示，本线路工程沿线出露地层为第四系全新统土层和侏罗系沙溪庙组沉积岩层。上覆土层主要为第四系全新统（Q_4）人工填土层、冲洪积层及更新统（Q_3）冲洪积层。下伏基岩为侏罗系中统沙溪庙组陆相沉积岩层，岩性为砂岩和砂质泥岩呈互层状产出。现场地层岩性结构特征如图1-2-4所示。

(a) 粉土结构特征

(b) 粉砂结构特征

(c) 卵石土结构特征

(d) 砂质泥岩结构特征

图1-2-4 邻玉长江大桥桥址地层岩性结构特征

(2) 地形地貌条件

拟建邻玉长江大桥区域内无明显活动断裂构造，无影响场地安全及稳定性的不良地质构造，区域稳定性好，山体整体稳定，勘察区所处大地构造属扬子准地台四川台拗川东南褶皱带Ⅳ级构造单元，长江北岸处于棉花山向斜与阳高寺背斜之间，阳高寺背斜南起泸州蓝田以西，向北经太平、石洞，至云龙向南倾没，长约24 km，轴向N10°E；在阳高寺以南轴线渐转为近南北走向，呈微向西弯突的弓形，核部由自流井组、新田沟组构成；两翼由上、下沙溪庙组构成，倾角 11°～15°。棉花山向斜发育在泸州和丰以西金山寺一带，轴向大致南北向，长约 9 km，两翼对称呈箕状，核部地层为侏罗纪蓬莱镇组，两翼地层为侏罗系沙溪庙组、遂宁组，倾角 6°～13°。长江南岸位于况场向斜南翼末端。况场向斜：西起大悲以北，向西经况场与石棚之间、华阳山，至邻玉北侧倾末，长约 15 km，轴向 N63°E，核部由侏罗系蓬莱镇组构成，两翼由遂宁组、沙溪庙组构成，倾角 3°～11°。

根据四川省地震局编制的《四川地震目录》和“川南国土规划”的危险区划图，泸州未发生过大的地震，泸州及其邻区属于相对稳定区。据不完全统计，区内及邻近区域从 1965 年至 1985 年间共发生地震 14 起，震级多在 3～4 级，地震烈度多在 5～6 度，且震中均距本区较远，泸州地区属于地震波及区，地震导致的损失较少。

(3) 水文地质条件

拟建工程场地地形总体特征为北高南低，地形起伏较大，降水由高向低处排泄，汇集于长江中，水文地质环境总体较简单。地下水以孔隙水和基岩风化裂隙水为主，地下水总体较贫乏。补给源主要为大气降水和冲沟水，水量大小受气候和季节影响，变化较大。依据《公路工程地质勘察规范》(JTGC20—2011) 按Ⅱ类环境水进行判定，区内长江水和地下水对钢结构、混凝土结构及钢筋混凝土结构中的钢筋具微腐蚀性。

1.2.3 不良地质现象及特殊性岩土

(1) 不良地质现象

现场调查发现，桥区范围内发育的主要不良地质现象位于南岸岸坡地带，由于人类采砂工程频繁，南岸岸坡形成高约 10 m 的土质岸坡，易出现坍岸。此外，场地周围未见大规模的活动断层、滑坡、崩塌、泥石流等其他不良地质现象。

(2) 特殊性岩土

地面地质调查及钻探揭示，场地内的特殊性岩土主要为人工填土，位于长江沿岸及河漫滩一带，为采砂场堆料，由卵石土堆积形成，结构松散，对拟建桥基选型及施工具有一定的影响。

1.2.4 工程地质条件评价

(1) 场地稳定性

拟建邻玉长江大桥所处大地构造属扬子准地台四川台拗川东南褶皱带Ⅳ级构造单元棉花山向斜与阳高寺背斜之间，桥址区及周边未发现断层、较大褶曲及区域性断裂带等，无影响场地安全及稳定性的不良地质构造，构造简单，为单斜构造，地层简单，岩层平缓，岩体较完整。因此，桥址区域稳定性较好，适宜建桥。

（2）不良地质特征分析与评价

本次勘察对桥址区内及周边进行工程地质调查，未发现大规模的活动断层、滑坡、崩塌、泥石流等其他不良地质现象。

（3）桥址适宜性评价

拟建邻玉长江大桥横跨长江两岸，桥址区地形南岸平缓，北岸较陡，河流较平直，河床无深槽，沿线未发现断层，岩层受构造应力作用轻微，构造裂隙不发育，基岩完整性较好，地层层序正常，未见大规模的滑坡、泥石流、塌陷等不良地质现象。长江北岸岸坡稳定，斜坡地带桥墩基础开挖时有可能诱发斜坡失稳，施工时应采取合理的施工措施或对其进行治理。南岸岸坡变形主要受河水冲刷作用影响，可能会导致局部坍岸，须进行护岸治理。总之，对南岸岸坡采取工程措施后，基本适宜修建邻玉长江大桥。

1.3　主要技术标准

（1）线路标准

① 道路等级：城市快速路；

② 计算行车速度：主线 80 km/h；

③ 桥面纵坡：主桥 1%（双向人字坡），引桥 3%；

④ 桥面横坡：车行道 2%，人行道 2%；

⑤ 车辆通行净高：5 m；

⑥ 人行通道净高：2.5 m。

（2）桥梁横断面布置

近期为双向 8 车道（近期轨道预留空间设置为车行道），远期为双向 6 车道＋轨道通道。

① 主桥标准横断面布置（近期）：

1.5 m（拉索区）＋2.5 m（人行道）＋15 m（机动车道）＋2.5 m（分隔带）＋6 m（主塔区）＋2.5 m（分隔带）＋15 m（机动车道）＋2.5 m（人行道）＋1.5 m（拉索区）＝49 m。

② 主桥标准横断面布置（远期）：

1.5 m（拉索区）＋2.5 m（人行道）＋12 m（机动车道）＋5.5 m（轨道交

通）+6 m（主塔区）+12 m（机动车道）+5.5 m（轨道交通）+2.5 m（人行道）+1.5 m（拉索区）=49 m。

（3）设计安全等级：一级。

（4）设计基准期：100 年。

（5）桥梁抗震设防标准：桥位区地震基本烈度为 6 度，桥梁抗震设防措施等级按 7 度设防，桥梁抗震设防类别为 A 类。

（6）水位：设计最低通航水位 225.9 m，设计最高通航水位 244.4 m，10 年一遇洪水位 243.1 m，20 年一遇洪水位 244.4 m，50 年一遇洪水位 246.2 m，100 年一遇洪水位 247.5 m，300 年一遇洪水位 249.7 m。

（7）通航标准：内河Ⅰ-（3）级航道。

（8）通航净空：通航净宽 180 m，通航净高 18 m。

（9）设计环境类别：Ⅰ类 。

（10）预留轨道交通技术标准：

① 预留净空：单线按净宽 5 m、净高 5 m 考虑；

② 轨道交通车型：地铁 B 型车 6 辆编组；

③ 轨道交通对桥梁结构的刚度要求：

轨道交通标准活载和汽车活载共同作用下：主桥竖向挠度$\leqslant L/500$，引桥竖向挠度$\leqslant L/800$（L 为桥梁跨度）。主桥和引桥梁端竖向转角≤3‰。在列车横向摇摆力、离心力、风力和温度等横向外力作用下，梁体的水平挠度$\leqslant L/4000$（L 为桥梁跨度）。在各种荷载最不利组合下，桥墩处横向折角<1.5‰。

（11）设计荷载：

近期—汽车荷载：城市—A 级（公路 1 级复核）；轨道荷载：B 型车；人群荷载：《城市桥梁设计规范》取值。

远期—汽车荷载：城市—A 级（公路 1 级复核）；轨道荷载：B 型车；人群荷载：《城市桥梁设计规范》取值。

1.4 主桥总体设计

1.4.1 总体布置

主桥（MP1～MP6、MA7）平面位于直线段。纵断面设计为对称的±1%的人字坡，最高点位于高塔 MP4 处。结构采用三塔双索面斜拉桥结构形式：

① 高塔与主梁之间采用塔梁固结体系；

② 竖向约束为低塔、辅助墩、交接墩，桥台上均设置竖向支座（除桥台处设置 3 个外，其余均为 2 个）；

③ 横向约束为各支座均设置横向约束。

（1）桥跨布置

主桥桥跨布置为 55 m＋60 m＋425 m＋425 m＋60 m＋55 m 的三塔斜拉桥。箱梁梁高 4 m，采用混凝土箱梁与钢箱梁两种结构形式，其中混凝土梁段长度为 131 m（边跨）＋36 m（MP4 索塔处）＋131 m（边跨），共计 298 m；在两侧边跨与 MP4 索塔处混凝土梁段之间是长度为 391 m 的钢箱梁，共计 782 m。主桥总体布置及建成效果如图 1－4－1 和图 1－4－2 所示。

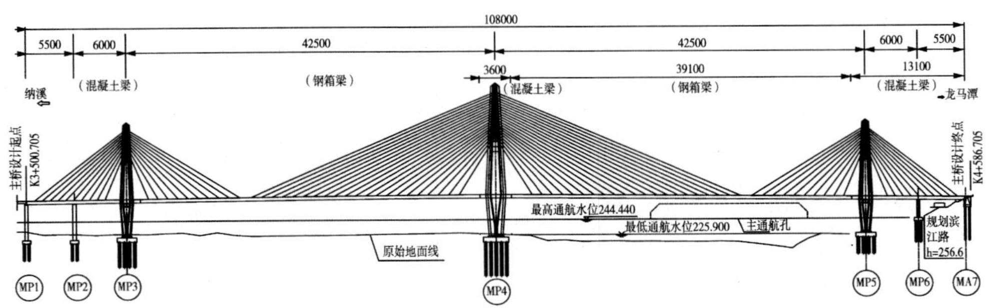

图 1－4－1　邻玉长江大桥总体布置图（单位：cm）

图 1－4－2　邻玉长江大桥建成效果图

（2）横断面布置

桥梁横断面的布置主要依据路网总体规划和适应远景交通量而确定，即近期为“双向 8 车道”，远期为“双向 6 车道＋轨道交通”。主桥标准横断图如图 1－4－3所示。

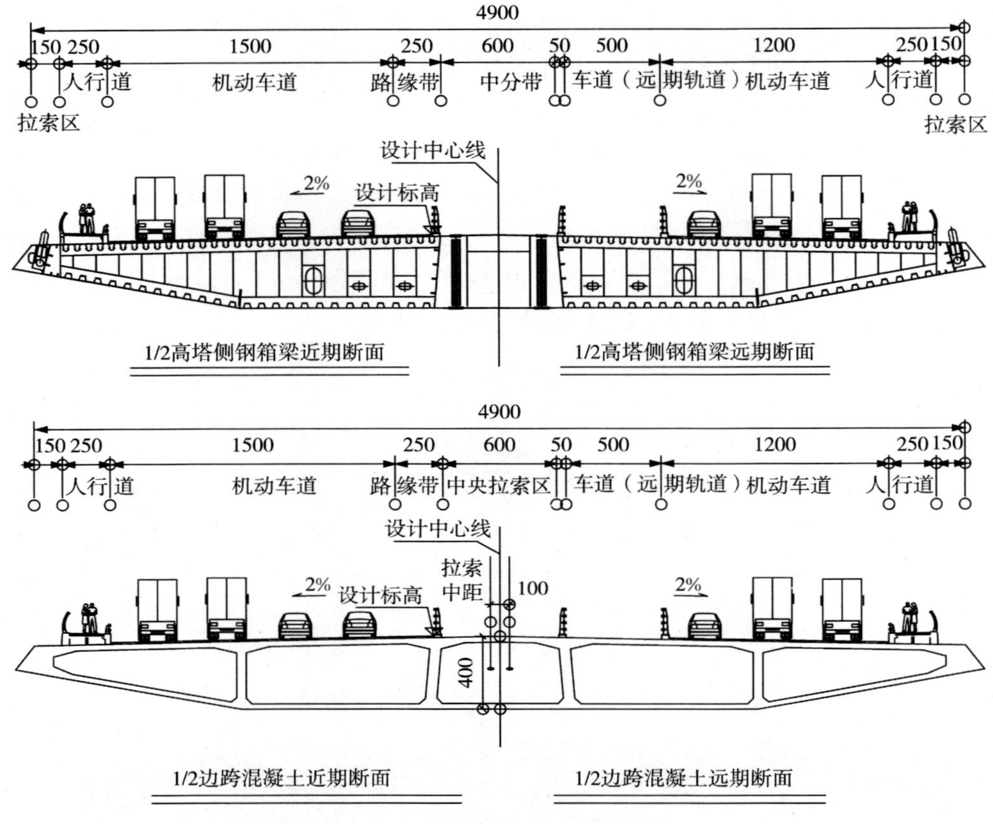

图 1-4-3　邻玉长江大桥标准横断图（单位：cm）

1.4.2　结构设计

（1）基础结构

MP1 墩为主桥、引桥交接墩，MP2 和 MP6 墩为主桥辅助墩，MP1、MP2 和 MP6 墩基础均采用钻孔灌注桩形式，单个承台下布置 4 根直径 2.5 m 的桩基础，桩基顺桥向中心距 5.5 m，横桥向中心距 5.5 m。承台为正方形承台，轮廓尺寸为9.5 m×9.5 m×4 m，承台横桥向中心距分别为 26 m、22 m 和 27.2 m。桩基础设计为嵌岩桩基础，桩底持力层为中风化岩层，承台底标高分别为 218.1 m、217.8 m 和 240.4 m，桩底标高分别为 198.1 m、197.8 m 和215.4 m，MP1 和 MP2 墩基础桩长均为 20 m，设计要求桩基底砂质泥岩的天然单轴抗压强度标准值不小于 5.5 MPa；MP6 墩基础桩长 25 m，设计要求桩基底砂质泥岩的天然单轴抗压强度标准值不小于 6 MPa。

MA7 桥台采用重力式“U”型桥台接桩基础，桩基础为嵌岩桩基础，嵌岩岩石襟边大于 5 m，嵌岩深度不小于 3 倍桩径。桥台台身采用 C25 素混凝土浇筑，台帽混凝土采用 C30 钢筋混凝土。台后填料采用压实度不小于 95%的砂卵石，回填时应预设隔水层或排水盲沟。设计要求基底砂质泥岩天然单轴抗压强度标准值不小于 6 MPa。

MP4 高塔承台采用 29 m×29 m 矩形承台，承台厚度为 6 m，承台下布置 25 根直径 3 m 的嵌岩桩基础。所有桩基础均采用嵌岩桩基础，桩底持力层为中风化岩层，承台底标高均为 217.3 m，桩底标高均为 177.3 m，桩长均为 40 m。设计要求桩基砂质泥岩的天然（砂岩饱和）单轴抗压强度标准值不小于 6.2 MPa。MP4 高塔桩基础构造如图 1-4-4 所示。

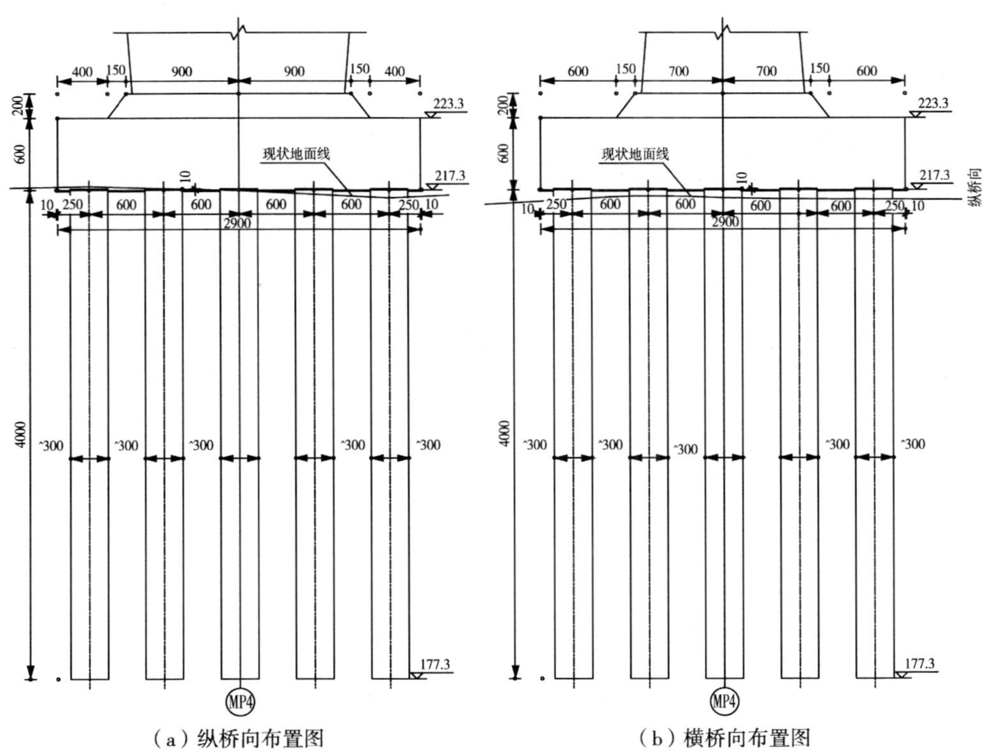

（a）纵桥向布置图　　（b）横桥向布置图

图 1-4-4　MP4 高塔桩基础构造图（单位：cm）

MP3 和 MP5 低塔承台采用 23 m（横桥向）×23 m（顺桥向）矩形承台，承台厚度为 5 m，承台下布置 16 根直径 3 m 的嵌岩桩基础。所有桩基础均采用嵌岩桩基础，桩底持力层为中风化岩层，承台底标高分别为 219.7 m 和 221.7 m，桩底标高分别为 189.7 m 和 201.7 m，桩长分别为 30 m 和20 m。设计要求桩基底砂质泥岩的天然单轴抗压强度标准值分别不小于 6.1 MPa 和 6.5 MPa。MP5 低塔桩基础构造如图 1-4-5 所示，MP3 如之相似，不再展示。

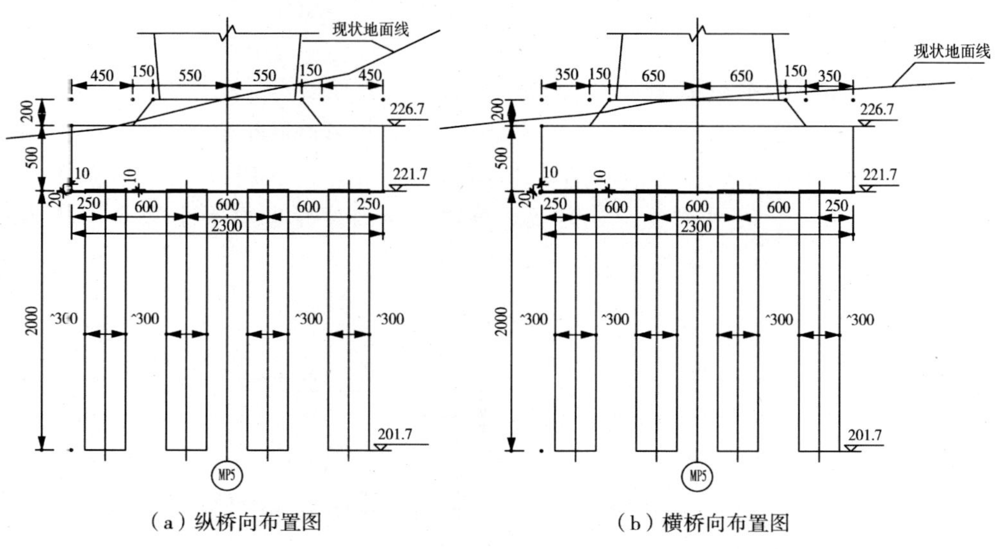

（a）纵桥向布置图　　（b）横桥向布置图

图 1-4-5　MP5 低塔桩基础构造图（单位：cm）

（2）桥墩

MP1 墩为交接墩，采用花瓶形独柱墩，为减小流水通过时的阻力，横桥向设置 139°分水尖，墩身采用六边形空心薄壁形式，标准段壁厚为 60 cm。墩顶横桥向总宽为 7.5 m，中间采用圆弧过渡，标准段横向总宽为 5 m，顺桥向总宽为 4 m。为适应主桥和引桥不同梁高需要，墩顶采用台阶形，引桥侧竖直段为 1.4 m，主桥侧竖直段为 0.2 m。MP1 墩墩高为 44.2 m，墩身采用 C40 混凝土结构。

MP2 和 MP6 为辅助墩，均为独柱墩，为减小流水通过时的阻力，横桥向设置 139°分水尖，墩身采用六边形空心薄壁形式，标准段壁厚为 60 cm，横桥向总宽为 5 m，顺桥向总宽为 4 m。MP2 墩墩高为 43.5 m，MP6 墩横桥向两墩高分别为 21 m 和 16 m，墩身采用 C40 混凝土结构。

（3）索塔

主桥为三塔斜拉桥，为适应地形需求采用高低塔结构，高、低索塔均设置于桥面中分带，横桥向为独柱形式，纵桥向采用分肢菱形造型。索塔非拉索区采用 C55 混凝土，在索塔拉索锚固区段混凝土内加入钢纤维，以增强混凝土抗裂性。

为有效传递纵向塔肢间索力水平分力及抵抗塔柱纵向变形引起的弯矩，塔柱拉索区采用纵向钢系梁。为满足防撞需求，下塔柱空心部分用C20素混凝土填实。

MP3和MP5索塔为低塔，MP3索塔总高为136 m，其中桥面以上塔柱高92 m、桥面以下塔柱高44 m；MP5索塔总高为134 m，其中桥面以上塔柱高92 m、桥面以下塔柱高42 m。低塔分肢塔柱采用钻石型截面，盖梁以上分肢塔柱尺寸由塔顶5 m（横桥向）×3.5 m（顺桥向）过渡到盖梁处5 m（横桥向）×4.5 m（顺桥向）。盖梁以下分肢塔柱尺寸由5 m（横桥向）×4.5 m（顺桥向）过渡到10.2 m（横桥向）×5.3 m（顺桥向）。MP3两分肢塔柱汇合后尺寸由10.2 m（横桥向）×11.5 m（顺桥向）过渡到塔底12 m（横桥向）×10 m（顺桥向）。MP5两分肢塔柱汇合后尺寸由10.3 m（横桥向）×11.5 m（顺桥向）过渡到塔底11.6 m（横桥向）×10.3 m（顺桥向）。索塔下塔柱标准段壁厚为横桥向1.6 m、顺桥向1.2 m；上塔柱标准段壁厚为横桥向1.4 m、顺桥向1 m；上塔柱的塔上锚固区为实心钢纤维混凝土结构。分肢塔柱外侧倒角采用1 m（横桥向）×1.5 m（顺桥向），内侧倒角采用0.8 m（横桥向）×1 m（顺桥向）。顺桥向两分肢塔柱之间在塔顶和上塔柱处分别设置2.5 m高上横梁、4 m高中横梁。索塔底部与承台之间设置2 m厚塔座，尺寸由13 m（横桥向）×11 m（顺桥向）过渡到塔底16 m（横桥向）×14 m（顺桥向）。塔柱间共设置三处横梁，分别为实心混凝土上横梁、中横梁及下横梁。上横梁高2.5 m，厚5 m；中横梁高4 m，厚5 m；下横梁高4 m，厚5 m。为改善主梁横向受力需求，塔柱下横梁向横桥向延伸形成盖梁结构，盖梁高度4 m。

MP4索塔为高塔，高塔总高为184 m，其中桥面以上塔柱高135 m、桥面以下塔柱高49 m。高塔分肢塔柱采用钻石型截面，桥面以上分肢塔柱尺寸由塔顶6 m（横桥向）×5 m（顺桥向）过渡到桥面处6 m（横桥向）×6.5 m（顺桥向）。桥面以下分肢塔柱尺寸由6 m（横桥向）×6.5 m（顺桥向）过渡到11.6 m（横桥向）×8.7 m（顺桥向）。两分肢塔柱会合后尺寸由11.6 m（横桥向）×18.4 m（顺桥向）过渡到塔底13 m（横桥向）×17 m（顺桥向）。MP4索塔下塔柱标准段壁厚为横桥向2.1 m、顺桥向1.7 m；中塔柱标准段壁厚为横桥向1.9 m、顺桥向1.5 m；上塔柱为塔上锚固区，为实心混凝土结构，采用C50纤维混凝土。分肢塔柱外侧倒角采用1.25 m（横桥向）×2.5 m（顺桥向），内侧倒角采用1.5 m（横桥向）×1 m（顺桥向）。顺桥向两分肢塔柱之间在塔顶和中塔柱处分别设置4 m高上横梁，6 m高中横梁。索塔底部与承台之间设置2 m厚塔座，尺寸由14 m（横桥向）×18 m（顺桥向）过渡到塔底17 m（横桥向）×21 m（顺桥向）。塔柱间共设置两处横梁，分别为实心混凝土上横梁及中横梁。上横梁高4 m，厚6 m；中横梁高6 m，厚6 m。

为有效传递纵向塔肢间索力水平分力及抵抗塔柱纵向变形引起的弯矩，混凝土塔柱拉索区采用纵向钢系梁。高塔共有 20 组钢系梁，尺寸为 1000 mm×1000 mm，每 2 组为一个节段，共 10 个节段。低塔共有 11 组钢系梁，尺寸为 800 mm×1000 mm，前 10 组每 2 组为一个节段，最后一组单独为一个节段，共 6 个节段。每根钢系梁由一块顶板、一块底板及两块腹板组成，每个节段腹板为一块整板，两块腹板之间设置加劲板；钢系梁顶底板以及腹板均与一块承压板焊接，承压板上焊接剪力钉，通过剪力钉与混凝土索塔相连。顶底板厚 40 mm，腹板厚 50 mm，承压板厚 80 mm，加劲板厚 30 mm，钢材用 Q345qD。纵向钢系梁与混凝土塔柱间采用合金调制结构钢螺杆连接，混凝土塔柱内壁外设置承压板，螺杆轴力通过承压板上加劲板以剪应力传递至塔壁。为减小钢系梁与承压板间焊缝疲劳应力，通常在钢箱内设置预应力钢束，锚固定在塔肢外壁。螺杆采用 M42 螺杆，屈服强度不低于 930 MPa，极限强度不低于 1080 MPa。高钢系梁中每孔布置 15～27 预应力钢束；低钢系梁中每孔布置 15～22 预应力钢束。

（4）斜拉索体系

邻玉长江大桥主桥为三塔双索面斜拉桥，高塔斜拉索呈空间索面扇形布置，低塔斜拉索呈平行索面扇形布置。高塔斜拉索在梁上锚固于箱梁外侧边腹板与横隔梁相交的边缘位置，单侧共有 21 对斜拉索，索梁锚固点顺桥向标准间距为 12 m，从最短索开始的 6 对拉索的索塔锚固点竖向间距为 2.0 m，其他均为 3.0 m。低塔斜拉索在梁上锚固于箱梁中部小纵梁，每一低塔单侧共有 10 对斜拉索，钢梁段索梁锚固点顺桥向标准间距为 12 m，混凝土梁段索梁锚固点顺桥向标准间距为 9 m。斜拉索采用单端张拉，位于高塔的斜拉索采用梁端张拉，低塔则为在塔上张拉。

为了实现斜拉索的张拉及后期换索的方便，选用可实现单根张拉和单根更换的环氧涂层平行钢绞线作为斜拉索。斜拉索外包 PE 护套，护套颜色根据景观设计确定，强度 f_{pk}=1860 MPa，规格分为 15－55、15－61、15－73 及 15－85 四种。在斜拉索预埋管内设有内置减震器连接装置。

（5）主桥钢箱梁

根据线路总体布置，主桥钢箱梁位于纵向 1%的单向坡段。主桥两个主跨钢箱梁段长均为 391 m，流线形扁平钢箱梁，根据锚箱位置不同分别采用分离式双箱的截面形式和单箱多室的截面形式。主梁中心线处的主梁内轮廓高为 4 m。主梁全宽为 49 m，斜底板宽为 11.9 m，水平底板宽分别为 10.2 m（分离双箱）和 27.2 m（单箱）。钢箱梁顶面设 2%的双向横坡，底面水平。

每跨钢箱梁沿桥纵向分成 35 个节段，考虑构造因素，主梁划分为 A、B、C、D、E、F、G、H、I、J 共 10 种类型。其中，A～D 类为高塔侧梁段，E～G

类为低塔侧梁段，H类为跨中合龙梁段，I、J类为钢-混凝土结合段过渡段；A、B、E、H类为标准梁段，其余为顶、底板加厚梁段。A～F类梁段长度均为12 m，G类主梁节段长度为9 m，H类主梁节段长度为2.6 m，I、J类梁长度为3.7 m。

（6）主桥混凝土箱梁

主桥混凝土箱梁共分三段布置，其中MP4高塔段混凝土梁段长36 m；MP3、MP5低塔段混凝土梁段均为131 m。混凝土主梁外轮廓采用与钢箱梁一致的流线形扁平预应力混凝土整体箱梁，主梁的中心线处的梁高为4 m。

MP1～MP3段主梁采用等宽形式，主梁全宽为49 m，斜底板宽为11.9 m，水平底板宽为27.2 m。MP1～MP3段主梁标准断面顶板厚32 cm，水平底板厚32 cm，斜底板厚32 cm，中腹板厚50 cm，内边腹板厚60 cm。MP5、MP6、MA7段主梁采用变宽的形式，主梁全宽为49～61.3 m，斜底板宽为11.8～11.9 m，水平底板宽为27.2～39.5 m。MP5～MA7段主梁标准断面顶板厚32 cm，水平底板厚32 cm，斜底板厚32 cm，中腹板厚50 cm，内边腹板厚60 cm。MP4高塔区混凝土主梁采用左右幅分离式的截面形式。单幅主梁，顶板宽度21.4 m，斜底板宽11.9 m，水平底板宽10.2 m，顶板、水平底板、斜底板板厚均为90 cm，中腹板厚和内边腹板厚均为110 cm。对应索塔塔肢位置设置中横梁，厚750 cm。

由于本桥桥面等宽段达49 m，变宽段最大可达61.3 m，综合考虑梁体施工期抗裂性能及混凝土工作性能，MP1～MP3段和MP5、MP6、MA7段主梁采用了纵向分段的施工方案，即将梁段沿纵向分4个浇筑节段逐段施工，节段之间设置2 m的后浇段。MP1～MP3段主梁的节段编号为S1～S4，其中S1浇筑节段长25.9 m、S2浇筑节段长32.9 m、S3浇筑节段长25.6 m、S4浇筑节段长38.4 m。MP5、MP6、MA7段主梁的节段编号为S5～S7，其中S5浇筑节段长25.9 m、S6浇筑节段长32.9 m、S7浇筑节段长25.6 m。

第2章　深水厚卵石层大型基础设施施工技术

2.1　概　述

大跨度斜拉桥建设一般涉及深水大型基础施工。邻玉长江大桥桥址处水文地质条件具有宽水域、水深湍急、厚卵石层覆盖、河床基岩不平等特点。在此水域环境下修建大型基础设施需考虑施工工期、汛期防洪及结构承载等要求。

结合桥址处水文地质条件及大型基础设施施工工期要求，邻玉长江大桥施工过程中需解决的关键技术有宽水域多工作面钢栈桥快速施工技术、深水流急厚覆盖层环境下大直径桩基施工技术、大体积承台施工技术、复杂地形环境下双壁钢围堰施工技术及深水厚卵石覆盖层钢管桩围堰施工技术。本章介绍了大型基础设施的传统施工方案及本桥的施工技术改进，保证了邻玉长江大桥大型基础设施安全高效施工。

2.2　宽水域多工作面钢栈桥快速施工

2.2.1　总体布置方案

邻玉长江大桥北岸钢栈桥设置在MP5索塔下游侧，作为施工MP5主塔和上部结构的通道。南岸钢栈桥设置在P11墩附近至MP4主塔之间，作为南岸河中桥墩的施工便道。南岸钢栈桥长约750 m，北岸钢栈桥长约87 m。MP4、MP5之间预留原有通航航道，总净宽350 m。

2.2.2　总体施工方案

采用筑岛法形成施工平台进行桩基础施工，采取浮式平台和引孔辅助平台进行水上桩基的施工，采用长护筒＋冲击钻成孔施工工艺，待成孔后清孔，浇筑水下混凝土。上部结构按照“钓鱼法”进行施工。

钢栈桥施工工艺：施工准备→施工栈桥和钢平台混凝土桩基→钢管柱接桩至设计标高→焊接钢管柱剪刀钉→安装钢管柱顶工字钢横梁→贝雷片分组吊装→铺设桥面系→安装防护栏杆→铺设电缆及水管等设施。

2.2.3 钢栈桥桩基础施工

(1) 钻孔平台搭建

对桩基采用冲击钻成孔施工工艺，对浅水区桩基施工采用填筑便道和平台的方法进行施工，在汛期前完成全部桩基的施工。深水区使用浮式移动平台和引孔辅助平台进行施工。浮式移动平台选用两艘自带定位功能的驳船作为承载机构，由贝雷桁架（或钢桁架）将两艘驳船焊接连接成整体，两艘驳船中间预留桩基桩位，便于导向架对位、插桩，以及固定钢护筒。平台四周设置不小于1.2 m高的钢管护栏，平台随桩位进行移动，平台在上游设置主锚，下游设置尾锚，在两侧设置侧锚，保证平台施工过程中的稳定与平衡。用振动锤振插辅助桩作为平台的承载机构，然后铺设贝雷片和桥面系统形成临时施工平台。使用浮式移动平台辅助施工深水区钢栈桥桩基，有效解决了钢护筒下放过程中易受水流作用而倾斜、难以精准定位、作业面单一、施工进度慢、桩基混凝土浇筑质量难以得到保障、河床地质卵石层覆盖较厚导致钢护筒引孔较慢等问题，多工作面的开辟大大提升了钢栈桥的施工效率。

用钢管作为浮式移动平台的横梁连接两艘驳船，在该基础上拼接贝雷桁架后，在贝雷桁架上用工字钢板和花纹钢板铺装桥面，焊接上、下两层导向框作为定位装置。通过移动浮式平台可在水下精确下放及定位钢护筒，用振动锤插打钢护筒后，在移动浮式平台上利用冲击钻施工钢栈桥桩基。

钢栈桥施工吊装设备选用50 t和80 t两种履带式起重机。履带式起重机具有性能先进、液压驱动、电液比例控制、无级调速、微动性能好等优点。履带式起重机装备全自动力矩限制器，可自动限制超载起吊。80 t履带式起重机在12 m作业半径及19 m臂长下，可起吊9.5 t重的荷载。吊装单组贝雷梁重量约为3.3 t，单次吊装钢管柱最大重量约为3.83 t，满足施工要求。

浮式移动平台施工过程如下：①在左侧驳船船头布置履带式起重机，并在船尾用预制块配重调平左侧驳船，在右侧驳船采用预制块配重调平右侧驳船，使其吃水深度与左侧驳船相同；②用钢管作为横联在船头和船尾将两艘船连接起来；③在船舱拼接贝雷桁架；④在贝雷桁架基础上再拼接贝雷桁架，同时预留桩基施工孔。

(2) 钢护筒埋设

平台形成后使用振动锤振插钢护筒，钢护筒底部需进入强风化岩层，防止漏浆，钢护筒顶部需高出平台 30 cm，钢护筒埋设过程如图 2-2-1 所示。

(a) 钢护筒下放及定位安装侧面

(b) 钢护筒下放及定位安装正面

图 2-2-1 钢护筒埋设过程现场

（3）钻机就位，恢复定线

钻机安放要稳定牢固，钻机底座要平稳，不得产生位移和沉陷。钢护筒安装完成并复测无误后进行钻孔施工。

（4）钻孔施工

浮式移动平台利用船舶作为泥浆池，其余平台采用铁板泥浆箱。泥浆池分为沉淀池、回孔池，废浆集中到沉淀池定期抽浆外运。泥浆沉渣必须运到指定位置，严禁将泥浆向江中排放。钻孔施工现场如图2-2-2所示。

（a）施工现场一

（b）施工现场二

图2-2-2　钻孔施工现场

（5）冲击钻钻孔注意事项

① 钻机就位前应对钻孔前的各项准备工作进行检查，包括主要机具设备检查与维修，钻机就位后应平稳，不得产生位移和沉陷，开孔孔位必须准确，并由专人校核。冲锥的钢丝绳同钢护筒中心位置偏差不大于2 cm。

② 开始钻孔时应采用小冲程开孔，待钻进深度超过钻头全高加正常冲程后方可进行正常冲击钻孔。钻孔时，起、落钻头速度宜均匀，不得过猛或骤然变速，冲程应根据地质情况确定，通过大土层时采用高冲程（100 cm），在通过松散沙、砾石、砂石或黏性土层时采用中冲程（约75 cm），在易坍塌或流沙地段以及对卵石地层宜用小冲程，并提高泥浆的黏度和比重。在通过漂石或孤石时，如表面不平整，应先投入黏土或小片石将表面垫平，再用十字钻锤冲击钻进，以防发生斜孔、坍塌事故。钻孔时孔内水位要高于护筒底0.5 m以上。

③ 钻进过程中，应勤松绳并适量松绳，不得打空锤。每次松绳量应根据地质情况、钻头形式、钻头重量来决定。要注意均匀地放松钢丝绳的长度，一般松散地层每次可放松5～8 cm，密实坚硬土层每次放松3～5 cm。还要勤抽渣，使钻头经常冲击新鲜底层。

④ 钻孔作业应连续进行，并作钻孔施工记录，经常对钻孔泥浆进行检测，

注意补充新拌泥浆，在钻进过程中如遇停电或其他原因中止钻进，应及时将钻头提出孔外，并在孔口加护盖。冲击钻孔发生卡钻时不宜强提，应采取措施使钻头松动后再提起。

⑤ 钻进过程中每进 1～2 m 检查钻孔直径和竖直度，注意地层变化，在地层变化处捞取渣样，判明后记入记录表中，并与地质剖面图核对。钻孔工地应有备用钻头，检查发现钻孔桩钻头直径磨耗超过 15 mm 时应及时更换修补。更换新钻头前，应先检孔至孔底，确认钻孔正常时方可放入新钻头。冲击锤起吊和进口时，严禁孔口附近站人。

⑥ 冲击钻采用一次成孔方法成孔，孔内出渣不得堆积在钻孔周围。取渣后应及时向孔内添加泥浆以维持水头高度，投放黏土自行造浆。孔深控制以测绳测出的周边四点平均值为准，垂直度以验孔器检测为准，并及时报监理工程师验收，合格后方可进行下一道工序。为防止由于冲击振动导致邻孔孔壁坍塌或影响邻孔已浇筑混凝土强度，应待邻孔混凝土抗压强度达到 2.5 MPa 后方可开钻，或采取隔桩钻孔的方式进行作业。为保证施工安全，泥浆池、沉淀池四周应设护栏，并悬挂安全警示标志。

（6）成孔检测及清孔

成孔检测一般包括孔的中心位置、倾斜度、钻孔底标高、深度、直径、护筒顶标高等。孔的中心位置应在±50 mm 范围内，孔径不小于设计桩径，倾斜度不大于桩长的 1/150，钢护筒倾斜度不大于 1/200，孔深应大于设计桩长 5 cm。

钻孔深度达到设计标高后，对孔深、孔径等指标进行检查，合格后才可清孔。清孔时，必须保持孔内水头，防止坍孔。沉渣厚度不大于 50 mm。

（7）锚定混凝土浇筑

待清孔后浇筑水下混凝土，首批混凝土数量必须保证导管初次埋深不小于 1 m及填充导管底部的需要。首批混凝土下落后灌注应连续，保证成桩质量。筑岛施工的桩基采用混凝土搅拌车驶入土便道，再采用汽渡舶运至施工部位后，浮吊配合料斗入仓。水下混凝土浇筑时采用测绳控制桩基顶面高程。待钢管桩内混凝土达到强度后，将各钢管桩与定位船连接的分配梁底以上部分割除，移开定位船至下一施工点位。

2.2.4 钢管桩接长

待桩基础施工完成后，利用吊篮或小型船只作为工作平台对露出水面或平台的钢管桩进行接长。采用履带式起重机作为起吊设备，人工配合定位到第一节钢管桩的位置，技术员需现场检测对接口的平整吻合程度，达到全部密贴时才进行焊接。焊工须从两侧同时焊接，过程中敲除焊渣，保证焊接质量，并在焊缝处焊接八块加劲板进行加强。

钢管桩接长前必须对轴线进行复核，确保其各节轴线在同一条竖直的直线上，方可进行焊接作业。对接管桩环形焊缝两对边的径向错位不能超过 1 mm。钢管桩接长需开剖口并使用打磨机打磨，保证剖口处光洁，无氧化物。加劲板处的坡口焊缝需打磨光滑平整，以保证加劲板与钢管密贴。对接焊缝两侧的螺旋焊缝必须错开 1/8 周长以上，所有焊接完成后，需对焊缝进行检查，确保无漏焊、夹渣、气孔等质量缺陷。

2.2.5 桩顶分配梁及连接撑安装

钢管桩接长至设计标高后，技术人员及时对钢管顶设计高程进行复核并检查桩身倾斜度，偏差符合要求后进行钢管桩间连接系和桩顶分配梁施工。桩间连接系、加劲板及桩顶分配梁由型钢及 10 mm 钢板组成，各单元间焊缝均采用满焊，焊高 8 mm。

(1) 桩间连接系施工

采用小型船或吊挂平台作为施工平台，作业人员先测量钢管桩之间净距，然后对连接系水平杆及斜杆进行下料，安装时先安装水平杆后安装斜杆。利用吊车吊起杆件移至指定位置，水平杆两端各站一名作业人员，后移到设计位置进行焊接。水平杆安装完成后安装斜杆，斜杆安装步骤与水平杆安装步骤相同。桩间连接系施工现场如图 2-2-3 所示。

图 2-2-3 桩间连接系施工示意图

(2) 桩顶分配梁施工

桩顶分配梁必须按照图纸位置摆放，以确保加劲肋合理受力。桩顶分配梁后场制作完成后运至现场吊装作业，安装前检查管桩槽口平整度，然后按设计图纸要求安装加劲板。

2.2.6 上部结构安装

(1) 总体施工方案

钢管桩安装到位、桩顶分配梁及钢管桩连接系安装完成后，利用履带式起重机整体吊装贝雷桁架。贝雷桁架在吊装前预先完成组拼，为便于吊装，钢栈桥贝雷桁架分段预拼，以一跨为一吊，杆件的拼装和销子的连接均须严格按照图纸施工。拼装完毕后，应仔细检查贝雷片数量及销子的连接情况，合格后方能架设。贝雷片材料进场后必须对变形情况进行验收，不合格的贝雷片材料严禁在钢栈桥上使用。

(2) 贝雷片安装

在分配梁上铺贝雷桁架纵梁（下文简称“贝雷梁”），贝雷梁提前分块拼装，运至铺设位置起吊安装。架设贝雷梁时，先在分配梁顶测量放样，定出贝雷梁准确位置，然后用履带式起重机将已拼装好的单元贝雷梁吊至设计位置，后端作业人员将安全带系至铺设完成的贝雷梁上，指挥并使贝雷梁精确就位，就位后将贝雷梁销子塞入贝雷梁销孔内，与已建成的钢栈桥贝雷梁相连，同时将销子保险卡安装就位。后端安装完成后将吊点移至前端，进行前端精准对位，吊车将前端贝雷梁稍微提升，离开横梁 1.5 cm 进行贝雷梁精准就位，就位后缓慢下放贝雷梁，然后在贝雷梁两侧的横梁上焊接限位卡板（非伸缩缝位置），在设有伸缩缝位置处焊接限位器，在此过程中，严禁在贝雷梁处打火或者焊接。

(3) 桥面系安装

贝雷梁顶安装 25b 型工字钢横向分配梁。横向分配梁摆放位置应准确，与贝雷片节点对应，间距为 7 cm，采用定位卡与贝雷片固定。在 25b 型工字钢横向分配梁上，纵向按间距 22 cm 布置 10 型工字钢，与横向分配梁相交处采用点焊工艺固定，分配梁安装完成后，再铺设桥面花纹钢板，花纹钢板与 10 型工字钢分配梁采用点焊工艺固定。为保障施工人员安全，桥面板安装完成后，在桥面板两边设置安全栏杆。

2.2.7 桥台施工

首先依据设计图纸测量确定桥台位置，用反铲开挖桥台区域，人工清基后，检测地基承载力，如达不到要求应采用钢管桩进行处理。桥台基础及台身均采用 C30 混凝土，待砼初凝后，用草袋覆盖，洒水养护 7 天。在基底处理工作完成后进入路堤填土施工，施工时水平分层填筑，填筑虚铺厚度按 0.3 m 控制。采用自卸车卸土，挖机整平后使用震动夯实器夯实。

2.2.8 附属设施安装

钢栈桥两边均设置防护栏杆和防护网，栏杆高1.2 m，栏杆立柱采用10#槽钢，纵向用直径48 mm钢管连接，立柱间距1.5 m，栏杆下部使用6 mm厚铁板设置20 cm高挡脚板，栏杆内侧每隔50 m距离放置救生圈、救生衣等水上安全防护物品。钢栈桥栏杆安装完成后粉刷红白相间的反光油漆，涂刷油漆前先将护栏上铁锈及附着物清理干净，再进行涂刷，并在钢栈桥上设置航道警示灯和夜间照明设施。对临近船舶行驶区域的钢管柱安装防撞护舷，防止船舶碰撞钢栈桥。

2.3 主塔大直径桩基施工

2.3.1 总体施工方案

MP3、MP4主塔桩基计划采用冲击钻成孔工艺，MP3拟一次性投入6台钻机分三个施工循环完成所有桩基的施工，MP4拟一次性投入9台钻机分三个施工循环完成所有桩基的施工。桩基钢筋笼在主桥南岸侧钢筋加工场集中制作，在胎座式钢筋笼加工模具上采用长线法加工制作，用汽车分节运至现场安装，然后用浮吊吊装入孔。混凝土由江南拌和站集中供应，使用天泵进行C35水下混凝土浇筑。桩基清孔采用气举反循环法清孔，采用垂直导管法灌注水下混凝土。

2.3.2 施工工艺流程

冲击钻钻孔灌注桩施工工艺流程图如图2-3-1所示。

钻机布置及成孔顺序：

(1) MP3主塔采用三个循环完成桩基施工，共投入6台钻机。

循环一：6台钻机分别布置在1、4、7、10、13、16号桩位；循环二：6台钻机分别布置在3、6、8、9、11、14号桩位；循环三：4台钻机分别布置在2、5、12、15号桩位。

(2) MP4主塔采用三个循环完成桩基施工，共投入9台钻机。

循环一：9台钻机分别布置于1、5、7、9、13、17、19、21、25号桩位；循环二：8台钻机分别布置于2、4、6、8、12、15、16、23号桩位；循环三：8台钻机分别布置于3、10、11、14、18、20、22、24号桩位。

在桩基施工前应熟悉设计图纸，根据安全操作细则，对施工作业人员进行安全、技术交底。审核图纸并进行原地貌复测，发现图纸有误或现场与设计不符时上报相关人员进行复查。技术方案编制、报批后，严格按方案指导现场施工。南

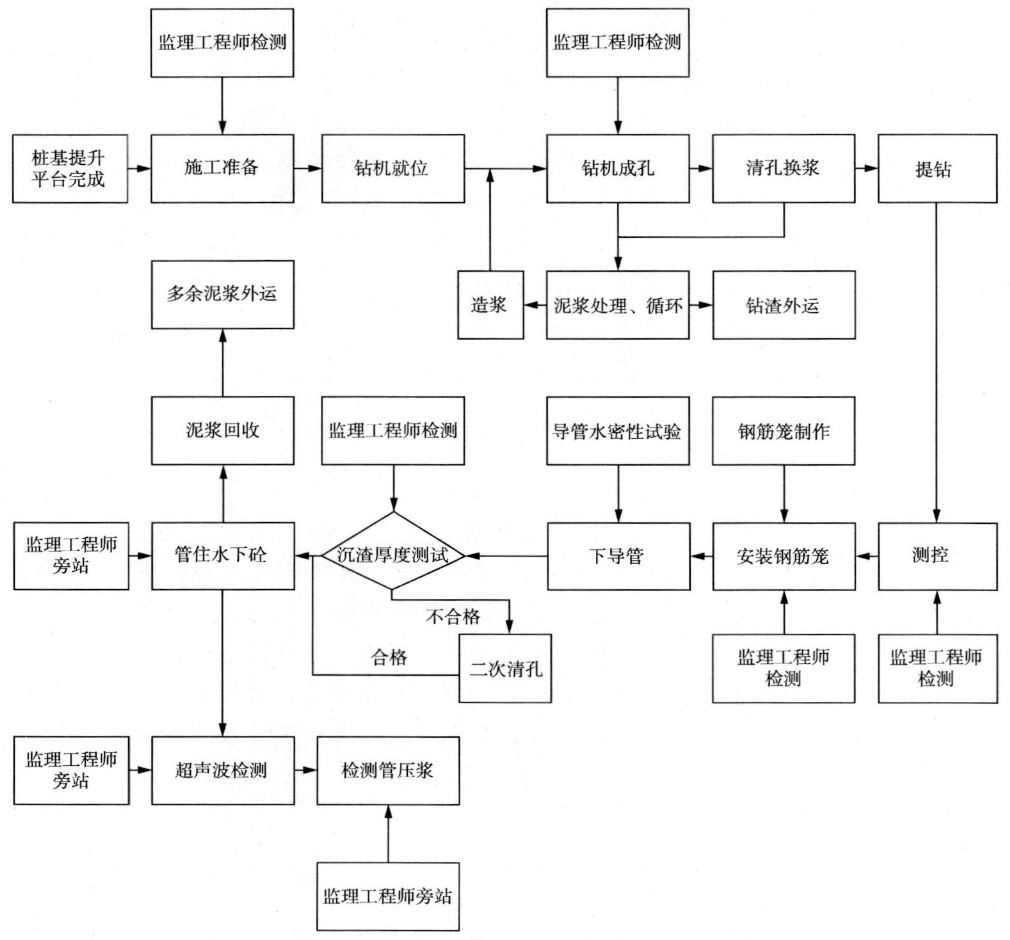

图 2-3-1　冲击钻钻孔灌注桩施工工艺流程图

岸钢栈桥拉通，保证人员、材料和设备可运送至桩基施工平台，并在南岸布置材料堆放场地及备料。

2.3.3　桩位放样

根据施工设计图设计桩位坐标，采用全站仪在桩基施工平台上精确定位桩孔位置，根据桩定位点拉十字线钉放四个控制桩，控制桩使用直径 25 mm 钢筋临时点焊在平台上，以四个控制护桩为基准控制护筒的埋设位置和钻机的准确就位。护桩要做好保护工作，防止施工过程中被扰动，利于桩基施工过程中对钻杆、钢筋笼、桩位等进行复核。

2.3.4 钢护筒定位

钢护筒埋设是重要一环，其在施工作业中起到定位、导向作用，护筒选用δ=20 mm（δ=28 mm）钢板卷制而成，护筒底角及各管节均设置加强箍，护筒内径（3360 mm）比桩径大360 mm，连接处应平整光滑，要求筒内无突出物，耐拉，耐压，不漏水。护筒埋入前先测量放样确定桩基中心位置，顶部比桩基施工平台（241860 mm）高300 mm，为保证桩基成孔质量，钢护筒需埋入岩层深度2000 mm，钢护筒引孔采用跟进法。埋设时位置要准确，护筒要竖直。钢护筒两个方向的直径误差不大于5 mm，节段间错台不大于3 mm；钢护筒对接应平顺，垂直度不大于1%；钢护筒端面应平整；钢护筒中心偏位控制在100 mm内。护筒顶部设出水口，钻进过程中要经常检查是否发生偏移和下沉，若有异常须及时纠正。

2.3.5 钻机就位、恢复定线

钻机就位时要先检查钻机的性能是否良好，进行钻机施工前的调试，保证钻机工作正常。钻机平台处必须平整稳固，以防止忽然塌陷倾斜，可采用铺设多排45号工字钢搭设临时平台，保证钻机工作时平稳而不倾斜。钢丝绳、冲击锤、护筒中心应在同一铅垂线上。钢护筒安装完成并复测无误后进行钻孔施工。

2.3.6 钻孔、成孔检测及清孔

（1）泥浆循环系统施工

冲击钻成孔采用泥浆正循环方式出渣成孔，将相邻未施工桩基的钢护筒作为泥浆箱，使泥浆从孔口经出浆槽进入泥浆箱，经过沉淀和泥浆分离器净化，再由泥浆泵将泥浆经进浆管道高压送回孔底，泥浆通过反复循环达到排渣目的。泥浆箱与出浆槽、进浆管、高压泥浆泵、泥浆分离器等构成泥浆循环系统。

为了回收泥浆，减少环境污染，在桩基施工平台上布设适当数量的泥浆箱，泥浆箱分为沉淀箱、置换箱、回孔箱。泥浆箱采用10 mm厚钢板加工而成，尺寸为3 m×2.5 m×3 m，焊缝不小于6 mm，保证不漏浆。废浆集中到沉淀箱沉淀后使用机械捞渣通过钢栈桥外运，对泥浆沉渣进行无害化处理，保证施工现场环境。

（2）泥浆配置

钻孔泥浆选用不分散、低固相、高黏度的优质膨润土或黏土制浆。开钻前先向孔内注入清水，再投入黏土，利用钻头冲击造浆。为保证易坍塌层的成孔质量和孔底清理的干净程度，对泥浆比重与黏度制定严格指标。当泥浆性能达不到指标要求时，可掺用添加剂改善泥浆性能，各种添加剂掺量按规范选取。

(3) 成孔检测

成孔检测一般包括孔的中心位置、倾斜度、钻孔底标高、深度、直径、护筒顶标高等。孔的中心位置应在±50 mm 范围内，孔径不小于设计桩径，倾斜度不大于桩长的 1/150，钢护筒倾斜度不大于 1/200，孔深大于设计桩长 50 mm。

(4) 清孔

钻孔深度达到设计标高后，对孔深、孔径等指标进行检查，合格后才可清孔。清孔时，必须保持孔内水头，防止坍孔。清孔分两次进行，第一次清孔在成孔后钻孔深度达到设计深度时进行，第二次清孔在下放钢筋笼和导管后、浇筑混凝土前进行。

第一次清孔采用正循环换浆法，反复用泥浆循环清孔，清孔过程中必须及时补充泥浆，并保持浆面稳定，使孔中土颗粒、岩石屑等钻渣随浆液溢出孔外，以达到第一次清理沉渣的目的。当清孔泥浆比重小于 1.15 g/cm^3，手触泥浆无颗粒感，且沉渣厚度小于 50 mm 时，第一次清孔即可结束。清渣完成后，安装钢筋笼，下放导管（先进行接头抗拉和水密承压试验，并检验合格）。在浇筑砼前须进行第二次清孔。

第二次清孔采用气举反循环清孔工艺，将压缩空气通过安装在导管内的风管送至桩孔内。高压空气与泥浆混合，在导管内形成一种密度小于泥浆的浆气混合物，因其比重小而上升，在导管内混合器底端形成负压；下面的泥浆在负压的作用下上升，并在气压动量的联合作用下，不断补浆；上升至混合器的泥浆与气体形成气浆混合物后继续上升，从而形成流动；因为导管的内断面积小于导管外壁与桩壁间的环状断面积，便形成了流速、流量极大的反循环，携带沉渣从导管内反出，排出导管。

气举反循环清孔施工关键技术如下：

① 导管下放深度以出浆管底距孔底 300～400 mm 为宜，风管下放深度一般以气浆混合器至泥浆面距离与孔深之比的 0.6～0.7 来确定。

② 空压机的风量为 8 m^3/ min，导管出水管直径大于 200 mm，送风管直径为 25 mm，浆气混合器用 Φ25 mm 水管制作，在 1 m 左右长度范围内打 6 排 4×Φ8 mm 气孔。

③ 开始送风时应先向孔内送浆（补浆），停止清孔时应先关气后断浆。清孔过程中特别注意补浆量，严防因补浆不足（水头损失）而造成坍孔。

④ 送风量应从小到大，风压应稍大于孔底水头压力，当孔底沉渣较厚、块度较大或沉淀板结时可适当加大送风量，并摇动出水管（导管），以利排渣。

⑤ 随着钻渣的排出，孔底沉渣厚度会逐渐变小，出水管（导管）应同步跟进，以保持管底口与孔底的距离。

⑥ 清孔后应对泥浆试样进行性能指标试验，取桩孔顶、中、底部分别取样检验的平均值。清孔均利用先进的泥浆分离器设备，高效降低泥浆中的含砂率和泥浆比重。

⑦ 清孔指标包括孔内泥浆性能指标及沉淀厚度，其中，泥浆性能指标：泥浆比重为 1.03～1.10 g/cm^3，黏度为 17～20 pa·s，含砂率不超过 2%，胶体率大于 98%，沉渣厚度不大于 50 mm。

2.3.7 钢筋笼制作及安装

（1）钢筋笼制作

钢筋笼在南岸钢筋加工厂集中制作，在钢筋加工时，钢筋加工场设置两条钢筋笼制作生产线。钢筋定位架由钢筋位置开槽口的半圆形钢板以及支撑型钢组成。钢筋定位架安装固定时用经纬仪控制轴线，水准仪控制标高，保证钢筋定位架的轴线在同一条线上。

钢筋笼采用长线法施工。为保证钢筋笼的刚度，以及在运输和起吊过程中不变形，在每节钢筋笼起吊处设置双加强筋，每节笼有三个起吊点，所以每节钢筋笼增加三个加强圈，用三角形钢筋固定加强钢筋圆环。将每根桩的钢筋笼按设计长度分节并编号，保证相邻节段可在坑口对应配对连接。钢筋下料完成后，进行主筋直螺纹套丝及连接。钢筋笼制作加工工序包括钢筋下料（用切断机下料）、端头滚丝及钢筋连接。

钢筋笼同槽预制好之后，进行声测管的安装。声测管由内径为 50 mm、壁厚为 3.5 mm 的 Q235 钢管制作。为保证桩基检测质量，应使声测管高于桩长 50 cm，将声测管按照设计长度接出护筒顶，声测管的分节长度与钢筋笼分节长度一致，接头位置设置在钢筋笼各节接头位置处。声测管底部使用厂家直接封好的端头管，声测管使用特制套筒连接，连接时加橡胶防水圈，用液压钳拧紧，在钢筋笼下放完毕后在声测管内灌满水，然后使用塑料盖盖上，用 3 mm 铁丝拧紧，防止漏水。为防止声测管和钢筋笼在运输、安装过程中出现相对位移而撕裂焊缝，声测管与钢筋笼之间每隔 2～4 m 用“U”型卡固定。声测管上端、下端均采用堵头板焊接密封，严禁水泥浆或杂物进入管内，确保混凝土灌注后管道畅通。

（2）钢筋笼安装

钻孔完毕，待监理工程师验收合格后下放验收合格的钢筋笼，钢筋笼下放使用扁担吊具进行吊装。吊装前检查钢丝绳、各部件接头是否完好，有无滑丝等现象，若有异常必须更换。吊装过程中注意钢筋笼变形等问题，还要在浇筑前将钢护筒内桩顶以上 1 m 的水抽出（在水面以上约 1 m 对钢护筒开孔抽水），然后将钢筋笼最上端用 4 根 Φ48 mm 钢管焊接固定在护筒侧壁上，防止钢筋笼上浮。钢筋笼的安装施工顺序为起吊→正位→连接→下放，采用浮吊下放钢筋笼。

① 起吊

现场钢筋笼的起吊直接利用浮吊进行对接及下放，吊点设置在每节钢筋笼最上一层加劲箍处。随着钢筋笼的不断接长，钢筋笼重量在不断增加，为避免钢筋笼发生吊装变形，需在钢筋笼顶口设置专用吊具。吊具须经试吊检验合格后方可正式使用，试吊荷载应不低于最大钢筋笼重量的 1.2 倍。

② 正位

骨架吊正并检查确认吊点垂线、桩轴线、骨架中轴线吻合后，由操作人员扶持缓慢下放。下放过程中注意防止骨架碰撞孔壁。

③ 连接

一节钢筋笼下放完成后利用扁担梁将其固定，以便于钢筋笼对接。钢筋笼使用滚轧直螺纹套筒接长，对接时确保接头间隙控制在 2 mm 以内。现场技术人员严格控制，确保对接良好，方可进行套筒连接。每节钢筋笼对接完成后，对声测管进行连接。逐根检查符合要求后补绕螺旋筋再下放。

④ 下放

提起连接好的骨架、拿出卡板，缓慢下放。吊放钢筋笼入孔时应对中、慢放，防止碰撞孔壁。下放时应随时观察孔内水位和孔壁变化，如发生异常应立即停放，检查原因，不得强行插入。钢筋笼全部入孔后，应检查、校正安放位置，并做好记录，定位钢筋笼。

2.3.8 导管安装

（1）导管试验

导管在使用前，除应对其规格、质量和拼接构造进行认真检查外，还应进行试拼和试压。试压导管的长度应满足最长桩浇筑需要，导管应按自下而上顺序进行编号并记录节段长度，且严格保持导管的组合顺序，不同编号组的导管不能混用。导管组拼后的轴线差，不宜超过钻孔深的 0.5%且不大于 10 cm。试压压力为孔底静水压力的 1.5 倍，检查合格后方可使用。

（2）导管插入

使用螺旋丝扣型接头导管，选用 300 mm 内径导管，壁厚不小于 3 mm，中间节长 3 m，最下节长 4 m，配备 0.5 m、1 m、1.5 m 非标准节。导管制作需满足坚固、内壁光滑、顺直、无局部凹凸等要求，旧导管在试压前应检查其壁厚是否满足使用要求。导管长度由孔深和工作平台高度决定。漏斗底至钻孔上口段，使用非标准节导管。导管下放应竖直、轻放，以免碰撞钢筋笼。下放时要记录下放的节数，下放到孔底后，比较理论长度与实际长度，判断长度是否吻合。下放导管到孔底，经检查无误后，轻轻提起导管，控制底口距离孔底 0.3～0.5 m，并位于钻孔中央。

(3) 导管安装

安装导管时应逐节量取导管实际长度并按序编号，做好记录以便在砼灌注过程中控制埋管深度。应注意检查橡皮圈是否安置、牢固，检查每个导管两头丝扣有无破丝等问题，以免灌注过程中出现导管进水等现象。

2.3.9 混凝土施工

本项目桩基混凝土设计强度为C35，采用水下混凝土的方法进行浇筑，混凝土在搅拌站集中搅拌，使用混凝土泵车运输至现场浇筑。混凝土配合比通过试配确定，设计配合比见表 2-3-1 所列。

表 2-3-1　桩基混凝土设计配合比

材料名称	水泥 P.042.5	细骨料 1	细骨料 2	粗骨料 1	粗骨料 2	掺合料 1	外加剂 1	水
每方用量 (kg)	353	616	264	702	301	84	3.9	165
重量比	1.00	1.75	0.75	1.99	0.85	0.238	0.011	0.47

混凝土原材料应选用同厂家、同牌号的低水化热的水泥，避免使用早强水泥，水泥出厂时间不得大于 3 个月且不得受潮结块。细骨料应选用级配合理、质地均匀坚固、吸水率低、空隙率小、粒形清洁的中砂，其细度模数控制在 2.6～3.0，含泥量不得超过 2%。粗骨料应选用粒形良好、质地均匀坚固、线胀系数小、级配良好的连续级配碎石，其最大粒径不大于 25 mm，选用骨料前应进行碱活性检验，不得采用有碱活性反应的骨料，含泥量不得超过 1%。砂、石不使用具有碱活性集料，水泥、集料和外加剂应进行含碱量试验，水泥中氯离子含量不超过 0.1%，混凝土最大碱含量为 1.8 kg/m^3。外加剂除高效减水剂、缓凝剂外，不得掺加其他任何外加剂，外加剂的品种应与所用水泥相匹配，同时，每批外加剂均须试配检验合格后才可使用。

混凝土浇筑应在清孔完毕后 30 min 内进行，导管伸至距孔底 0.3～0.5 m 处。浇筑时先灌入首批混凝土（首批混凝土存于储料斗中，其数量经过计算使其具有一定的冲击能量），浇筑时应一次将导管中及孔底泥浆挤出，并将导管下端埋入混凝土至少 1 m。混凝土浇筑要连续进行，随浇随拔管，中途停息时间不超过30 min。整个浇筑过程中，导管在混凝土中埋深 2～6 m，利用导管内外混凝土压力差使混凝土浇筑面逐渐上升，直至高于设计桩顶标高 0.8 m 为止。

2.3.10 成桩检测

由于 MP3 主塔桩顶距桩基施工平台高差 20.704 m，MP4 主塔桩顶距桩基施工平台高差 24.604 m，桩基检测需在钢围堰施工完且封底混凝土浇筑完后进行。根据设计要求对桩基进行检测，待桩基混凝土强度达到设计强度且龄期不小于 14 天，采用超声波无损检测法逐桩检验。桩基检测合格后将桩头混凝土凿除至设计标高，以保证桩身混凝土强度。桩基检测管待桩基质量检测后压注水泥浆封闭。

2.3.11 破桩头

桩基桩头是把桥梁荷载通过墩柱、承台传递到地基持力层的重要部位，此部位受力复杂，因此必须保证桩头质量。破桩头采用在桩头四面布点、环向水平切割、自下而上凿除混凝土等工艺，确保桩头破除后断面平整，钢筋不受损伤，具体施工工艺如下：

（1）桩头主筋保护处理

对桩基钢筋笼进行加工时，使用壁厚 1 cm 以上泡沫棉或 PVC 管包裹伸入承台的主筋，方便凿桩头时剥离，既避免了破桩头时对钢筋造成损坏，又提高了工效。

（2）桩基破桩头工艺

① 测量放线确定桩头切割高程，如图 2-3-2 所示。

图 2-3-2 测量桩头切割高程

② 环向布测点、标出破除位置，如图 2-3-3 所示。

③ 使用切割机沿切割线水平环向切割，切割深度控制在保护层以内，严禁伤及桩头钢筋，如图 2-3-4 所示。

图 2-3-3　布设测点

（a）水平环向切割一

（b）水平环向切割二

图 2-3-4　水平环向切割

④ 风镐从切割线向上逐层破除钢筋外保护层混凝土，严禁向下破除，以避免伤害桩头混凝土，如图 2-3-5 所示。

（a）破除桩头保护层混凝土一

（b）破除桩头保护层混凝土二

图 2-3-5　破除桩头保护层混凝土

⑤ 钢筋保护层混凝土凿除完毕，将桩头钢筋及声测管与桩头中心混凝土剥离，如图 2-3-6 所示。

(a) 剥离桩头中心混凝土一

(b) 剥离桩头中心混凝土二

图 2-3-6　剥离桩头中心混凝土

⑥ 沿切割线环向向内打入钢钎，挤断中心桩头，在挤断的桩头上套钢丝绳，用吊车将挤断部分桩头吊出基坑外，如图 2-3-7 所示。

(a) 移除桩头一

(b) 移除桩头二

图 2-3-7　移除桩头

⑦ 按设计角度调直、调整桩头钢筋，人工清理、修整桩头，如图 2-3-8 所示。

(a) 修整桩头一

(b) 修整桩头二

图 2-3-8　修整桩头

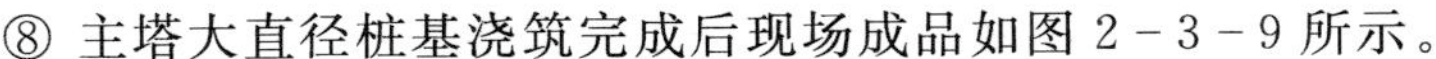

⑧ 主塔大直径桩基浇筑完成后现场成品如图 2－3－9 所示。

图 2－3－9　桩基浇筑完成后的成品图

2.4　主塔大体积承台施工

2.4.1　主塔承台施工条件

MP3、MP4 主塔承台均采用钢围堰防护施工工艺技术，钢围堰下沉到位后浇筑封底混凝土，达到强度后抽水至施工承台底面标高。钢围堰内布置两台塔机，用于承台、索塔的吊装作业。连接钢栈桥与钢围堰之间通道作为施工通道。

MP5 主塔承台施工前先进行基坑开挖施工，基坑围护结构采用咬合桩支护形式。钻孔咬合桩使用素混凝土桩与钢筋混凝土桩间隔并搭接布置，采用桩径为 1.2 m，桩间距为 1.0 m，咬合为 0.2 m，支护桩桩顶锚入冠梁 0.1 m，桩身主筋锚入冠梁长度为 30 d（主筋为 Φ25 mm，则锚固长度 750 mm），桩底进入中风化岩层以下 3 m。基坑开挖至设计标高后，浇筑 0.6 m 厚 C20 封底混凝土。

2.4.2　承台施工工艺流程

主塔承台施工主要经历测量放样，钢筋、冷却管、测温元件及预埋件安装，钢模板安装，混凝土浇筑，混凝土拆模及养护等过程，施工工艺流程如图 2－4－1 所示。

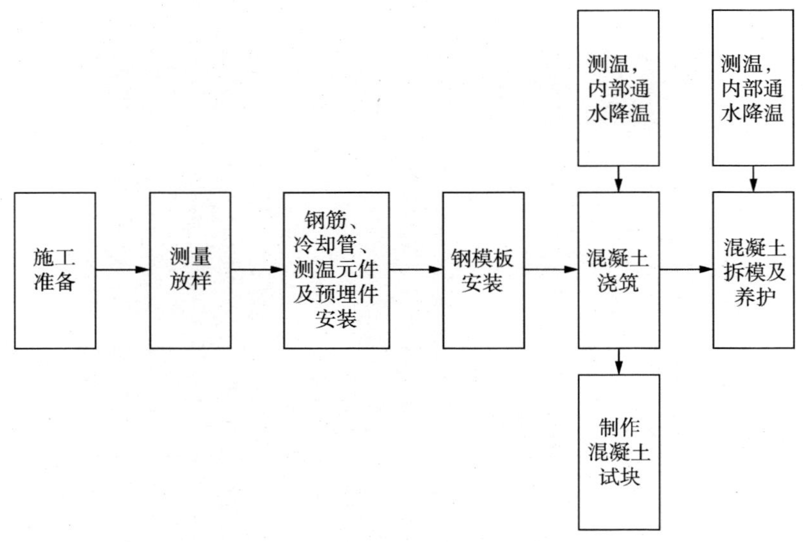

图 2-4-1　主塔承台施工工艺流程图

2.4.3　测量放样

将基坑底清理干净并整平后，测设承台纵、横中心线及主塔纵、横中心线、底部轮廓线，然后按照设计的承台边沿线每边缩小 10 cm，再用全站仪测设平面轮廓线及角点，测定高程。现场技术员与测量队配合在封底混凝土上做好油漆标记。根据图纸尺寸，将承台底部钢筋位置用墨线在封底混凝土上弹出记号，作为承台钢筋安装的基准线。

2.4.4　承台钢筋安装

(1) 钢筋进场验收和检验

钢筋进场应有出厂质量证明书或试验报告，钢筋进场后应根据其规格、批号、产地的不同分别堆放，并挂上待检的标识牌，然后报请现场监理工程师严格按照国家规范的有关条款进行随机抽样送检，检验合格后填写《材料审批表》，报请监理审批使用。

(2) 钢筋加工

承台钢筋在正桥北岸钢筋加工厂内集中统一加工成半成品，然后用平板车运输至现场安装。钢筋下料时，钢筋工应严格按照设计和规范要求下料。部分超长钢筋和成型后宽度大于运输宽度的钢筋，在配料时可适当截短，并按规范留足搭接长度，截断位置应满足同一截面接头比例的要求。钢筋套丝在钢筋螺纹套丝机上进行，丝头长度与钢筋直径相等（标准型丝头）。钢筋制作完成后应立即将其一端戴上塑料保护帽，另一端拧上同规格连接套筒并预紧。各种规格半成品架堆放，应标明所用部位、长度、规格和编号挂牌，分类存放。钢筋切断使用切割机，钢筋成型使用弯曲机。

（3）钢筋安装

安装钢筋前将基坑内侧及封底混凝土表面清扫干净，对桩头进行清理，搭设进出通道、爬梯，经验收合格后才可进行钢筋安装。

根据封底混凝土面上标识的墨线，在承台底设置定型抗裂钢筋网片，利用砂浆垫块对底层钢筋进行定位，在承台底部安放两层水平束筋。束筋网片间安装短钢筋支垫，底层承台钢筋网片与桩头钢筋焊接牢固，碰及基桩时，可调整钢筋网间距或在基桩两侧改用束筋越过，确需截断时宜在截断处增设附加等强度钢筋连续绕过。

同一截面内钢筋接头数量不得超过总数量的 50%。用手扭力扳手拧紧滚扎直螺纹接头套筒，最小力矩为 300 N·m。拼接完成后套筒每端不得有完整丝扣外露。

底层钢筋安装完毕后，根据设计图纸逐层搭设角钢劲性骨架，共计三层。骨架在现场焊接拼装，与承台钢筋、冷却管、拉杆相碰时可适当调整架立位置。要求各层水平角钢安装顺直，焊接牢固，竖立角钢顶部不得侵入钢筋保护层内。

劲性骨架搭设完成后，安装承台顶部 Φ25 mm 水平主筋。在劲性骨架上安装短钢筋支垫，要求点焊牢固、各交叉点间隔绑扎固定。

安装承台竖向钢筋及箍筋时，严格按照图纸尺寸进行，边安装边与承台主筋绑扎，要求全绑扎以确保钢筋骨架的整体性。钢筋焊接采用手工电弧焊，要求焊缝饱满，焊渣清除彻底。主塔承台钢筋安装现场如图 2-4-2 所示。

（a）主塔承台钢筋安装现场一

（b）主塔承台钢筋安装现场二

图 2-4-2　主塔承台钢筋安装现场

(4) 保护层设置

根据设计要求，承台主筋净保护层厚度不小于 5.0 cm，且不大于 5.5 cm。底面和侧面的外侧钢筋表面设置混凝土垫块，保护层厚度严格按图纸执行。保护层内不得有绑扎钢筋的铁丝伸入，保护层厚度的误差保证在 5 mm 内。主墩承台底面钢筋保护层砼垫块按设计要求在每 1 m×1 m 见方的区域均匀布置支垫，侧面每层混凝土上、下布置两排垫块，每排垫块水平间距为 1 m。顶面保护层在角钢骨架上用短钢筋支垫安装，通过点焊固定。

2.4.5 冷却管安装

主塔承台冷却管路采用回形布置设计方案，冷却管接头处使用钢丝软管连接，管道水平间距为 120 cm，距离四周边缘为 70 cm，垂直方向分为 5 层，层间距为 100 cm。

冷却管采用内径 50 mm、壁厚 3.5 mm 的热传导性能好的薄壁钢管，并符合《低压流体输送用焊接钢管》(GB/T 3091—2015) 要求。在安装劲性骨架的同时，按计算好的位置逐层安装冷却管，并使用角钢分层支托，将其固定在承台钢筋或劲性骨架上，局部辅以悬吊措施。安装要求加固至牢靠，以防止踩踏、振捣时混凝土推移而造成通水后混凝土降温达不到预期效果。为确保养护期间持续通水，层间进、出水管各自独立，并逐层进行压水试验。各层进、出水管均独立，以便根据测温数据调整各层水循环速度和进水温度。

在混凝土浇筑和钢筋绑扎过程中，不得损坏管路，以确保供水的连续性。为防止漏浆堵塞管道，冷却管安装完成后应做密水检查。浇筑前所有管道必须再次通水检查，确认每一个接头是否有渗漏情况；浇筑期间管内保持满水状态，并随时观察管内水面升降情况。承台养护完成后，先用空压机将水管内残余水压出并吹干冷却管，然后用压浆机向水管压注检验合格的 M35 水泥浆以封闭管路，防止形成锈蚀通道。

2.4.6 测温元件布设

主塔承台结构具有对称性，选取结构的 1/4 块布置测点。每层 10 个测点，共布置 5 层测点。在承台 1/4 块处按三条线布设温度应变片，即从承台中心到两边垂线、从中心到承台一角边线。测点水平布置在两根冷却管之间，垂直布置在两层冷却管之间，表面温度使用点温计测量。承台温度传感器及连接线缆须由专业温控人员安装，保证密封且固定牢靠。浇筑前应做测试，确保可用、可靠。

2.4.7 预埋下塔柱钢筋与安装其他预埋件

在安装承台钢筋时，同步预埋下塔柱和塔座钢筋。根据索塔下塔柱钢筋布置图，下塔柱钢筋伸入承台底，底部支架通过垫块支撑在封底混凝土上。钢筋在定位架上绑扎，同时预埋塔柱劲性骨架，控制塔柱钢筋坡度、位置、尺寸的准确性，保证横桥向两侧预埋主筋的倾斜度。将塔柱钢筋与承台钢筋、承台内劲性骨架焊接成一个整体骨架，以防移位。

进行钢筋施工时，根据 0＃块支架预埋件图纸进行支墩垫板预埋，要求表面水平，定位准确，安装牢固。较大预埋钢板上应设置排气孔眼，以确保振捣时排气顺畅，提高预埋件底部混凝土密实性。

2.4.8 防雷设施安装

根据设计图纸要求，安装防雷钢筋或扁铁。注意确保焊缝长度、饱满度符合规范和设计要求。布设位置以及可能要求设置的接地端子等要严格按照图纸要求施工，防止遗漏。经验收合格后方可进行下一道工序施工。

2.4.9 模板安装

模板使用钢模板，其具有足够的强度、刚度和稳定性，能承受新浇筑混凝土的重力侧压力及施工中可能产生的各项负荷。注意保证混凝土结构各部分设计形状尺寸和位置正确。模板与混凝土的接触面应清理干净并涂刷脱模剂，注意不得影响模板结构性能。模板使用后应按规定修整保存。模板之间粘贴双面不干胶，以减小模板缝，防止漏浆，保证混凝土面的观感质量。

模板固定在钢管支架上，两侧模板之间使用 M14×500 mm 对拉螺杆固定，模板外用工字钢做背楞，工字钢横向布置间距为 0.5 m，竖向间距为 1.0 m。在承台内部使用钢筋或钢管加内斜撑，以保证整个模板系统的刚度。

2.4.10 承台混凝土浇筑

（1）浇筑前准备

混凝土浇筑前应对钢筋、模板、保护层厚度、上部施工预埋件、冷却管、测温元件等进行检查，并做好记录，符合设计及施工要求后方可浇筑。浇筑混凝土前，模板内的杂物、积水应清理干净。模板如有缝隙，应用海绵条或双面胶填塞严密。混凝土拌和统一在拌和站内进行，拌和水、原材料及出机温度应满足设计规范。运输途中做到开行平稳，匀速搅拌。如天气炎热，应尽量减少运输时间和入仓前等待时间，以减少坍落度损失和入仓前的混凝土温升。

(2) 混凝土配合比设计

索塔承台台身采用C35混凝土材料，承台内冷却管使用M35水泥浆封闭管路。C35混凝土及M35水泥浆配合比见表2-4-1、表2-4-2所列。

表2-4-1 C35混凝土配合比

材料	水泥(P.O 42.5)	细骨料(天然砂)	细骨料(机制砂)	粗骨料(5～16 mm)	粗骨料(16～31.5 mm)
用量(kg/m³)	353	365	447	369	684
材料	水	粉煤灰	减水剂	减水剂掺量	水胶比
用量(kg/m³)	165	85	4.38	1.00%	0.38

表2-4-2 M35水泥浆配合比

材料	水泥	掺合料1	掺合料2	外加剂1	外加剂2	水
用量(kg/m³)	1250	/	/	6.0	/	550
重量比	1.00	/	/	0.005	/	0.44

(3) 承台混凝土浇筑

承台混凝土使用2台47 m天泵，以泵送加流槽方式入仓。泵送混凝土前，先把储料斗内清水从管道内泵出，达到湿润和清洁管道的目的；然后向料斗内加入1∶2水泥沙浆，润滑管道后即可开始泵送混凝土。

承台混凝土一次浇筑成型，采用水平分层进行浇筑，每层浇筑厚度为30 cm。每层从承台一侧向另一侧推进，采用整体推移形式布料。浇筑人员从人孔进入仓内，完成承台下部3 m段混凝土振捣，之后在顶层钢筋网上铺设竹跳板，在仓面作业。为保证进入现场的混凝土具备良好的和易性，应派专门技术人员对到场混凝土质量进行监制。承台混凝土浇筑工艺要点如下：

① 混凝土振捣由专职操作人员进行，操作人员应经过培训。振捣过程中现场应安排足够的振捣人员进行振捣。

② 振捣时使用50型、70型振捣棒，承台底部钢筋较密，以50型为主，中上部钢筋稀疏，以70型为主。在承台周边30 cm范围内使用70型振捣棒二次插捣，以确保插捣密实，避免漏振。

③ 振捣应达到密实、均匀并排除气体的要求。采用快插慢拔方法进行振捣，插入下层混凝土中50 mm左右，插点振捣时间20～30 s为宜。振捣按操作规程分层均匀振捣密实，避免过振，严防漏振。振捣时止振标准：当混凝土表面呈水平，混凝土拌和物不再显著下沉、不再出现气泡、表面泛浆时为最佳。振捣棒插

点要均匀排列，移动间距不大于振捣棒作用半径的 1.5 倍，在 400～500 mm 之间。振捣棒与模板距离不应大于其作用半径的 0.5 倍，且应避免碰撞钢筋、模板、预埋管件、测温元件等，不得直接和间接地通过钢筋施加振动。

④ 混凝土在浇筑振捣过程中会产生或多或少的泌水，需配备一定数量的工具，如小水泵、大铁勺等，在不扰动混凝土的情况下排出泌水。浇筑过程中还要注意及时清除黏附在顶层钢筋表面上的松散混凝土。

⑤ 混凝土的浇筑应在气温较低时进行，并采取措施降低混凝土入模温度，使入模温度不高于 28℃。混凝土浇筑应避开雨天施工，若突遇降雨应使用塑料薄膜及时覆盖保护。白天晴热时间，应在仓面搭设遮阳棚或铺设遮阳篷布，避免混凝土被阳光直射。

⑥ 每层浇筑须在下层混凝土初凝前完成，以防出现施工冷缝。严格按照技术规范控制浇筑厚度，以加快混凝土的散热速度。

⑦ 冷却管在被混凝土铺盖后即进行微小流量通水，以免管道被堵塞；在混凝土初凝后加大流量，每一管通水流量按温控方案控制，使冷却水与混凝土间的温度差限制在 20℃以内，避免在冷却管进水口造成混凝土开裂。

⑧ 在浇筑混凝土过程中，设专人检查钢筋和模板稳固性和预埋件、测温元件、冷却管接头的渗水情况，发现问题应及时处理。浇筑结束前按要求预留表层混凝土测温孔。

⑨ 混凝土浇完后，在混凝土初凝前进行顶部混凝土的二次振捣，增加表层密实度。用铁抹子对混凝土表面进行压抹收光，塔柱预埋钢筋位置应重点处理，以防止该部位水泥浆过厚导致表面干裂。

2.4.11 混凝土拆模

混凝土拆模应符合如下规定：①侧模应在混凝土检测强度达到 2.5 MPa 以上，且承台表面及棱角不因拆模而损伤时，方可拆除。②拆模按立模顺序逆向进行，不得损伤混凝土，并减少模板破损。在模板与混凝土脱离后，方可拆卸模板。③拆除混凝土中的对拉螺杆时不得损伤混凝土。④拆除模板时不得影响或中断混凝土的养护工作。⑤拆除后的混凝土结构应在混凝土达到设计强度后方可承受全部设计荷载。⑥拆模时严禁抛扔模板，模板拆除后应及时维修整理，并分类妥善保存。

2.4.12 承台大体积混凝土温控及监测养护

为预防承台大体积混凝土温度裂缝，应按设计图纸要求布设承台冷却管，以通冷水循环带走混凝土内部的多余热量，同时加强混凝土表面保温蓄热，达到降低混凝土内外温差的目的，确保大体积混凝土浇筑质量。大体积混凝土温控工作流程如图 2－4－3 所示。

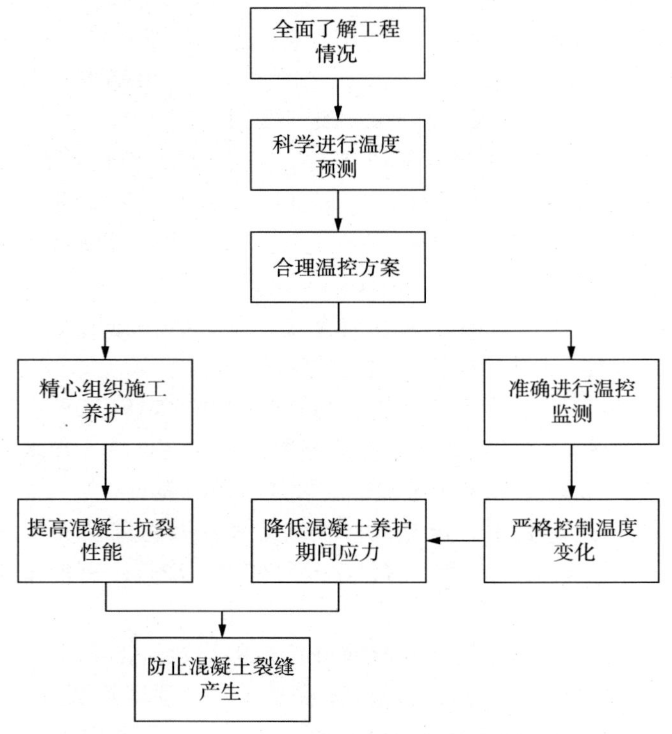

图 2－4－3　大体积混凝土温控工作流程图

（1）浇筑前尽量减少水化热温升

混凝土浇筑前减少水化热温升措施：①优化配合比，尽量降低水泥用量及选择合理级配的骨料、添加缓凝性的减水剂，使混凝土初凝时间满足承台砼浇筑的要求。②水泥至少提前数天入场，使其充分冷却至 60℃以下。③混凝土浇筑前测量水泥、粉煤灰、砂、石、水的温度，确保温度控制在温控方案要求的范围内。

（2）浇筑过程控制

浇筑过程控制措施：①根据天气预报，尽量选择非雨时段开仓。②严格按照技术规范控制浇筑厚度。③在水管上覆盖一层混凝土且初凝后即开始通水。承台浇筑完成前尽可能使用江底低温水降温，之后再考虑冷却水与混凝土内部温差影响，适时改用温水降温。④控制现场入仓速度，混凝土浇筑时使用 6 台罐车，控制拌和速度，尽量减少混凝土出机后罐车入仓前等待时间。⑤保证道路通畅，减少运输时间，罐车包裹应使用专用保温材料。

(3) 浇筑完成后控制

每层混凝土浇筑完成后需不间断通水 14 d 以上。冷却管内通循环水，使混凝土内水化热被冷水吸收后排出，加速散热。为保证进出水段承台混凝土降温基本均匀，要求冷却水能双向通入，每 4～6 h 调换一次方向。外保方式：承台顶部蓄热保温，根据温控监测数据，利用高出承台的外模形成 20 cm 深蓄水池，及时注入冷却管出口的温水，以保证内外温差及环境温度稳定，同时形成保湿养护。

① 控制原则：升温时候降温（早冷却），降温时候保温（小温差），控制降温速率（缓冷却），表面保温。

② 承台主要温控指标：进出水口温差不宜大于 10℃，且水温与内部混凝土温差不宜大于 20℃；承台混凝土里表温差不宜大于 25℃；降温速率不宜大于 2.0℃/d；混凝土浇筑体的表面与养护水的温差不宜大于 15℃；新浇筑混凝土与已浇筑混凝土的温差不宜大于 20℃；混凝土浇筑体最高温度值不大于 75℃；根据承台施工时间及气温等建议混凝土入模温度控制在 25℃以下，最高不宜超过 28℃。

③ 混凝土浇筑后及时进行保温保湿养护的监控、监测与调整。

(4) 监测异常时的现场应对措施

如果现场监测温度超出温控标准，可采取下列应对措施：①最高温度偏高可以采取加大冷却水通水流量、降低冷却水温度的措施，但注意冷却水温度控制在低于混凝土中心温度 15～25℃；②内外温差偏大可加大通水流量、降低进水温度以加强内部降温，使用冷却出水进行蓄水养护以减少混凝土表面热量散失，做到外保内散。

(5) 温度监测频率及养护时间

混凝土入仓前应至少检查一次仪器埋入后有无损坏，并至少观测一次仓内温度。正式观测从仪器被埋入开始，前 3 d 为水化热升温阶段，每 2 h 测 1 次。第 4～7 d 为水化热降温阶段，每 4 h 测 1 次。第 8～14 d 每 12 h 测 1 次。第 15～28 d每 24 h 测 1 次。根据温度场及应力场计算结果，结合现场监测结果确定终止测量时间。养护时间根据温度监测结果进行确定，混凝土内表温差小于 15℃时方可拆模。

2.5 水下基础双壁钢围堰施工

2.5.1 双壁钢围堰设计概述

邻玉长江大桥的 MP3 和 MP4 索塔水下基础围堰均采用圆形双壁钢围堰结

构。MP3 索塔钢围堰外径为 38 m、内径为 34 m、壁厚为 2 m、钢围堰总高度为 19 m；MP4 索塔钢围堰外径为 46.6 m、内径为 42.6 m、壁厚为 2 m、钢围堰总高度为 24.4 m。钢围堰构造由井壁、井壁隔仓、刃脚、围堰底隔舱、连通器等结构组成。在拼装、定位、接高、下沉中要求钢围堰具有较强的自浮能力。由于 MP4 索塔钢围堰的直径大、高度高，施工难度大，下文则重点介绍 MP4 索塔钢围堰的施工工艺，MP3 索塔钢围堰的施工工艺与之相同。MP4 索塔钢围堰划分为 12 个环块，环块划分应满足吊装与拼装要求，如图 2－5－1 所示。

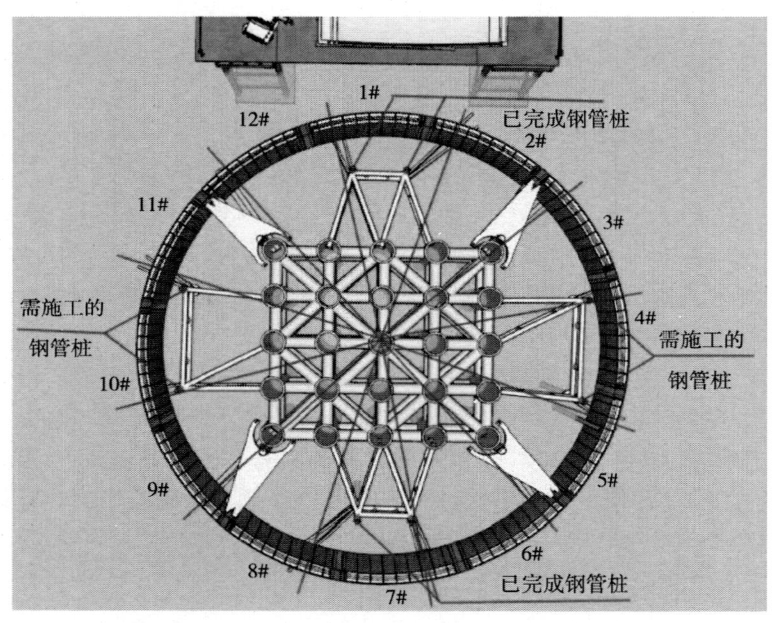

图 2－5－1　MP4 索塔钢围堰平面分块布置图

根据邻玉长江大桥 MP4 索塔水下基础施工特点，经安全、经济、进度、施工质量综合分析，确定本桥 MP4 索塔钢围堰首节刃脚段采用牛腿支撑拼装下放施工方法。MP4 索塔桩基为行列式布置，而钢围堰为圆形设计，故钢围堰内壁局部区域距桩基钢护筒最远距离达到 7.3 m。为保证钢围堰首节段（刃脚段）的支承稳定，且为满足钢围堰吊装入水后的导向需求，在钢围堰内壁边沿设置 Φ800 mm×10 mm 的钢管桩。钢管桩与钢护筒局部连接，且钢管桩必须嵌入河床，为钢围堰首节段的拼装提供稳定施工平台。为全面控制大圆筒钢围堰在整体下沉过程中的偏转、位移、倾斜对导向限位装置的影响，在钢围堰四周设置控制拉缆，钢围堰内侧壁耳板与钢护筒相连接，并利用卷扬机调节钢围堰的旋转。MP4 首节段钢围堰支承牛腿布置示意图如图 2－5－2 所示。

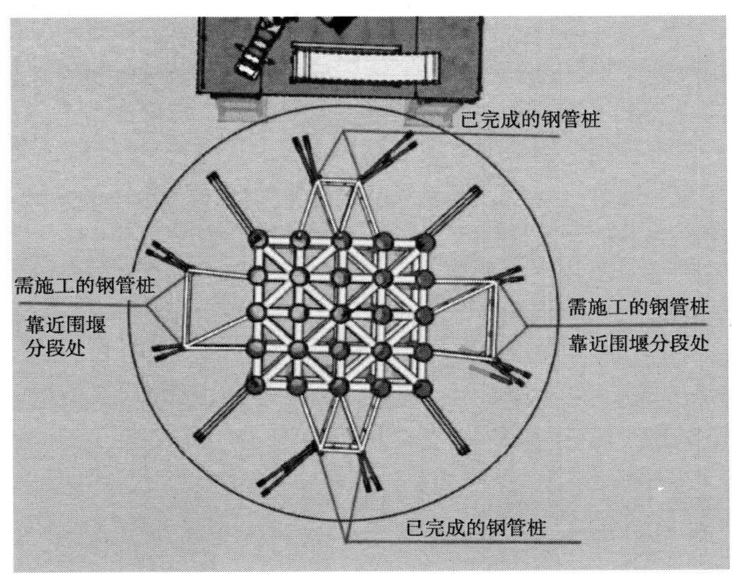

(a) 平面布置图

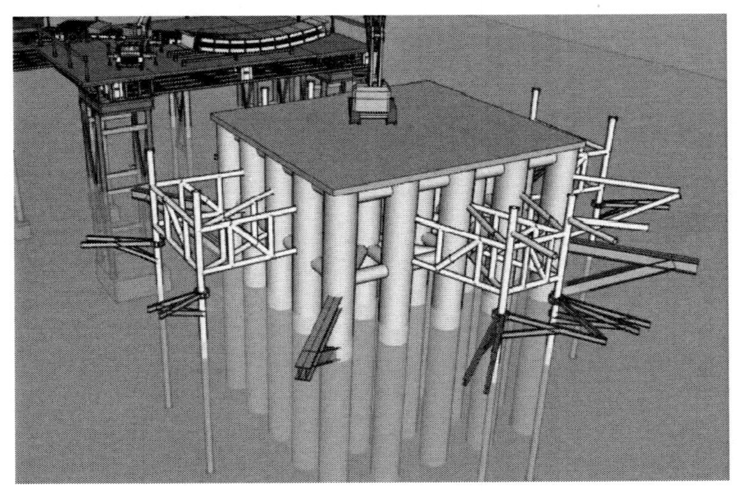

(b) 立面布置图

图 2-5-2　MP4 索塔首节段钢围堰支承牛腿布置示意图

当钢围堰首节刃脚段在支撑牛腿上完成拼装焊接后，在钢平台桁架上设置 4 个围堰桁架吊点，每个吊点采用连续千斤顶配合钢绞线起吊钢围堰。割除支承牛腿下放钢围堰入水，注水调平钢围堰并预留出一定干舷高度，在钢围堰四周设置水下调位拉缆。通过钢护筒平台顶的履带式起重机循环安装及焊接钢围堰节段环块，最终形成整体圆筒结构。进行整体焊缝检测评定，检测合格后注水下沉，精确调整钢围堰平面坐标及竖直度，直至钢围堰着床。钢围堰着床后，使用空气吸泥机进行堰内吸泥下沉钢围堰，促使钢围堰刃脚着岩。采用水下拍摄技术配合潜水工水下检查，准确把握钢围堰着床情况，根据水下检查结果绘制钢围堰刃脚堵漏图，并利用袋装混凝土堵漏。袋装混凝土堵漏完成后再进行钢围堰封底混凝土浇筑，采用刚性导管法浇筑混凝土封底。在钢护筒平台上设置中心集料斗，每个中心集料斗分别控制多个分料斗进行封底混凝土浇筑。MP4 索塔水下钢围堰施工总体流程如图 2-5-3 所示。

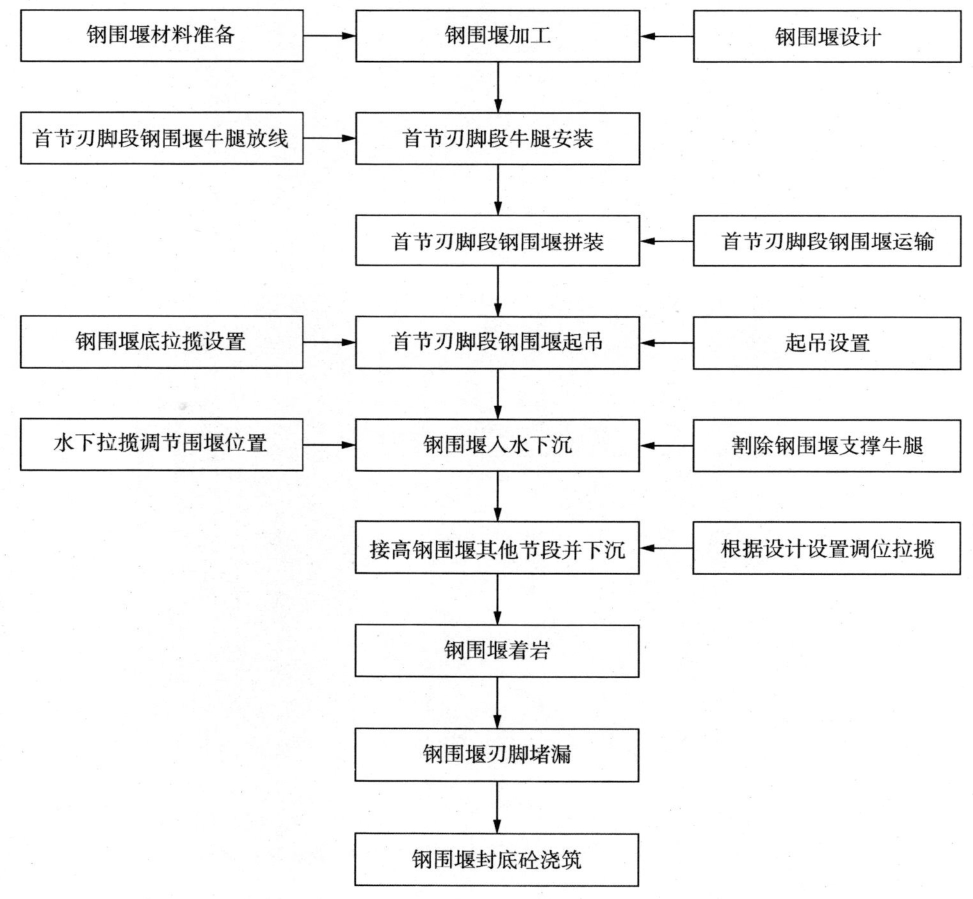

图 2-5-3　MP4 索塔水下钢围堰施工总体流程图

钢围堰节段在工厂内完成加工，综合考虑起吊设备、工期、钢围堰下放接高的施工工艺、钢围堰自身结构尺寸等因素，选择采用大型汽车将钢围堰节段运输至施工现场安装。为确保本桥与钢围堰相关的运输安全，编制了《钢围堰运输专项方案》。

2.5.2 首节段钢围堰拼装及下放

首节段钢围堰通过分块吊装方案拼装，使用履带式起重机吊装第一环块钢围堰节段并放置于钢护筒牛腿上，利用支承桩上的固定装置、牛腿上的定位块及手拉葫芦固定钢围堰块件，在钢围堰顶口使用手拉葫芦调节节段偏位后，对称拼接第二环块钢围堰，顺序循环完成首节刃脚段钢围堰的拼接。在焊缝检测合格后进行钢围堰首节段的下放。吊装前使用 H 型钢对钢围堰吊装平台进行加固，同时使用工字钢对平台进行封闭，在平台顶面铺设钢板形成钢围堰吊装平台。钢围堰吊装平台按照 150 t 履带式起重机加钢围堰重量进行结构验算。

在钢护筒每个牛腿顶面设置挡块，每个钢围堰环块安装到位后，由牛腿顶面挡块确保钢围堰环块不会外滑，同时钢围堰环块向内靠在支承桩的外侧壁上，并在钢围堰环块顶端设置手动葫芦，确保钢围堰环块不会外倾，使用手动葫芦对钢围堰环块进行微调固定。钢围堰环块临时固定措施如图 2－5－4 所示。

(a) 牛腿顶面设置挡块

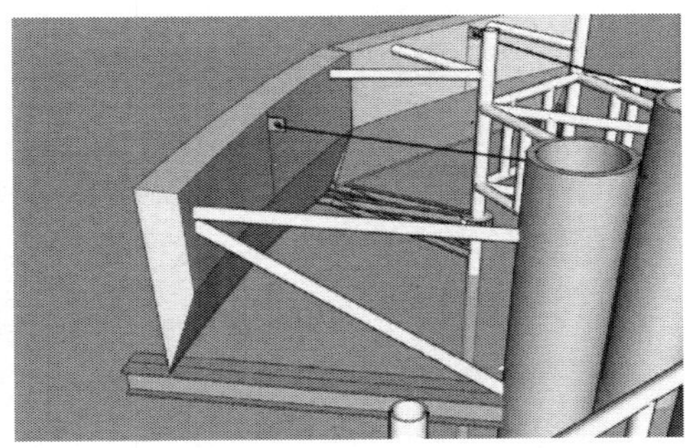

(b) 手动葫芦固定

图 2－5－4 钢围堰环块临时固定措施示意图

为保证钢围堰拼装过程中支承结构受力稳定，首节段钢围堰拼装时按照对称顺序安装焊接，钢围堰环块安装使用履带式起重机吊装作业，如图 2－5－5 所示。

首节段钢围堰拼装完成后需整体起吊、下放至设计位置。主要施工流程：千斤顶与压力表校核→千斤顶安装→导向装置安装→刃脚段调位拉缆安装→整体起吊→钢围堰支撑牛腿割除→整体下放。具体施工步骤如下：

(a) 钢围堰首节段环块吊装作业

(b) 钢围堰首环拼装完成

图 2-5-5 钢围堰首节段拼装过程示意图

(1) 首节段钢围堰整体提升

千斤顶油缸初始处于回油状态，钢绞线锚固于上锚具上，按吊重的30%、50%及100%进行三级加载。若加载过程不同步，则先加载的吊点需等待所有吊点均加载完成后再统一进行下一级加载，三级加载完成后首节段钢围堰上升约10 cm。将钢绞线锚固于下锚具上，松开上锚具夹片并将千斤顶油缸下降，完成首节段钢围堰整体提升。

(2) 拆除钢护筒上的支撑牛腿

首节段钢围堰提升后与支撑牛腿脱离，此时牛腿处于卸载状态，须快速拆除各组牛腿，减少钢围堰悬吊时间，拆除牛腿时避免烧伤钢护筒。

(3) 下放首节段钢围堰

在首节段钢围堰下放过程中，一个吊点处配置2名工人，分别负责操作油泵和整理钢绞线并安装下锚点夹片。千斤顶由经验丰富的起重工统一指挥，并指派4人在平台上游、下游方向观察钢围堰与导向装置的间距。当发现间距过小或产生接触时鸣哨发出警报，指挥人员应立即鸣哨示意4台千斤顶停止给油，确定倾斜方向后反向调整钢围堰姿态，保证钢围堰平稳、水平下放，避免出现个别吊点拉力过大。下放过程中需控制钢围堰顶面倾斜度，及时观察内壁板与导向装置之间的距离。

(4) 检查钢围堰水密性

首节段钢围堰入水后分舱检查水密性，重点检查刃脚段对接接头处环板与壁板的焊缝，检查有无漏水、渗水情况发生。发现漏水、渗水情况时做好标记，并将钢围堰整体提升进行修补，修补完成后再次下放并检查有无渗漏情况。

2.5.3 钢围堰下放系统及导向调节系统布置

邻玉长江大桥 MP3 和 MP4 索塔水下基础钢围堰吊装工程需要用到 4 套500 t 的液压千斤顶操作系统，主要由 500 t 垂直升降液压千斤顶、液压泵站及控制系统等组成。操作系统具有自动控制、半自动控制、手动控制及单点调整等多种操作方式，可单独作业或多台系统同步作业。操作系统可同时控制作业对象的姿态偏差、速度偏差和受力偏差，可根据工程特点和要求确定不同因素的控制策略，各作业点与基准点的高度或位移偏差可控制在±3 mm 以内。操作系统设置有超压保护装置，当发生突然停电或油管破裂等突发情况时，系统能自动同步自锁，使吊装构件平稳停在某一高度，保证吊装构件和施工的安全。控制系统采用了过程显示、实时监控、故障报警等措施，可保证整个吊装过程的安全。控制系统采用了信号冗余传感技术、电磁兼容技术及电控系统抗干扰技术，保证系统具有适应不同工况的能力。邻玉长江大桥 MP3 和 MP4 索塔水下基础钢围堰下放系统布置如图 2－5－6 所示。

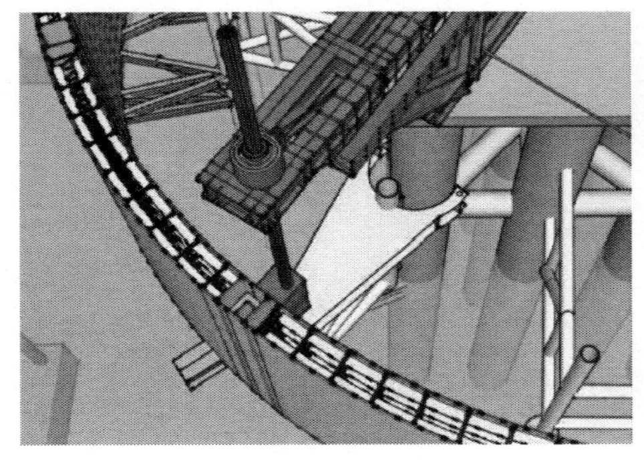

(a) 下放系统布置立面图

(b) 下放系统布置平面图

图 2－5－6 钢围堰下放系统布置示意图

钢围堰下放系统考虑到后续钢围堰节段的吊装，在钢护筒平台上布置菱形吊架，吊架上每个吊点处配置 1 台 500 t 的连续千斤顶，共设置 4 个吊点，钢围堰节段吊装采用 19 束 Φ15.2 mm 的钢绞线作为起吊绳索。

钢围堰节段下放施工流程：①下放系统安装完成后进行试吊，将首节围堰整体吊起约 10 cm，消除各吊点连接间隙和塑性变形，确保各吊点起步后位移相同，同时检查连续千斤顶的工作稳定性、结构安全性和连续千斤顶串联同步效果；②试吊完成后立即调整各吊点至同一标高，并进行正式吊装。4 台千斤顶同步负载起吊至设定高度后，再将分配梁上精轧螺纹钢螺帽拧紧，千斤顶收回油缸，首节围堰的重量转换至分配梁上，完成一次提升循环，重复上述步骤，将围堰整体提升 1.2～1.5 m，最后将分配梁上精轧螺纹钢螺帽拧紧，锁定围堰；③围堰提升到位后，利用槽钢将围堰和支承钢管桩临时焊接固定，每个钢管桩与围堰内壁间形成上、下两道三角形稳定支撑结构，增强围堰抵抗大风和水平碰撞的能力。

钢围堰节段下放过程中需调节纠偏，通过钢平台上布置的卷扬机与钢围堰节段上设置的调位拉缆相连形成调节系统。在钢护筒上布置 4 台 5 t 卷扬机，用于钢围堰平面位置调整，在背水面设置 2 台 10 t 卷扬机，用于抵抗迎水面的流水压力，在钢护筒的四边使用手动葫芦对钢围堰进行初步锚固，同时配合卷扬机对钢围堰的旋转进行调节和锚固。钢围堰节段下放过程中的固定及调节位置如图 2-5-7和图 2-5-8 所示。

(a) 钢围堰节段初步固定正面图　　(b) 钢围堰节段初步固定侧面图

图 2-5-7　钢围堰节段采用手拉葫芦初步固定示意图

(a) 钢围堰节段位置调节平面图

(b) 钢围堰节段位置调节立面图

图 2-5-8　钢围堰节段采用卷扬机调节位置示意图

2.5.4 钢围堰节段循环接高安装

使用平板运输车将钢围堰环块通过施工栈桥运输至施工处，通过在钢护筒平台上布置的履带式起重机完成钢围堰环块的吊装拼接。MP3 索塔水下基础钢围堰节段竖向共有 5 个节段，每个节段分为 10 个环块；MP4 索塔水下基础钢围堰节段竖向共有 6 个节段，每个节段分为 12 个环块。采用 2 台履带吊分块、分节段循环对称安装钢围堰，在接高过程中需保证钢围堰接高后前一个节段钢围堰的干舷高度为 1.5 m。以 MP4 索塔水下基础钢围堰实施为例，其钢围堰环块安装顺序：1＃、7＃→2＃、8＃→3＃、9＃→4＃、10＃→5＃、11＃→6＃、12＃，如图 2－5－9 所示。MP3 索塔基础钢围堰安装顺序与之相同。

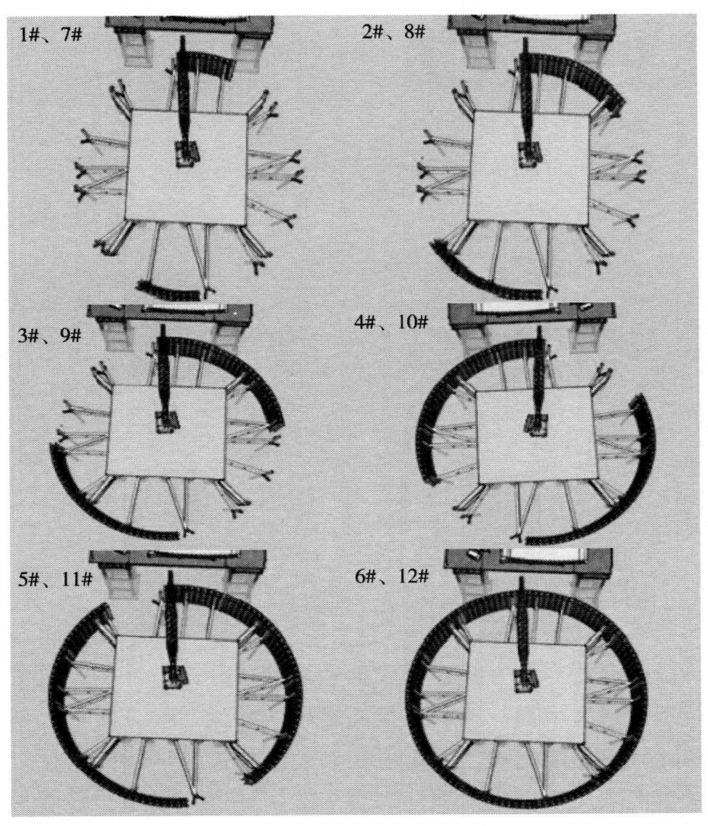

图 2－5－9　钢围堰环块对称拼装流程示意图

利用履带式起重机从平台上起吊单元块钢围堰并旋转至钢围堰预拼装位置，牵引绳配合缓缓下放，当分节吊至离下一节上口环板 100～150 mm 时暂停下落，设置两组链子葫芦调整上、下两节的相对位置，使其基本一致后缓缓下放单元块钢围堰。位置确定后设置两组型钢限位块来固定单元块钢围堰。当对称两个单元块钢围堰在限位块作用下基本就位后，将围堰外侧限位块临时焊接，在围堰内侧设置三组临时马板进行临时连接。以下节段钢围堰顶面为基准，沿分节钢围堰内、外壁板一周及隔舱板位置划出切割线，切割余量并进行装配定位焊接。此过程必须测量检查单元块钢围堰垂直度和平面位置，合格后进行单元块钢围堰与底节钢围堰之间的焊接。钢围堰节段接高安装过程如图 2－5－10 所示。

(a) 首节段安装完成

(b) 第 2 节段安装过程

(c) 第 2 节段安装完成

(d) 第 3 节段安装完成

图 2－5－10 钢围堰节段接高安装过程示意图

钢围堰节段间通过焊接方式连接，钢围堰焊接分内、外侧环缝焊接，内、外竖缝焊接以及钢围堰夹壁内焊接，焊接应设置防护棚，做好防风、防水措施。在第一对对称单元块钢围堰与底段钢围堰安装完成后进行环焊缝焊接，再依次进行第二对单元块钢围堰与底段钢围堰环焊缝焊接，并进行相邻竖缝焊接。依次循环焊接其余单元块钢围堰后，通过最后一对单元块钢围堰上的调节余量来满足钢围堰的整体结构尺寸。钢围堰所有焊缝均采用二氧化碳保护焊的方法，单面焊接双面成型工艺，焊接完成后，对焊缝进行探伤检测，符合规范及设计要求后方可进行下一道工序。单个钢围堰节段焊接完成后需进行渗漏试验检测，以确保钢围堰的水密性。此外，还需按相关规范及要求进行壁板、环板、竖肋、平撑等部位的焊接检测，检测不合格部位需进行刨平重焊，所有焊缝检测合格后方可进行下一节段钢围堰的接高工作。

2.5.5 钢围堰注水下沉

待钢围堰吊装焊接完成且水密性试验合格后，进行钢围堰注水下沉。首先测量观测点以及高程标线等。然后，检查好水泵和卷扬机等设备后，向钢围堰夹壁内注水，各阶段注水下沉需确保足够的干舷高度，以保证钢围堰安装的安全性及下一阶段安装时的可操作性。钢围堰安装过程中应严格控制顺直度与顶面高差，其中顺直度采用“拉线量距”方法控制在 1/500 以内，顶面高差在状况改变后及时测量，获取高差数据并及时调平。钢围堰环块对称布置，环块安装前向对称隔舱内注水，注水量由环块重量确定，保持安装过程中顶面高差不超过 30 cm。钢围堰注水下沉主要包括以下施工过程：

（1）钢围堰注水下沉

在钢围堰注水下沉过程中，通过钢围堰内壁上设置的导向装置提供导向作用，并将钢管桩上的导向力通过支撑传递到桩基钢护筒上。在钢平台上设置水泵向钢围堰夹壁内注水，使钢围堰下沉，跟踪测量钢围堰内夹壁空腔段高度及围堰外干弦高度。为保证钢围堰注水时整体平衡下沉，配备 12 台水泵分别向钢围堰 12 个隔舱同时注水，每个隔舱注水深度约 6 m，隔舱注水过程中相邻隔舱间的允许最大水位差为 6 m。当钢围堰刃脚尖距河床面 0.5 m 左右时停止注水下沉，通过平台上设置的卷扬机系统调整钢围堰的位置，实现钢围堰的精确定位。

（2）下沉与着床

钢围堰的着床定位是施工中最关键的工序，直接影响到钢围堰的最终定位质量。在下沉前按照钢围堰着床位置使用全站仪测设墩中心线，并利用定位船锚碇装置将钢围堰准确对位。沿钢围堰周边复测河床面标高，核对刃脚的高度及定位桩的长度和位置与实际情况是否相符，若不相符则采取相应措施进行调整。复核无误后对钢围堰进行注水压重下沉，当钢围堰底部距河床面 0.5 m 左右时，停止注水并进行纠偏，在位置正确后将钢围堰与拼装船固定，经一天观测无变化后迅速注水着床。用水泵向钢围堰夹壁内补水，打开钢围堰内外壁之间设置的连通器，以保持围堰内外水位差，防止内外水位差过大而导致刃脚翻砂。钢围堰下沉过程中使用全站仪进行监控，发现偏位时立即予以纠正。钢围堰纠偏方法：在钢围堰底节刃脚设纠偏缆，与定位平台上的卷扬机连接，通过将两侧纠偏缆同时收放或一侧松、一侧紧等办法来达到纠偏的目的。

(3) 钢围堰定位

由于钢围堰重心偏向设有定位桩一侧，在注水过程中，要根据重心的偏移量分别注水，使其重心与中心重合，防止钢围堰向定位桩一侧倾斜。钢围堰下沉至基岩后停止注水。由潜水员沿钢围堰刃脚进行检查，并填写落岩位置表和钢围堰触岩情况表。利用抛锚将钢围堰固定，复核其中心位置及顶标高，并随时检查其变化情况，经 72 h 观测无变化后即可进行钢围堰锚泊，确保钢围堰下沉位置满足设计要求。

钢围堰注水下沉施工流程如图 2-5-11 所示。

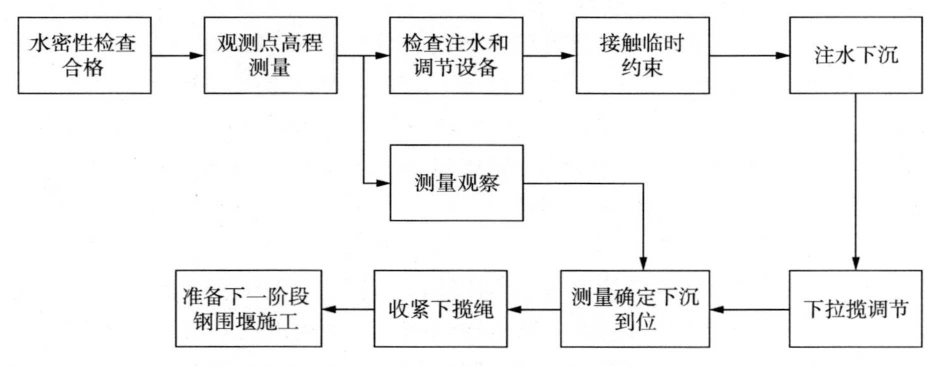

图 2-5-11　钢围堰注水下沉施工流程图

2.5.6　钢围堰着床吸泥下沉

根据对桥址区长江河床覆盖层的调查，确定钢围堰内吸泥清淤的主要以粉质黏土夹碎块石及砂卵石为主，颗粒直径一般为 4～30 cm，覆盖层厚度根据基础复测资料判定，钢围堰水下清淤总方量约为 3.94 万立方米。在首节钢围堰下放前，先利用链斗船对钢围堰内河床可清理范围进行清渣，后期再使用空气吸泥机吸渣。考虑到河床卵石已经板结，仅靠空压机配合射水吸泥已无法实现出渣，因此局部区域可先使用水上挖机对板结卵石层和强风化岩石进行开挖扰动，再配合空气吸泥机出渣。对于桩基施工平台区域可先使用旋挖钻机钻孔，再配合空气吸泥机出渣。

空气吸泥机头部设置高压射水嘴，必要时可射水破土。钢围堰吸泥下沉施工应配备 4 套空气吸泥机。空气吸泥机主要由履带式起重机、空压机、吸泥管、供气管、射水管、高压水泵、吸泥器、90 振动锤等组成。依次对整个钢围堰进行第一次封底吸泥，吸泥至封底混凝土设计底高程后由测量人员进行第二次高程测量。对吸泥深度未达到封底混凝土设计底高程部位进行局部吸泥，保证钢围堰封底底高程满足封底混凝土厚度要求。

钢围堰的某一点接触河床覆盖层后，对首先接触河床的隔舱注水，让这部分隔舱能快速且尽可能多地切入覆盖层，然后对其他舱室适量注水，并以钢围堰周边干舷高度控制钢围堰的垂直度。钢围堰内吸泥下沉工作示意图如图 2-5-12 所示。

在钢围堰上使用工字钢搭建临时平台，吸泥机放置于临时平台上，并对准已着床的钢围堰刃脚位置吸泥除土。加强钢围堰夹壁内的注水，使钢围堰刃脚尽快进入覆盖层。吸泥顺序为先从河岸侧覆盖层高点开始吸泥，并使用履带式起重机配合吸泥机移动。

钢围堰吸泥下沉过程中，对各种状态下的钢围堰下沉参数进行及时测量与记

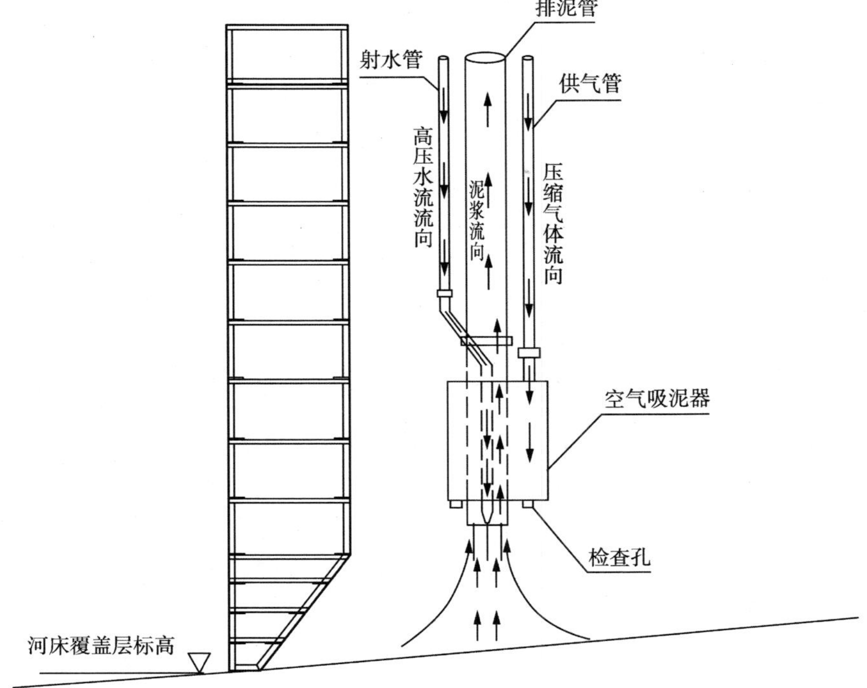

（a）吸泥工作原理图

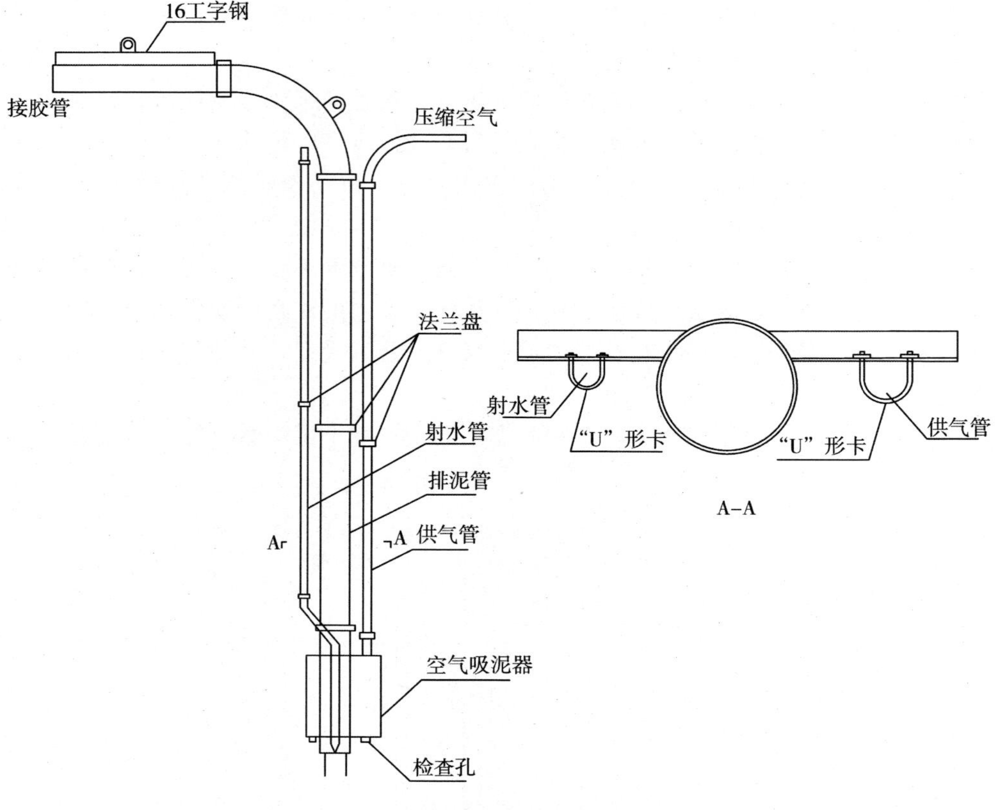

(b) 空气吸泥机结构图

图 2-5-12　钢围堰内吸泥下沉工作示意图

录。每间隔 1～2 h 测量钢围堰内壁周边水深，换算出钢围堰内壁处对应的泥面标高。通过控制吸泥部位保证钢围堰能均匀下沉，并随时调整钢围堰的平面位置和垂直度。当需要使钢围堰向某个方向移动时，应在以钢围堰圆心轴为对称轴的对侧吸泥，使钢围堰倾斜下沉一定距离，以便对侧刃脚能达到正确位置，此后在同侧吸泥将钢围堰扶正。

在吸泥施工时，钢围堰内泥面不可低于刃脚太多，以防止发生涌砂事故。导管吸泥位置和刃脚必须保证一定距离，并且在同一个位置吸泥时间不能过长。吸泥时间根据相应钢围堰下沉迹象确定，如有下沉变化则停止吸泥，另选 5 m 以外的部位继续作业。在吸泥施工过程中，吸出泥沙的同时也吸出了大量水，因此需保持钢围堰内、外壁之间设置的连通器打开，以使钢围堰内、外水位随时保持平衡。

钢围堰吸泥下沉施工过程中应注意以下事项：①在吸泥下沉过程中，测量人员应严密监视泥面标高变化情况。每间隔 1～2 h 测量一次泥面变化情况，并绘制出泥面变化曲线；②钢围堰的偏位情况观测应与钢围堰下沉同步进行，钢围堰每下沉 20～50 cm 应观测一次钢围堰的偏位情况；③吸泥排渣通过运泥船运输至指定位置排放；④下沉至设计标高以上约 2 m 位置时，应适当放慢下沉速度，并控制吸泥量和吸泥位置，使钢围堰平稳下沉、准确就位；⑤在空气吸泥机的出浆水平管上设置风缆，以控制出浆管的方向。吸泥管口离泥面 15～50 cm 为宜，高度过低易造成吸泥管堵塞，过高则吸泥效果不好。经常摇荡吸泥管管身和移动吸泥管位置可提升吸泥效果。

2.5.7 钢围堰精确定位测量

钢围堰节段的拼接误差应小于容许误差。其中，直径不大于 $D/500$，且同一平面内相互垂直的两直径差小于 20 mm，钢围堰壁厚度误差小于 30 mm，底面及顶面中心与设计中心的偏差不超过钢围堰高度的 1/50，倾斜度不大于 1/50，平面扭转角小于 2°。钢围堰支撑牛腿设置在辅助钢管桩上，根据钢围堰定位控制精度要求，采用 GPS/RTK78 动态测量方法放样，全站仪坐标法复核。在辅助钢管桩顶面按设计坐标放出支撑牛腿安装控制点，用全站仪精确测量放样点高程，利用钢尺将高程从钢护筒顶向下传递至支撑牛腿设计标高处，并使用水平尺在钢护筒上画一条水平线，再利用锤球将钢护筒顶轴线引至支撑牛腿设计位置。支撑牛腿安装完成后，在牛腿顶采用全站仪坐标法放出每个牛腿的设计钢围堰平面位置，做好标记后再精确测量其三维坐标；根据精确测量结果对标记进行调整，并标示出钢围堰节段分段线位置，然后开始钢围堰首节刃脚段拼装，高程中误差通过在牛腿顶设置支垫钢板调整。

为确保钢围堰的几何外形符合设计要求，钢围堰刃脚应在同一平面内（基准面），拼接时各节段的对称轴线应重合为一条直线，对称轴线应垂直于基准面，钢围堰各节段对称轴线的距离都应等于钢围堰的半径。钢围堰基准面共设置 4 个基准点，A、C 为纵桥向桥轴线控制点，B、D 为横桥向桥轴线控制点，如图 2-5-13 所示。基准点与钢围堰中心点构成刃脚基准面，并作为钢围堰拼装接高的高程传递基准点。首节刃脚段钢围堰拼装高程使用水准仪测量，在钢围堰平台上架设水准仪，通过在钢围堰底加垫钢板控制首节刃脚段钢围堰顶面标高，确保首节刃脚段顶面在同一高程平面内。钢围堰平面位置使用全站仪坐标测量控制，主要测量各节段对称轴线节点连接处，确保各节段钢围堰接缝顺直，对称轴线距离与钢围堰半径相等，且 A、C 点位于桥轴线上，B、D 点位于墩轴线上。首节刃脚段应严格控制各节段对称轴线，防止拼装过程中钢围堰发生扭转。

钢围堰拼装接高主要控制其节段对称轴线边缘至中心点的距离（半径），高

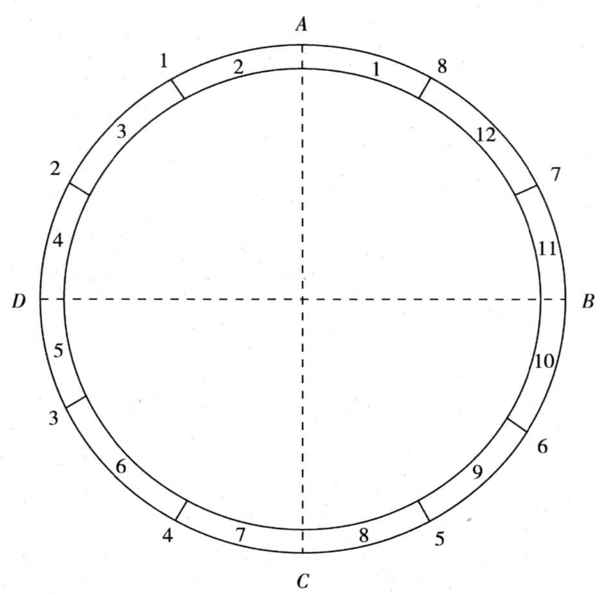

图 2-5-13 钢围堰刃脚基准面及中轴线示意图

程面和顺直度半径控制以 A、B、C、D 为参照基准点，使用全站仪坐标测量法直接测量钢围堰连接处对称轴线坐标，并校核与 A、B、C、D 基准点的相对位置关系。钢围堰拼装高度用经检定的钢尺往上测量，测量位置位于 4 个基准点及钢匡堰对称轴线连接处。初步定位后使用水准仪检查基准面，符合要求后焊接钢围堰节段。钢围堰拼装接高顺直度测量控制采用数字激光水平尺或锤球吊线法，按实测倾斜度修正。钢围堰拼装接高前先进行基准面测量，确认基准面是否水平、平面位置是否满足要求及钢围堰的实际倾斜度。高程基准面的调整通过钢围堰内浇筑配重混凝土或注水调整，平面位置偏移值通过收放锚缆调整。每片钢围堰拼装均需采用全站仪复核，符合要求后才能进行下一片拼装。钢围堰拼装过程中应根据拼装状态、偏载情况、水位变化及水流速度等情况及时对基准面进行复测，并根据复测结果对钢围堰进行相应调整。

钢围堰下沉前需复测平面位置坐标及顶面高程，通过收放锚缆调整偏移值至设计位置。在钢围堰内浇筑配重混凝土或注水下沉，下沉过程中应根据钢围堰顶面实测高差及 4 台连续千斤顶实时反馈信息，及时调整配重混凝土或注水位置和重量，保证钢围堰均匀下沉，不能产生过大高差。钢围堰下沉过程通过在钢栈桥上设置固定测量点，采用 GPS/RTK 动态测量方法进行观测控制，并使用全站仪复核基准点。

钢围堰进入覆盖层后立即开始吸泥下沉，此时钢围堰状态相对稳定。通过多次测量顶面基准点的平面位置和高差，推算钢围堰顶、底中心的偏移方向，根据钢围堰偏移方向在钢围堰内相应位置吸泥对偏移值进行调整，使其均匀下沉至着床。钢围堰吸泥下沉过程采用GPS/RTK动态测量方法进行测量控制。吸泥下沉过程中使用测深仪或测绳随时测量钢围堰周围内外河床变化情况，再根据测量情况及时调整吸泥方案。钢围堰着床前使用全站仪、水准仪、数字水平尺或锤球对钢围堰做一次全面复测，并推算顶、底中心偏移值及倾斜度，确认满足要求后下沉着床。

2.5.8 井壁混凝土浇筑

井壁混凝土填充在围堰下沉到位后进行。夹壁混凝土采用导管法进行水下混凝土浇筑，配置两套水下混凝土浇筑导管，用于对称加载夹壁混凝土，同时对应配备两套天泵和集料斗。技术人员在操作平台上，使用测绳测量混凝土顶面标高，整个隔舱断面均达到设计标高后将料斗吊入下一个隔舱。

井壁隔仓混凝土采取对称台阶法逐仓浇筑。浇筑时，相邻隔仓混凝土面高差不得大于4 m，即假定先浇筑1号仓的第一次4 m高混凝土（1号-1），然后紧接着分别浇筑与1号仓相邻的2号仓和12号仓的第一次混凝土（2号-1，12号-1），完成后再浇筑1号仓的第二次混凝土（1号-2），接下来则先浇筑与2号、12号仓相邻的3号、11号隔仓的第一次混凝土（3号-1，11号-1），在3号、11号隔仓的第一次混凝土浇筑完成后再回头浇筑2号、12号仓的第二次混凝土（2号-2，12号-2），之后再返回浇筑1号仓第三次混凝土（1号-3），此时1号仓的混凝土浇筑完成。在1号仓的混凝土浇筑完成后，依照与前面类似的方法，再向两侧先浇筑与3号、11号隔仓相邻的4号、10号隔仓的第一次混凝土（4号-1，10号-1），再返回浇筑3号、11号仓的第二次混凝土（3号-2，11号-2），以此类推，最后顺时针方向完成竖向箱梁内混凝土浇筑，直至将全部隔仓（井壁）的混凝土浇筑完成。

井壁混凝土填充原则上要求一次性连续浇筑完成，因特殊原因无法连续进行，不得已分次完成时，需待前次所浇筑混凝土终凝后方能进行，并需将未填充完成隔仓的混凝土表面浮浆吸干净，以确保与后浇筑混凝土结合良好。需要注意的是，隔仓混凝土顶面高程应严格控制，既要保证浇筑到高程，又要保持顶面平齐，防止高低不平并避免超高，以免给后续围堰切割和拆除带来困难。

2.5.9 钢围堰内隔仓安装

待钢围堰下放着床后检查钢围堰倾斜度及利用插板封堵漏点后，安装钢围堰的内隔仓。内隔仓单元块重量不超过30 t，且安装位置距钢护筒较近，可采用履带式起重机安装，在钢护筒上焊接 4 m 钢牛腿作为拼装平台。首节内隔仓下到水里后，利用首节自身浮力作为第二节拼装平台，使用履带式起重机按照顺序拼装第 2、第 3 节，再下放至设计标高。钢围堰内隔仓安装示意图如图 2－5－14 所示。

(a) 安装示意图一

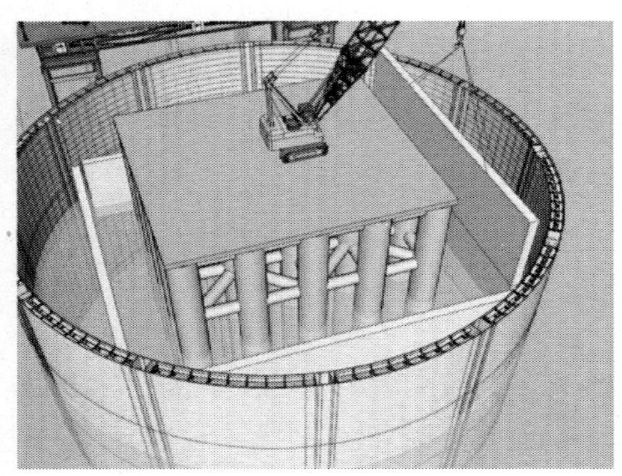

(b) 安装示意图二

图 2－5－14 钢围堰内隔仓安装示意图

2.5.10 钢围堰封底混凝土施工

(1) 封底混凝土浇筑顺序

采用单点一次浇筑到位方式，每次同时灌注同排的导管。在同排的导管浇筑完后灌注第二排导管。MP3 分两个作业点浇筑，浮吊浇筑方向为由下游往上游浇筑，履带式起重机浇筑方向为由上游往下游浇筑。MP4 由钢围堰北岸向南岸浇筑（由低向高浇筑）。混凝土灌注前精确测量基底各部位的标高，先灌注低洼处封底混凝土，以避免混凝土流动造成导管底口脱空或埋入深度过浅，致使导管底口进水。

(2) 封底混凝土浇筑方法

MP3 封底时桩基施工平台已拆除，侧壁和内隔仓填充混凝土使用天泵入仓；月牙与承台范围封底砼使用天泵＋4 方料斗＋导管拔盖首封，首封后再使用导管直接浇筑。

MP4 封底时桩基施工平台未拆除，侧壁和内隔仓填充混凝土使用天泵入仓；承台范围浇筑方式：将导管接长至平台顶，采用 3 m^3 扁平小料斗＋2 台搅拌车（共 27 m^3）直接进行首封，首封后再使用导管直接浇筑。导管采用一半满布布置，每次同时灌注同排的导管。在同排的导管浇筑完后灌注第二排导管。月牙区与平台拆除范围浇筑方式：使用天泵＋4 方料斗＋导管拔盖首封，首封后再使用导管直接浇筑。

首封后采用垂直导管法浇筑，由 2 台天泵向浇筑点输送。混凝土灌注时，要经常测量每根导管影响半径范围内的混凝土标高，检查导管的埋深和混凝土的流动方向，控制导管的下料速度和方量，使混凝土均匀分层，高差过大时要通过导管补料进行调整。导管内混凝土下放缓慢或不下放时可适当提升导管，使得混凝土下放顺畅。各区封底混凝土在浇筑过程中需确保各根导管在上一次所浇筑的混凝土初凝前能得到一次补充浇筑。封底混凝土标高测量使用测量锤进行，提前准备 20 个测量锤，每个重量为 3 kg。测绳 25 m×10 根，施工前用水浸泡 2 天，并校核其长度。平台标高测量，每个浇筑点及测点处平台标高应提前测出，作为测量混凝土面的依据，并用油漆标示在该处。混凝土灌注中如果导管或漏斗颈卡住，可用振捣棒振捣疏通。封底混凝土顶面标高控制比设计标高低 20 cm，待抽水后再浇筑作为找平层和施工排水沟使用。

(3) 封底混凝土浇筑注意事项

钢围堰封底混凝土浇筑注意事项：①封底混凝土浇筑前需对钢护筒在封底厚度范围内的部分进行除锈和除渣处理。钢护筒附近的封底厚度要保证，让潜水工下水检查或利用高压射水沿钢护筒冲洗。②封底混凝土浇筑工序转换速度要快，尽量减少混凝土浇筑时间。封底混凝土施工时技术人员测量要认真、准确，尽量减少混凝土高差。技术人员要根据天气、混凝土分层、浇筑速度等情况及时通知试验室对混凝土坍落度进行调整。③封底时如有混凝土外漏现象，应及时派潜水工检查。漏洞小时可采用慢浇筑砼的方法堵漏，漏洞大时可采用堆筑沙袋的方法堵漏。为排出围堰内封底混凝土置换出的水量，混凝土浇筑前应将围堰侧板底层设置连通器，以保证围堰内外水头差不致过大，防止由于内外压力差过大，造成封底混凝土冲出刃角底的临时封堵外泄。④封底时拌和站应连续不断地将混凝土输送到施工部位，不可中途停顿。封底混凝土灌注结束前，应仔细对围堰内的混凝土面进行测量，如果标高不满足设计要求，则要求重新下导管并按首批混凝土进行施工。邻玉长江大桥 MP3 及 MP4 索塔水下基础双壁钢围堰施工现场如图 2-5-15 所示。

(a) 首节段钢围堰拼接施工

(b) 钢围堰拼装接高施工

(c) 钢围堰建成俯视图

(d) 钢围堰建成正视图

图 2-5-15 MP3 及 MP4 索塔水下基础双壁钢围堰施工现场图

2.6 承台钢管桩围堰施工

2.6.1 钢管桩围堰设计概述

锁口钢管桩围堰的主要结构是支护钢管桩、锁口、水平支撑和封底混凝土。围堰主要是靠在相邻钢管桩连接的锁口内利用填充止水材料达到止水效果。通过锁口钢管安装、混凝土封底、堵漏、抽水、承台施工五个阶段实现水中大型承台作业的无水施工。

邻玉长江大桥 P12、P13、MP1、MP2 承台钢围堰选用锁口钢管桩结构。锁口钢管桩围堰锁口阴阳头选用 IC 形式，钢管桩使用 Φ630 mm×10 mm 螺旋钢管，圈梁使用 HN500 mm×200 mm 型钢，钢管桩入土深度根据围堰稳定性计算和承台底标高确定，并在管桩相连处进行锁口处理，利用 C30 水下混凝土封底。钢管桩围堰布置如图 2-6-1 所示。

2.6.2 钢管桩围堰施工方法及流程

地勘报告显示，河床地质为卵石层+砂质泥岩层，钢管桩无法采用直接插打法，故采用引孔法进行施工。待墩位处桩基施工完成后，拆除桩基施工平台进行围堰施工，先对锁口钢管桩位置进行引孔施工，引孔先用 90 振动锤捶打Φ140 cm

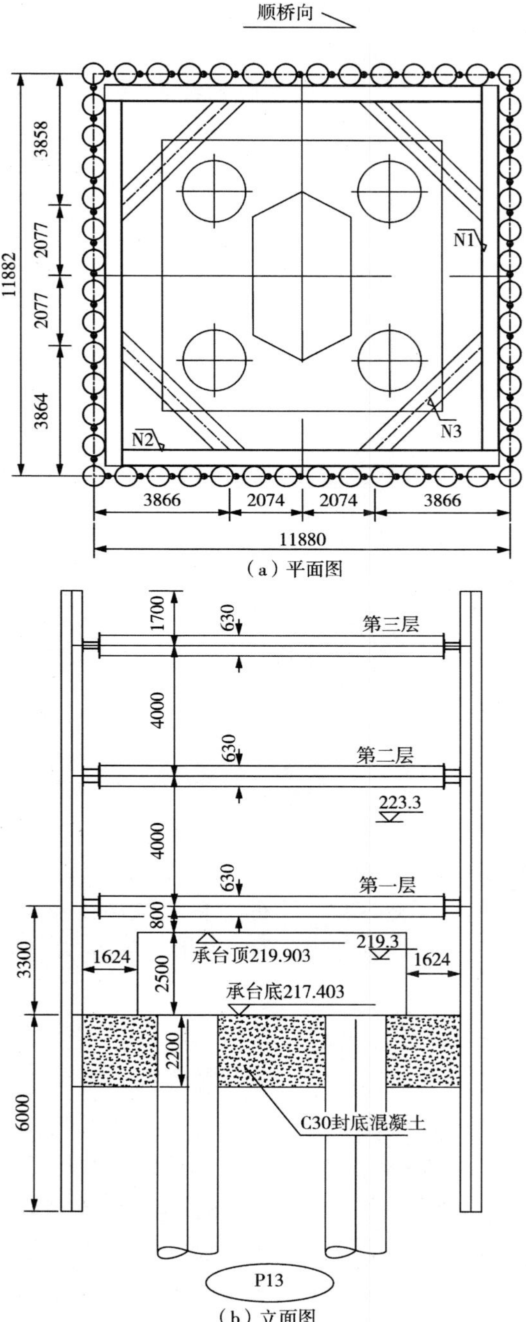

（a）平面图

（b）立面图

图 2－6－1　钢管桩围堰布置图（标高单位：m，建筑单位：mm）

钢护筒至砂质泥岩层，然后用钻头为 Φ110 cm 旋挖钻成孔。穿过卵石层和岩层，到达设计桩底后，提起钻头，在孔内回填细沙与碎石拌和料至河床面，然后拔出钢护筒插打钢管桩，依次插打其他锁口钢管桩直至合龙，吸渣，浇筑封底混凝土，分层抽水安装内支撑。最后施工承台和墩柱。锁口钢管桩围堰施工工艺流程如图 2-6-2 所示。

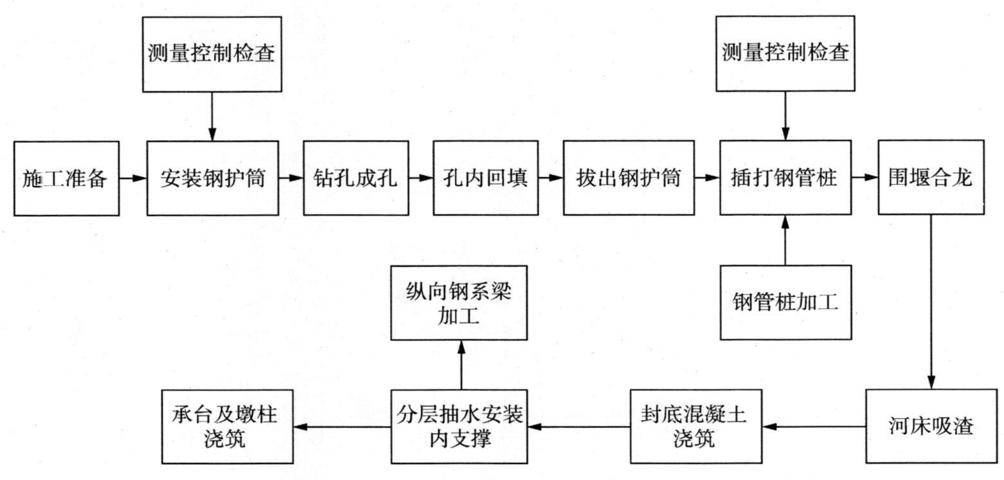

图 2-6-2　锁口钢管桩围堰施工工艺流程图

施工前期准备工作如下：①熟悉设计图纸，根据安全操作细则，对施工作业人员进行安全技术交底；②图纸审核及原地貌复测，发现图纸有误或现场与设计不符时上报相关人员进行复查；③技术方案编制、报批后，严格按方案指导现场施工；④布置材料堆放场地及备料；⑤拆除钻孔桩施工平台，清理作业钢平台；⑥验收施工使用材料，验收合格后材料方可进场，严禁未经验收的材料进场。

2.6.3　锁口钢管桩加工

钢围堰主钢管选用螺旋钢管，锁口小钢管选用无缝钢管，标准单元的钢管桩结构在工厂加工成成品。钢管桩锁口焊接先采用连续点焊后再实施满焊，焊缝高度不小于 8 mm，钢管桩锁口焊接加工完成后对两侧锁口用两根 2～3 m 的短桩做通过试验，以 2～3 人拉动通过为宜。锁口通不过或桩身有弯曲、扭曲等缺陷，应采用冷弯、热敲、焊补、铆补等方法加以整修。按设计要求，钢管桩在插打过程中要接长，现场焊接接长时使用坚固夹具夹平，防止变形，在焊接时先对焊，再焊接加固板，并在桩端制作吊装孔。桩身内外侧及锁口阴阳头，均涂抹黄油混合物油膏，以减少插打时的摩阻力，并增强防渗性能。

2.6.4 测量放样

在南岸场地适当位置设置控制测量点，在导向架安装之前，用全站仪测放出围堰内轮廓线；在钢管桩插打过程中，用全站仪控制锁口钢管桩的垂直度。

2.6.5 钢管桩施工

(1) 引孔

为了精确控制钢管桩打入后的平面位置，需设置导向框，导向框应使用有足够刚度且带有平面的 H 型钢；导向框水平长度不宜过大，控制在 10 m 左右；为方便钢管桩顺利插入导向框，导向框宽度以大于管桩直径 2 cm 为宜，即每边各放大 1 cm。导向框桩与导向框应焊接牢固。因墩位处地勘资料显示为卵石层地质，锁口钢管桩无法直接插打，锁口钢管桩均使用 Φ110 cm 旋挖钻机引孔。引孔前平台靠锁扣钢管桩一侧沿水流方向增设剪刀撑，以确保旋挖钻引孔时平台的稳定性。引孔时，先用 90 振动锤捶打 Φ140 cm 钢护筒至不能振入为止，然后用旋挖钻将钢护筒引至岩层，最后旋挖至设计孔底标高处。

(2) 插打

钢管桩的插打顺序为由支栈桥侧向河心侧施工，在主栈桥侧中部合龙。钢管桩紧贴导向框插打，并在导向框中设置对锁口的限位装置，以防止随着插打钢管桩受锁口影响发生倾斜。首先安装临时导向框，导向框利用栈桥钢管柱定位。先对锁口钢管桩边角导向桩位置进行引孔施工，完成钢管桩插打之后，将钢管桩与栈桥管桩焊接，连接成一个整体。

插打第 1 根钢管桩时，第 1 根钢管桩插打至指定位置时停止插打；然后插打第 2 根钢管桩，第 2 根钢管桩插打至与第 1 根钢管桩齐平时停止插打，将第 1 根钢管桩剩余部分插打到位；再开始插打第 3 根钢管桩，插打至与第 2 根钢管桩齐平时停止插打，然后完成第 2 根钢管桩剩余部分插打，如此循环施工。使用履带式起重机将钢管桩吊至插点处进行插桩，对准桩与定位桩的锁口，锁口抹上润滑油，开动液压机，夹紧桩，开始沉桩。试开打桩锤 30 s，停止振动，利用锤惯性打桩至孔底，开动振动锥打桩下沉，控制打桩锤下降速度，尽可能地使桩保持竖直。

在打桩过程中，为保证钢管桩的垂直度，用全站仪在无导向框限位的两个方向上加以控制。为防止锁口中心线平面位移，在打桩进行方向的钢管桩锁口处设置卡板，以阻止管桩位移。同时在导向框上预先算出每根管桩的位置，以便随时检查校正。打桩至距离设计高程 40 cm 时，停止振动，振动锤因惯性继续转动一定时间，打桩至设计高程。松开液压夹口，提升第 2 根钢管桩至桩位处，打第 2

根桩，以此类推至打完所有桩。钢管桩插打同一截面接头数不超过总数的50%，接头上下交错布置。

（3）纠偏

第一根钢管桩沉入后的垂直度影响整个围堰其他钢管桩的垂直度，其打入速度要缓慢些，打入到设计深度一半时暂停沉桩，检查桩身的垂直度是否在0.5%L以内，如满足要求则继续开启振动锤沉桩；否则拔出重打。其他钢管桩在锁口作用下，一般不会产生较大偏差，只需每插打15～20根做一次检查，保证桩身的垂直度在1%L以内即可。

（4）合龙

锁口钢管桩由围堰上游分两头插打，到下游合龙。钢管桩围堰合龙前，在插打至最后4～5根桩时，测量缺口的宽度，准确计算出合龙桩的外径，加工大小合适的锁口钢管桩运至施工现场插打。为保证钢管桩围堰合龙时两侧锁口互相平行，应避免使用异形桩进行合龙，以减小合龙难度。当钢管桩两端相距10～15根桩的距离时，之后每打入1根桩，均需用全站仪控制其垂直度。在插打合龙钢管桩时，根据现场测得合龙宽度，插打已加工合适大小的锁口钢管桩；通过调整C－T口之间的距离，进一步保证围堰能更好地合龙。

2.6.6 锁口止水

（1）锁口止水设计

首先打入两端均为“阴口”形式的钢管桩，在Φ168 mm钢管中先填塞止水材料，再进行后续钢管桩插打。止水材料为使用搅拌机配制的黏土、膨润土、黄沙、锯末混合物，加入适量水搅拌黏稠后，装入定制好的Φ140 mm的塑料袋中，每节约40 cm。填塞时从钢管孔口人工丢入钢管内，插打时“阳口”工字钢将塑料袋划破，利用振动锤的激振力将止水材料振捣密实。在钢管桩插打到位后，锁扣内因振动下沉缺失止水材料段再用人工填塞，并用钢棒振捣密实。先打入锁扣钢管桩，然后在Φ180 mm钢管与工字钢缝隙中放入条形止水塑料，最后填充砂浆从而达到止水的效果。锁口止水设计如图2-6-3所示。

（2）锁口漏水处理

抽水过程中或抽水后发现个别锁口漏水，可派潜水工下水检查漏水处并用磁性止水带贴补。抽水后如发生锁口漏水较大、漏水处较多、贴补无效和不易抽干等情况，影响围堰内基础施工时，要停止抽水，让水回灌入围堰；再用双层彩条布缝制环状布带，其宽度为围堰顶到河床面的高度加5 m，最小周长为围堰周长的2倍，将布袋从围堰顶套下，上口与围堰顶齐平，派潜水工将下口摊铺到河床上，用沙袋压实后，抽水施工。

(a) 锁口止水设计近图

(b) 锁口止水设计远图

图 2-6-3 锁口止水设计

2.6.7 圈梁及内支撑安装

首先，在钢管桩上标示出圈梁水平位置，在支撑附近将型钢托架焊接在钢管桩上，作为圈梁安装的支承。通过履带式起重机吊放制作好的圈梁型钢到托架上，紧贴钢管桩并与其焊接，不能紧贴的钢管间使用小钢板焊接。其次，在圈梁上测量支撑的安装位置，并准确测量出每根支撑两端圈梁间净距。根据测量净距进行支撑钢管调节段下料，将钢管两端切割成企口，切割时要保证钢管轴线与圈梁水平中线重合。最后，在内支撑上焊接两个吊耳，使用履带式起重机将内支撑平稳吊放到对应安装位置，通过手拉葫芦进行内支撑调向。圈梁与支撑钢管端头焊接牢固，圈梁顶面与支撑钢管通过钢板焊接，最后安装围堰转角处的三角支撑。锁口钢管桩围堰内支撑安装现场如图 2-6-4 所示。

(a) 现场一

(b) 现场二

图 2-6-4 锁口钢管桩围堰内支撑安装现场

锁口钢管桩围堰内支撑安装过程中需设置临时操作平台，临时操作平台挂在围堰顶端或圈梁上，以保证施工安全。临时操作平台的立柱及护栏采用 Φ20 mm 圆钢管焊接而成，护栏高为 1.2 m，底部铺设 10 mm 厚花纹钢板，四周设 180 mm高踢脚板，内支撑安装前使用履带式起重机将临时操作平台吊至设计位置后作业人员方可施工。

2.6.8 围堰内吸泥

P12 墩为填土平台，在围堰外使用长臂挖机进行土方开挖。开挖分层进行，每层开挖厚度约 50 cm。P13、MP1、MP2 墩均位于深水区，利用吸泥机进行出渣。在围堰两个角落分别布置一台吸泥机，从四周向中间移动吸泥，吸泥机由履带式起重机配合施工。

围堰内吸泥施工工艺：①使用空气吸泥机配合高压射水进行围堰内吸泥及清基施工。②吸泥机、风阀及出泥管统一编号，由专人负责观察出泥情况，并决定吸泥机的升降和移位。③吸泥需分部分层施工，全断面逐步吸泥，避免基底河床高差过大。吸泥分层往复施工，每层高度不超过 1 m。④吸泥至标高以上 0.5 m 后，要增加吸泥管口至河床面的距离。吸泥至设计标高后，不要拆除吸泥设备，待围堰中泥沙沉淀后继续将泥沙吸干。⑤吸泥管及排泥管弯头处容易堵塞，吸泥时注意勿使木块及沙袋掉入围堰内，以防堵塞吸泥设备。靠近钢管桩及钢护筒附近的泥沙较难吸出，可利用高压射水将泥沙冲散后吸出。⑥吸泥时为保证围堰内外水位平衡，围堰下游转角处的一根钢管高程比水位高出 1 m，方便由外向内补水，从而保证围堰内外水头相等。⑦若吸泥效果不佳或效率过低，可使用伸缩臂挖掘机开挖。开挖至设计标高后，再对围堰内的沉渣进行清理，以保证封底质量。

围堰内吸泥施工需注意事项：①吸泥管口距离河床面宜为 15～50 cm，距离过小容易造成吸泥管堵塞，距离过大易造成吸泥效果不佳。吸泥时要经常升降及摇荡吸泥管，并移动吸泥管位置，以保证吸泥效果最佳。②吸泥机移动位置或停吸前应将吸泥机提升一定高度后再关闭风阀。吸泥时要经常观察风压，防止回风，避免吸泥管内泥浆灌入吸泥器及风管内。③如果吸泥管堵塞或久吸效果不佳，应暂时关闭风阀 2～3 min 后瞬间打开风阀，使风量和风压骤然增大，以吸出吸泥管内的堵塞物。④吸泥时，吸泥机的位置要定期变动，避免在同一位置长时间吸泥，防止周围土层坍落或涌水翻砂而导致吸泥机堵塞。⑤吸泥时，应经常使用测锤测量河床标高，尽量减小河床高差。

2.6.9 围堰封底混凝土施工

采用分层往复浇筑方式浇筑，每次同时灌注同排导管。在同排导管浇筑完后灌注第二排导管。由围堰两边向中间、上游逐步向下游推进，分层浇筑。混凝土灌注前要精确测量基底各部位的标高，先灌注低洼处封底混凝土，导管口距离河床控制在30～50 cm。避免混凝土流动造成导管底口脱空或埋入深度过浅，致使导管底口进水。

在设计下料点垂直下放钢制导管，单个承台共5根，分3排布置。首封混凝土是封底混凝土关键一步，选用10方料斗作为首封混凝土，通过一台汽车泵往料斗连续浇筑混凝土，单个围堰封底混凝土为288 m^3，一台汽车泵一个小时约泵送45 m^3，采用多点浇筑方式。使封底混凝土浇筑时间缩至6 h，则混凝土缓凝时间控制在10 h左右。

拔球时储料斗和搅拌站后台储料要充足，以保证混凝土能瞬间通过导管压向基底，在导管周围形成一个混凝土圆锥体，随着导管提升混凝土在水下均匀摊开和升高。

混凝土灌注时要经常测量每根导管影响半径范围内的混凝土标高，检查导管的埋深和混凝土流动方向，控制导管的下料速度和方量，使混凝土均匀分层。在浇筑第一层封底混凝土时，测量人员要经常检查混凝土标高，分层高度要均匀、一致，高差过大时要通过导管补料进行调整。混凝土灌注中如果导管或漏斗颈卡住，可用振捣棒振捣疏通。封底混凝土顶面标高控制比设计标高低20 cm，待围堰抽水完成后再进行找平。

2.6.10 围堰内排水

(1) 围堰初期排水

封底砼浇筑完成并达到设计强度后开始抽水，沿围堰周围布置4台潜水泵，每台泵抽水效率为50 m^3/h。当抽水至每道内撑标高下100 cm处，安装对应内撑。在抽排水过程中对围堰变形等参数进行实时监控，做好维护工作，确保安全。抽水后，在基坑内设置集水井将积水排出，基底使用泥浆泵配合高压水枪将围堰内的淤泥清除。

(2) 经常排水

经常性排水包括围堰渗水、雨水、地下渗水、混凝土养护等施工废水。在堰内设置集水井，所有待排放废水必须先行排入集水井，经充分沉淀后方可排出。

(3) 基坑预防突降暴雨措施

为防止突降暴雨，确保基坑排水，除配备正常的水泵外，另外配备一台发电机，防止暴雨中停电事故的发生。

(4) 基坑排水系统维护

在施工过程中，要经常检查集水井的疏通情况，排水设备要经常保养维护，并有一定数量的备用水泵，防止意外情况发生。基坑维护安排专人负责，对排水系统意外情况及时处理。

2.7 本章小结

邻玉长江大桥桥址处具有水深湍急、水域面积宽广、厚卵石层覆盖及河床基岩不平等地质水文特点，在此条件下进行大型基础设施施工具有施工工序繁多、技术复杂、对施工区域环境敏感及建设周期长等特点，存在较高的施工安全风险。本项目依托邻玉长江大桥建设，提出了深水区移动浮式平台施工钢栈桥桩基工艺、大直径桩基冲击钻钻孔灌注桩施工工艺、大体积混凝土承台浇筑及养护工艺、水下钢围堰精度定位安装及封底混凝土浇筑工艺。上述施工技术，有效解决了复杂水域条件下大跨度桥梁水下大型基础设施施工难题，保证了邻玉长江大桥主塔大型基础设施安全、高效施工，也为今后类似项目施工积累了一定的工程经验。

第 3 章　超高钻石型变截面索塔施工技术

3.1　概　述

邻玉长江大桥为三塔斜拉桥，索塔采用高低塔结构形式，借鉴了阁楼式塔的造型，捕捉并简化了中国塔的典型架构，展示了别具一格的古今韵味，与泸州市白塔相得益彰。镂空式索塔力求光线和视角的通透，结构更为纤细，完美融入了城市风情之中。索塔横桥向为独柱形式，纵桥向采用分肢菱形造型，分肢塔柱采用钻石型变截面形式，使索塔纵向刚度更大、变形更小，完美适应了轨道交通荷载需求。钻石型变截面索塔结构较常规索塔结构具有明显差异，采用常规索塔施工技术进行钻石型变截面索塔施工存在一些问题。因此，需对传统斜拉桥索塔施工工艺进行优化，以满足邻玉长江大桥超高钻石型变截面索塔的施工需求。

高塔选用空间双索面，低塔选用平行索面，单座斜拉桥双索面与单索面的结合是结构设计的创新实践。斜拉索空间索面布置形式给现场三维精确定位安装造成了较大困难。因此，在施工中需结合斜拉索空间布置位置，采取相应施工工艺保证斜拉索的精确安装。

高、低塔钢系梁均采用了多层间断式箱型结构形式，这是国内外首次采用该结构形式的钢系梁。由于钢系梁节段重量大、起吊高度高，且无相关施工经验可供借鉴，邻玉长江大桥索塔多层间断式箱型钢系梁现场吊装难度大、安全风险较高。因此，需结合现场起吊条件制订完善的施工方案，确保索塔钢系梁安全、高效施工。

3.2　钻石型索塔液压爬模施工

3.2.1　施工流程

邻玉长江大桥 MP3～MP5 索塔爬模施工流程如图 3－2－1 所示。

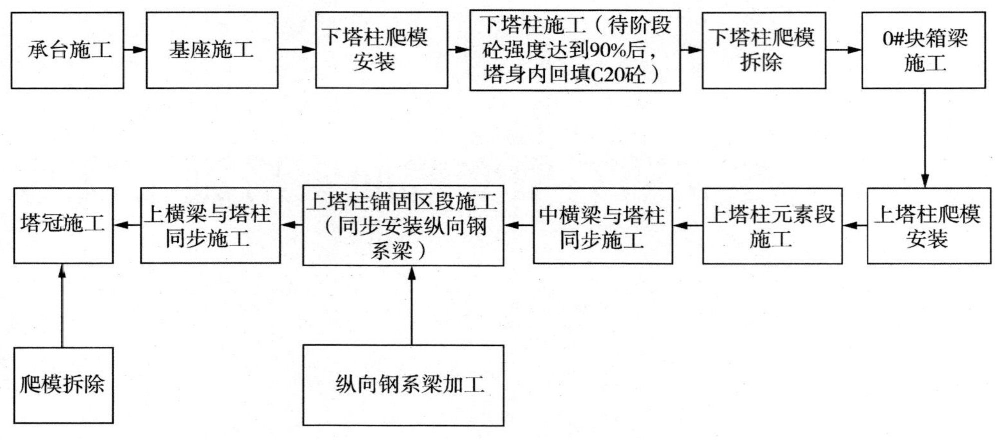

(a) MP4 索塔施工流程图

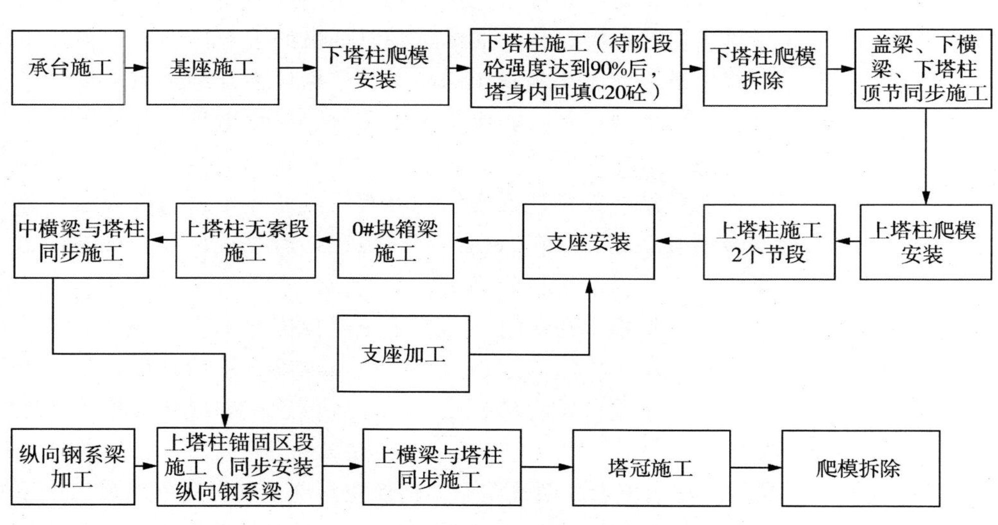

(b) MP3、MP5 索塔施工流程图

图 3-2-1　MP3～MP5 索塔爬模施工流程图

3.2.2　基座及下塔柱首节段施工

为保证主塔施工的质量，防止产生有害裂缝，应尽量减少新旧混凝土的龄期差，基座与承台、下塔柱首节段与基座之间混凝土的间隔时间不大于 10 天。基座采用钢模，下塔柱首节段选用木模，基座和下塔柱首节段钢筋与承台钢筋同时绑扎。塔柱混凝土属于大体积混凝土，需采取布设冷却水管等温控措施防止产生有害裂缝。待承台混凝土终凝后，再对施工缝进行处理，基座及下塔柱首节段混凝土应一次浇筑成型，并及时覆盖土工布洒水进行养护。基座温控措施及监控与承台温控方案相同。

在基座每侧斜面预留振捣口，振捣至混凝土下沉停止，无气泡冒出，表面呈现平坦、泛浆。在混凝土初凝后、终凝前对基座上表面收光2～3遍。

3.2.3 塔柱液压爬模施工工艺

（1）液压爬模系统简介

液压爬模动力来源是液压顶升系统，系统工作件构成如图3-2-2所示。液压顶升系统包括液压油缸和上、下换向盒，液压爬模施工过程中无须其他起重设备，操作方便，爬升速度快，安全系数高。液压爬模系统主要分为上架体、下架体、模板后移装置、模板及防护平台等设施。

图3-2-2　液压顶升系统工作件构成

（2）液压爬模系统安装

爬架总体安装步骤：①在墩身首节混凝土浇筑后安装承重架及移动模板支架；②在第二节段混凝土浇筑后，安装轨道、步进装置、爬头、动力装置；③安装第一次爬升后外爬架。爬架安装在塔机配合下完成。爬模各散件在工厂制作完毕后，运抵施工现场进行预拼装。将各散件在拼装场地拼装成单元部件，并对各部件的功能进行检查和调试，发现问题及时与设计、制作方联系进行更正。

预埋件埋设时应采取有效措施保证预埋锚锥端面与混凝土表面平齐，且预埋锚锥内不得有水泥浆进入，以防后期拆卸困难。预埋件埋设步骤：①将预埋高强螺杆外表面、预埋锚锥及伞形预埋件内表面清理干净；②将预埋高强螺杆完全拧入预埋锚锥；③在预埋锚锥外表面涂抹少量黄油，并用胶带将预埋锚锥及预埋锚锥与预埋高强螺杆连接位置包扎好；④按设计位置在模板上开孔固定预埋锚锥，将伞形预埋件拧入预埋高强螺杆末端；⑤检查所有预埋件位置是否与设计图纸吻合，确认后浇筑混凝土。

液压系统拼装与调整步骤：①将液压系统各组件分别依照技术文件图样的要求安装在爬架上；②连接液压管路系统；③连接电控系统；④启动液压系统，检验其功能及密闭性能；⑤系统调试；⑥系统减压、管路拆除。液压爬模系统预埋件埋设现场如图 3－2－3 所示。

图 3－2－3　液压爬模系统预埋件埋设现场图

（3）液压爬模施工

液压爬模施工主要流程如下：混凝土浇筑→拆模后移→安装埋件挂座→提升导轨→绑扎下层钢筋→提升架体→刷脱模剂清理模板→预埋件固定于模板上→合模→下一节段混凝土浇筑。索塔塔柱爬模爬升流程图如图 3－2－4 所示。

索塔液压爬模施工现场如图 3－2－5 所示。索塔液压爬模施工过程需注意事项：①安装爬模预埋件及挂座时必须系好安全带并佩戴必要防护用品。高强螺杆和爬锥连接必须牢固，爬锥面顶到模板面板且不能转动即可。爬锥上均匀涂抹脱模剂，以防止爬锥拆卸困难。混凝土强度必须到达 15 MPa 以上方可爬升。②严禁夜间光线不足时进行爬升作业。6 级以上大风天气禁止施工，在雷雨、大雾、大雪等恶劣天气情况下，不得进行爬模操作。③液压泵站应设有专人操作，非操作人员不得操作液压泵，液压泵使用时压力不得大于 16 MPa。爬模爬升时除爬模操作人员外，其他人员一律离开爬模架，爬模爬升到位后方可进行其他作业。爬模时下端 3 米范围内设置警戒线，所有人员不得进入警戒区，以防高空有物体坠落。④爬升架体或提升导轨前，操作人员严格检查机械是否正常运转，检查正常后方可爬升。爬升架上不得放置太多物料，准备好所需爬升工具后方可进行爬模。爬模操作人员须经过严格培训，经项目部安检部门认可后方能独立操作。⑤合模前需将模板清理干净，刷好脱模剂，装好预埋件系统。测量模板拉杆孔位置，确定拉杆是否与钢筋出现冲突。用线坠或仪器校正调整模板垂直度。插好后齿轮销，穿好套管、拉杆，拧紧对拉螺杆。复查模板垂直度是否符合要求，紧固斜支撑，最后浇筑混凝土。

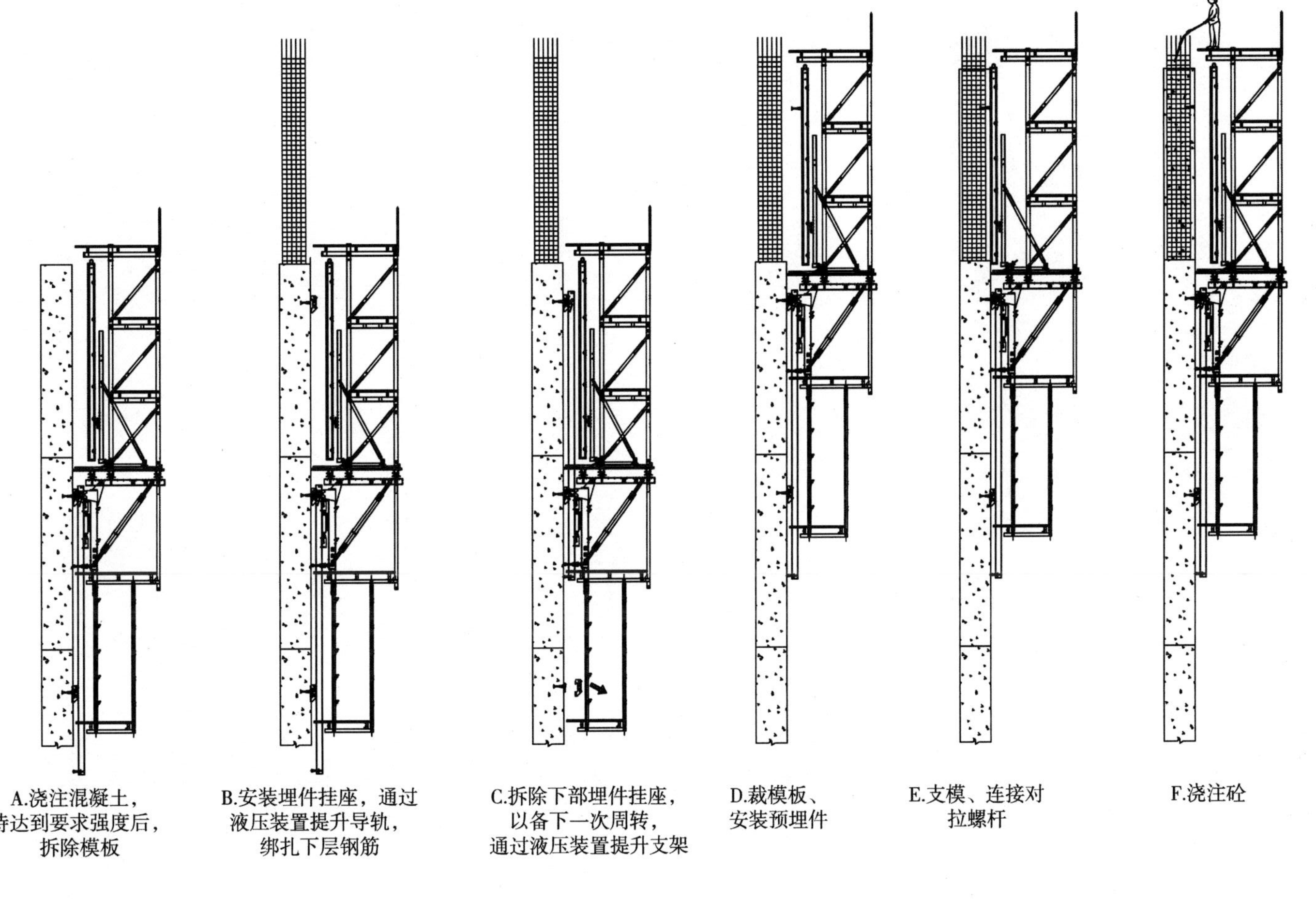

图3-2-4　索塔塔柱爬模爬升流程图

(a) 现场一

(b) 现场二

(c) 现场三

图 3-2-5 索塔液压爬模施工现场

3.2.4 横梁施工

横梁包含下横梁、中横梁及上横梁。MP3 和 MP5 索塔下横梁与盖梁一起施工，MP4 索塔下横梁与主梁 0＃块一起施工，故本节不包含索塔下横梁施工工艺。

索塔的中横梁和上横梁均与塔柱同步施工。支架采用在塔身提前预埋的预埋件，后期安装分配梁和贝雷片及模板，混凝土浇筑后待达到相应龄期后进行预应力张拉。

索塔横梁施工主要包括冷却管布置、预应力施工、混凝土施工、混凝土施工缝处理、混凝土拆模及模板支撑系统拆除。索塔横梁施工过程与塔柱施工基本一致，此处不再赘述。索塔横梁施工现场如图 3-2-6 所示。

(a) 现场一

(b) 现场二

图 3-2-6 索塔横梁施工现场

3.2.5 盖梁、钢系梁及0♯块施工

盖梁采用塔柱内预埋件和0♯块现浇梁设置支架系统现浇施工，盖梁与塔柱同步施工。混凝土塔肢浇筑应比钢系梁吊装滞后一个节段。

MP4高塔为塔梁固结结构，待主梁0♯块施工完毕后再施工上塔柱。MP3和MP5矮塔为塔梁分离结构，待上塔柱施工至超过0♯块箱梁顶面后再施工0♯块箱梁。

3.2.6 塔冠施工

塔顶造型段外模选用木模板拼装，部分选用压顶模，模板使用对拉螺杆加固，压顶模用拉杆与钢筋焊接固定。逐级搭设支架，分节浇筑。考虑到塔柱收缩、徐变和弹性压缩，施工时实测混凝土的弹模、徐变系数等参数，并参照塔柱分段临时测点高程变化，综合分析确定塔柱顶的浇筑标高，在塔柱封顶时做一次性调整。

3.2.7 劲性骨架施工

劲性骨架是主塔施工时钢筋定位的支撑架，对于保证钢筋的准确定位起到关键作用。本工程劲性骨架选用角钢制作，主塔劲性骨架标准节段长度为6 m。劲性骨架设计为格构式构件，经过焊接拼装而成，是具有足够刚性的钢结构骨架。劲性骨架选用角钢制作，在胎模上加工后运至现场整体吊装。

劲性骨架安装在已浇筑塔柱节段顶面，高度应高出本节段混凝土面50 cm，以便于下一节段劲性骨架施工。

安装过程中由测量人员定位，用倒链配合微调。调整后劲性骨架顶面四角位置、顶面轴线位置、倾角偏差符合规范要求，测量复核后按设计要求予以焊接。

3.2.8 钢筋及预埋件施工

主塔钢筋主要分为三种，即主筋、箍筋和水平拉筋，钢筋安装利用劲性骨架作为定位措施。主筋接长后定位在劲性骨架上。箍筋绑扎完毕后主筋与劲性骨架紧贴。安装箍筋时，箍筋与主筋密贴固定，保证塔柱钢筋保护层满足规范要求，模板与钢筋间绑扎保护层垫块。箍筋的绑扎长度必须满足35 d 以上（d 为钢筋直径），焊缝高度必须满足0.3 d。不得随意切断钢筋，若钢筋确实需要截断，必须等强焊接接长。还要按照设计图纸要求，完成接地钢筋的安装和接地电阻测试工作。

塔柱预埋件分为永久埋件和施工预埋件。永久埋件主要有抗风支座预埋件、

塔内检修楼梯预埋件、通风孔预埋、电气及照明预埋等。施工预埋件主要有爬模爬升锥、塔吊附墙埋件、电梯附墙埋件、横撑埋件、上横梁支架牛腿埋件、施工操作平台埋件、上部结构施工预埋件等。

3.2.9 冷却管及测温元件安装

主塔基座，下塔柱未分肢段，主塔下横梁、中横梁，应采取布置冷却管等有效措施，防止温度应力、混凝土收缩等引起裂缝。冷却管使用内径为 50 mm、壁厚为 3.5 mm 热传导性能好的薄壁钢管，并符合《低压流体输送用焊接钢管》(GB/T 3091—2015) 规范要求。在安装骨架的同期，按计算好的位置，逐层安装。

在浇筑混凝土过程中应防止冷却管堵塞、漏水及振坏。冷却管与钢筋、预埋件等冲突时，可根据施工情况调整冷却管位置。冷却管使用完毕即灌浆封孔，并将各段伸出部分截除，采用与相应部位混凝土同强度的水泥浆封孔。

3.2.10 预应力施工

本桥高塔和矮塔在上塔柱锚固区设置 9×Φ15.2 mm 及 11×Φ15.2 mm 钢绞线。单束钢绞线长 3～7 m，呈“井”字形水平布置，使用直径为 85 mm 的塑料波纹管成孔。预应力筋选用高强低松弛钢绞线，抗拉强度标准值为 1860 MPa，弹性模量为 1.95×10^{5} MPa。锚下张拉控制应力为 1339.2 MPa。设计要求单端张拉，张拉端在竖向交替布置。张拉和锚固端均使用低回缩量锚具，其回缩量值不大于 1 mm。预应力张拉，混凝土强度和弹性模量不小于设计值的 95%，养护龄期不小于 7 天，管道内采用真空注浆并封锚。预应力施工顺序：波纹管及锚垫板安装→混凝土浇筑→钢绞线下料及人工穿束→预应力束张拉→孔道压浆→封锚。

(1) 波纹管与锚垫板安装

预应力孔道为塑料波纹管，浇筑前在波纹管内插入胶管作支撑，以免波纹管发生变形或堵塞现象。波纹管按设计给定的曲线安装，采用“井”字形架立钢筋对预应力波纹管进行定位。架立钢筋间距设置为直线段 50 cm、曲线段适当加密。波纹管安装过程中，当受到普通钢筋影响时，应适当调整普通钢筋位置。波纹管线形应圆顺，接头顺畅牢固、不漏浆。在波纹管安装过程中及安装完毕后，应仔细检查波纹管的完好度，包括线性是否符合设计要求、管道是否有小孔或变形情况等。发现管道位置不符合要求时应及时纠正。安装及检查过程中应防止波纹管损伤。锚垫板轴线应与波纹管轴线重合。

(2) 钢绞线下料及穿束

钢绞线使用砂轮切割机进行切断，严禁使用氧气、乙炔火焰和电弧焊进行切割。穿束前应检查锚垫板位置是否准确，管道内是否畅通。长度较短、根数较少、重量较轻的预应力钢束可采用短束梳编穿束工艺。启动卷扬机缓慢匀速拉动钢绞线。使用梳束板或锚具对钢绞线进行梳理，每梳理钢绞线长度约 1 m 时，用扎丝将钢绞线扎紧，绑扎时扎丝端头朝上，逐段绑扎直至将钢绞线梳理完毕。钢绞线穿束施工现场如图 3－2－7 所示。

(a) 现场一

(b) 现场二

图 3－2－7　钢绞线穿束施工现场

钢绞线穿束施工应注意事项：①钢绞线编号按从小到大呈锥形排列，使用透明胶粘牢；②钢绞线绑扎须牢固，顺序不能打乱，绑扎后钢绞线须成为有一定刚度的整体；③钢绞线在穿束时绑扎接头须朝上，防止扎丝刮坏锚垫板。

(3) 预应力张拉

当混凝土强度和弹性模量不小于设计值的 95%，养护龄期不小于 7 天后方可张拉预应力钢束。钢束均采用单端张拉工艺，沿塔高方向交替张拉。同一批张拉的钢束须确保沿中心线对称张拉。张拉时应使千斤顶张拉作用线与预应力束轴线重合。当张拉束中有一根或多根钢绞线产生滑移时应停止、检查，若满足设计要求，可采用整束超拉技术；否则应退出全部夹片重新张拉，若钢绞线刻痕严重应换束。每束钢绞线断丝或滑丝不得超过 1 丝，且每个断面滑丝之和不超过该断面钢丝总数的 1%。张拉后发现有夹片破碎时应更换夹片后再行张拉。

预应力张拉实行双控，以应力控制为主、伸长量控制为辅。伸长值从初应力时开始测量，实际延伸量为从初应力至最大控制应力间的实测伸长值与初应力以下的相邻级的推算值之和。当张拉应力达到张拉控制应力时，实际伸长量与理论伸长量之差应控制在 ±6% 以内；否则应暂停张拉，采取措施调整后方可继续张拉。

(4) 压浆及封锚

预应力束张拉完成后，立即用砂轮切割预应力筋并用砂浆封锚，然后对管道进行真空压浆。压浆工艺：①在压浆口、出浆口各安装阀门，将真空泵连接在出浆端，压浆泵连接在压浆端。②压浆前关闭所有阀门并启动真空泵。压力表显示真空负压力的产生，当管道内负压力达到 0.06～0.1 MPa 并稳定后方可压浆。③在保持真空泵运作的同时，开始往压浆口压浆。管道压浆最大压力应不大于 0.7 MPa。④当从排浆口排出的水泥浆达到压浆口的水泥浆稠度时，关闭出浆口阀门和真空泵，压浆泵继续保持 0.5 MPa 的压力 2 min，以确保管道内水泥浆密实。⑤关闭设在压浆口处的阀门和压浆泵，压浆过程中按规定制作水泥浆试件，并做好压浆记录。

3.2.11 斜拉索索导管施工

（1）索导管加工与验收

索导管预埋钢构件在工厂预制，在管壁标明其对应斜拉索编号后运往现场。索导管加工要求：①钢管切割后两端须磨光，出口端内侧须磨成圆弧形；②钢管与钢垫板焊接时，锚垫板圆孔边缘不得露出钢管内壁，否则须打磨平齐；③螺旋筋沿索导管中轴线布置；④拉索预埋钢管与锚垫板焊接完成后需进行镀锌处理，各构件镀锌层平均厚度不小于 85 μm，局部厚度不小于 70 μm；⑤钢管外径容许偏差不超过 1.5 mm，壁厚容许偏差不超过 0.5 mm，钢导管与钢垫板垂直度容许偏差不超过 3°。

索导管在工厂加工完成后需由项目部验收合格方可发往现场。验收中需对选材、制作加工、焊接及防腐等进行严格质量控制，确保索导管加工质量满足设计及规范要求。

（2）索导管定位架制作

为确保斜拉索管道定位精确，且在混凝土浇筑过程中不变位，需使用劲性钢骨架制作定位架，以确保施工精度。每段定位架安装 2～3 层索导管，在每层索导管和定位架之间均设置坐标及倾角微调装置。施工中采取限位块、双螺母微调、索导管设“十”字丝激光瞄准、相对位置测量控制等措施和方法，保证安装质量。索导管吊装过程中应避免索导管与主塔内钢筋模板等碰撞，以防造成索导管变形。索导管定位架制作及安装现场如图 3-2-8 所示。

（3）索导管精确定位施工

索导管定位分为上塔柱索导管定位和主梁索导管定位。上塔柱索导管定位先根据设计提供的上塔柱索导管各要素计算索导管锚固点和出塔口中心坐标，采用全站仪三维坐标法进行测量。主梁索导管定位安装过程与上塔柱索导管基本相同，主要差异在于主梁索导管定位安装需考虑挂篮变形、底模预抬、主梁预拱度、斜拉索挠度等对索导管上下管口坐标的影响。索导管的定位精度包括：锚固点空间位置的三维允许偏差不超过 3 mm，索导管轴线与斜拉索轴线

图 3-2-8　索导管定位架制作及安装现场

的允许角度偏差不超过 5°。根据定位精度要求和斜拉索受力特性，索导管的定位应优先保证其轴线精度，其次才是锚固点位置的三维精度。索导管定位安装示意图如图 3-2-9 所示。

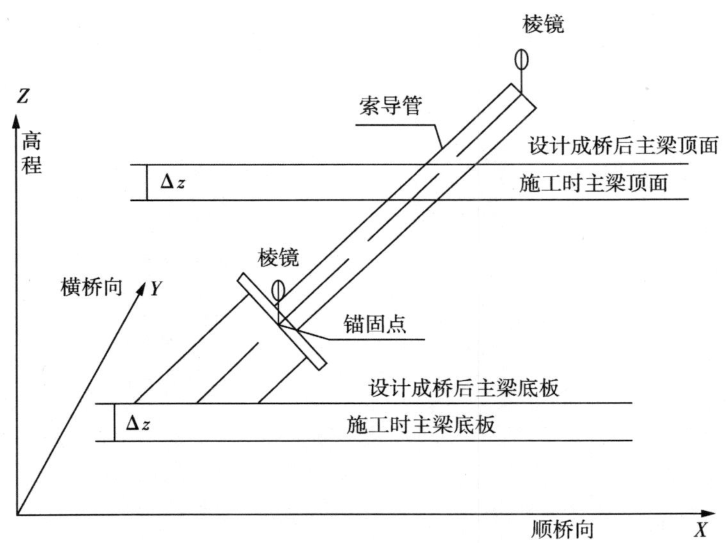

图 3-2-9　索导管定位安装示意图

索导管三维定位原理是依据设计图纸给出的索导管参数，计算每一个索导管轴线上的锚固点和索导管中心出塔点的坐标，并计算索导管轴线与 X 轴的夹角 α，与 Y 轴的夹角 β，与 Z 轴的夹角 γ，由此确定出索导管轴线的空间

直线方程 L。

$$\frac{X-X_0}{\cos\alpha}=\frac{Y-Y_0}{\cos\beta}=\frac{Z-Z_0}{\cos\gamma}=D \tag{3-1}$$

式中，X_0、Y_0、Z_0分别是索导管锚固点的坐标，D 是两实际测量点的空间距离，X、Y、Z 是索导管轴线上 D 处的理论计算坐标。索导管三维定位过程如下：

① 首先将斜拉索索导管三维坐标位置放样于劲性骨架上，使定位架基本就位。将直径等于斜拉索索导管内径的圆盘标志件设置于斜拉索索导管上并固定，使其盘面与锚垫板面位于同一平面，标出锚垫板中心和管口中心。

② 由控制点上的全站仪直接测量斜拉索索导管的锚垫板中心和管口中心三维坐标，并由实测坐标计算出锚垫板中心和管口中心间距。

③ 将锚垫板中心调整到设计位置并进行检测。

④ 用调整到位后的锚垫板中心实测坐标、索导管轴线空间方向角及锚垫板中心和管口中心间距计算出管口中心的设计坐标。

⑤ 将管口中心调整到设计位并检测，然后计算索导管轴线的角度偏差。

由于调整管口时可能引起锚垫板移动，故应复测锚垫板中心并再次校准。重复③～⑤的作业过程直至满足定位限差要求。该定位方法的精度不受斜拉索索导管及锚垫板焊接加工误差的影响。索导管三维定位安装现场如图 3－2－10 所示。

(a) 现场一

(b) 现场二

图 3－2－10　索导管三维定位安装现场

索导管三维定位安装过程中需解决以下问题：

① 由于索塔混凝土受日照、内部温度场分布不均匀及风荷载等因素影响，

索塔上塔柱位置会发生随机变化，在进行索导管精确定位时，要选择合适的测量时间。通常在无日照、3级以下大风、空气温度及索塔温度变化不大的时段进行索导管精确定位测量。

② 由于在定位测量时无法对向观测，采用三角高程法测量三维坐标时要尽量消除地球气差对高程的影响。

③ 主塔斜拉索导管定位必须进行投影修正以消除投影对测距的影响，提高塔柱的位置和索导管的定位精度。

④ 全站仪的高精度在很大程度上依赖轴系误差的自动修正功能，尤其是对于倾角较大情况下的观测。因此在进行上塔柱和索导管定位前，必须调校仪器的双轴补偿纵横向指标差、垂直编码度盘指标差、水平视准差及水平轴倾斜误差等。

⑤ 三维测量的高精度要求棱镜必须正对仪器，以保证倾角较大时的竖直角观测精度，避免由于仪器测距发射管的相位不均匀及飞旋标效应影响测量精度。

（4）索导管定位测量误差

由于主塔MP3～MP5塔柱及索导管定位测量要求精度高、稳定性强并需要实时进行三维空间定位，特别是索导管孔中心位置的三维位置偏差要求小于3 mm，因此以3 mm测量误差进行误差分析。三维极坐标法放样主要有以下几个误差来源：①仪器测距精度误差；②水平方位角观测误差；③竖直角观测误差；④对中整平误差；⑤大气折光误差；⑥瞄准误差。

除上述误差外，在施工中还存在施工误差。根据设计要求锚垫板中心偏差应小于3 mm，可计算得到施工偏差不能超过1 mm。在索导管精确定位安装过程中，现场施工人员可通过相对尺寸测量复核测量精度是否满足设计要求。

索导管安装施工前应严格复核控制网精度，对测量仪器进行标定，计算索导管空间参数，制定测量记录表格进行计算对比。此外，为避免温度对测量精度的影响，选择在夜间或温度较稳定时段进行测量，并对测量结果进行两人、两次同时段复核校对，以减小测量误差。施工中采用限位块、双螺母微调、索导管设“十”字丝激光瞄准及相对位置测量控制等措施保证定位精度。索导管精确定位测量现场如图3-2-11所示。

（5）索导管成品保护

索导管安装校核定位后，应避免钢管安装时的碰撞，主塔钢筋安装时如与索导管发生碰撞，可适当移动钢筋位置或切断相碰钢筋并焊接在预埋钢板上。混凝土浇筑时，注意对索导管的保护，索导管进出口使用胶布封闭或棉束填充，避免混凝土浆渗入管道内，混凝土振捣时应避免振捣棒触碰索导管造成移位。

(a) 测量现场一

(b) 测量现场二

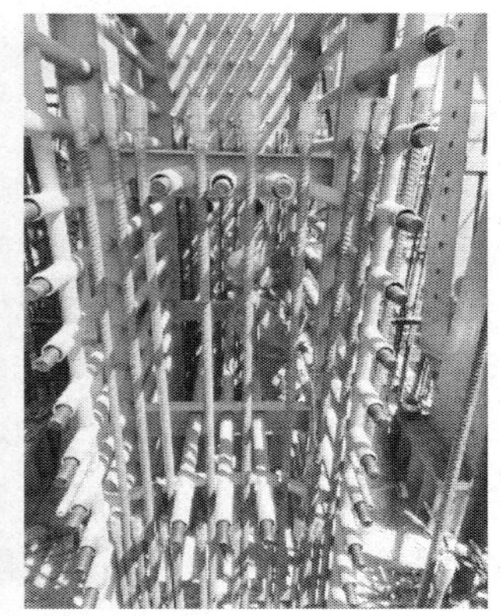
(c) 测量现场三

图 3-2-11 索导管精确定位测量现场

3.2.12 模板安装

主塔塔柱外模选用液压爬模自带的模板，为适应塔柱截面尺寸随高度的变化，模板设置成可变宽结构。随着塔柱节段升高，将模板切割一定宽度后向中心平移，以满足结构尺寸要求。每节段合模前，对模板表面进行清理，并在使用前涂脱模剂。模板安装时通过倒链拉拽退模滚轮，带动模板移动就位。拉杆按照模板设计要求的位置布置，在塔柱内外模之间形成对拉，不能直接形成对拉的地方，在塔柱内增加拉杆钢筋，与拉杆头进行焊接，以形成对拉，拉杆头外端锚固在模板钢围檩上。

在测量人员的配合下，调整已支立的模板，调整达到要求后，将模板固定，对模板接缝进行嵌缝处理。模板安装完毕后，测量人员对模板轴线偏位、标高进行复核，在模板上做好浇筑高度线标记，以便对混凝土顶面高度进行控制。

3.2.13 混凝土施工

(1) 混凝土配合比设计

混凝土细骨料应选用级配合理、质地均匀坚固、吸水率低、孔隙率小及粒形清洁中砂，细度模数控制在 2.6～3.0，砂中有害物质应严格按《建筑用砂》(GB/T 14684—2011) 及《公路桥涵施工技术规范》(JTG/T F50—2011) 控制，含泥量不得超过 1%。混凝土粗骨料应选用粒形良好、质地均匀坚固、线胀系数小及级配良好的连续级配碎石，其最大粒径不大于 25 mm。选用骨料前应进行碱活性检验，不得采用有碱活性反应的骨料，含泥量不得超过 0.5%。使用优质粉煤灰作为外掺剂，对普通硅酸盐水泥其掺量应控制在15%～30%，根据配合比试验合理确定掺量。索塔C55混凝土配合比见表3-2-1所列。

表3-2-1 索塔C55混凝土配合比

材料名称	水泥	细骨料1	粗骨料1	粗骨料2	掺合料	外加剂	水
每方用量（kg）	490	686	824	206	60	11.55	163
重量比（%）	1.00	1.40	1.68	0.41	0.122	0.024	0.33

在上塔柱索塔锚固区段混凝土内加入钢纤维，掺量为50 kg/m³，以增强混凝土抗裂性。使用的剪切型异型钢纤维应符合《钢纤维混凝土》（JG/T 3064—1999)、《纤维混凝土结构技术规程》（CECS 38—2004）等规范规定。钢纤维混凝土中钢纤维的技术参数应按照表3-2-2要求执行。

表3-2-2 钢纤维的技术参数

长度（mm）	等效直径（mm）	长径比	抗拉强度（MPa）
25～50	0.3～0.8	40～100	≥1000

(2) 混凝土浇筑

混凝土采用水平分层连续方式浇筑，在泵管端部安装软管，方便布料。混凝土振捣使用插入式振捣棒，振捣棒插入下层混凝土深度为5～10 cm。振捣时不得碰撞模板、钢筋和预埋件，对爬升锥、预埋件附近混凝土加强振捣，确保混凝土密实。每个振捣点振捣时间为20～30 s，以混凝土不再沉落、不出现气泡、表面呈浮浆为宜。

浇筑时混凝土摊铺厚度控制在30 cm以内，沿圆周方向逐渐推进。各层间隔时间应尽可能短，必须在前层混凝土初凝前将后一层混凝土浇筑完毕。混凝土浇筑期间，由专人检查预埋钢筋和预埋件的稳固情况及模板是否牢固、漏浆。若模板及预埋件出现松动、移位等情况，应及时将其复位并固定好；对漏浆部位及时堵漏，注意保护测温元件，下料时不得直接冲击测温元件和引线，振捣棒不得触及测温元件和引出线。混凝土浇筑完成后，在初凝前对混凝土顶面进行二次抹面。下一节段钢筋安装前将混凝土结合面凿毛，并清除残渣。

(3) 混凝土温控及养护

主塔基座、下塔柱未分肢段、主塔下横梁及中横梁均为大体积混凝土，必须采取温控措施控制混凝土内部温度，并采用养护措施保证混凝土的浇筑质量。主塔体积混凝土的温控、养护措施与承台大体积混凝土相同，此处不再赘述。

3.2.14 横撑施工

塔柱施工时由于下塔柱结构形式产生的水平位移造成下横梁处几何尺寸变形，通过施加水平预应力控制塔柱变形，增加塔柱稳定性，防止索塔内侧根部混凝土产生应力裂纹。上塔柱同样需要设置横撑控制变形。下塔柱共设置一道横撑，上塔柱共设置三道横撑。在塔柱施工时预埋铁板，后期焊接钢管，同时按照设计位置预埋爬锥，后期焊接铁板、角钢等形成横撑安装操作平台。横撑在对应塔柱节段再施工两个节段后安装，以免影响爬架爬升。

3.3 超高多层间断式箱型索塔钢系梁施工

3.3.1 钢系梁安装流程

索塔钢系梁安装可选择重型塔吊和自升式钢系梁吊机两种安装方案。其中，自升式钢系梁吊机与塔身钢筋、劲性骨架、索导管、预应力、爬模、梁面塔机互相干扰，易造成碰撞，安全风险大。塔吊吊装钢系梁更可靠，对混凝土施工无干扰，安全有保障。对比后使用重型塔吊吊装 MP4 索塔钢系梁，使用自升式吊机吊装 MP3 和 MP5 索塔钢系梁。重型塔吊和自升式钢系梁吊机施工现场如图 3-3-1所示。由于 MP4 索塔钢系梁吊装重量和起吊高度均最大，以下重点介绍 MP4 索塔钢系梁吊装施工工艺。

(a) MP4 索塔重型塔吊

(b) MP3 和 MP5 自升式吊机

图 3-3-1 重型塔吊和自升式钢系梁吊机施工现场

MP4 索塔钢系梁安装思路：①MP4 索塔钢系梁节段一次船运至泸州港，并装焊节段螺杆套管（JD6 与 JD7 除外）。②将 MP4 索塔承台靠 MP3 索塔侧 2—3

♯C7015型塔机更换为D1400－84型塔吊。在原塔机基础上对新塔机进行改造施工，利用50 t级浮吊D1400－84型塔吊进行运输及安装，塔肢上预埋塔式起重机附着埋件。③为避免干涉，将0♯块上的塔吊降塔至已浇筑混凝土塔肢下方，并锁定塔吊回转机构。D1400－84塔吊代替2－3♯C7015型塔机进行混凝土塔肢施工吊装作业。④使用钢系梁立式装船，船运至MP4索塔旁塔吊有效吊装半径内。⑤使用塔式起重机从船上取梁，钢系梁在0♯块上支撑架上立式姿态临时存放。⑥使用塔式起重机逐个吊装安装钢系梁节段，根据安装高度对塔式起重机进行加节。钢系梁吊装和塔肢混凝土浇筑交替进行施工，直至钢系梁节段全部吊装完成。

3.3.2 吊装施工参数

MP4高塔钢系梁最大吊装分段重量为64.9 t，最小吊装分段重量为35.6 t。高塔MP4钢系梁安装起始吊高距离塔吊基础约为117.7 m，最大安装高度距离塔吊基础约为172.1 m。混凝土塔肢与钢系梁位置关系如图3-3-2所示。塔肢宽度为6 m，钢系梁宽度为1.34 m，塔肢立面为顺桥向“A”形，钢系梁长度也随高度同步变化，底部节段距离横梁高度为6 m。

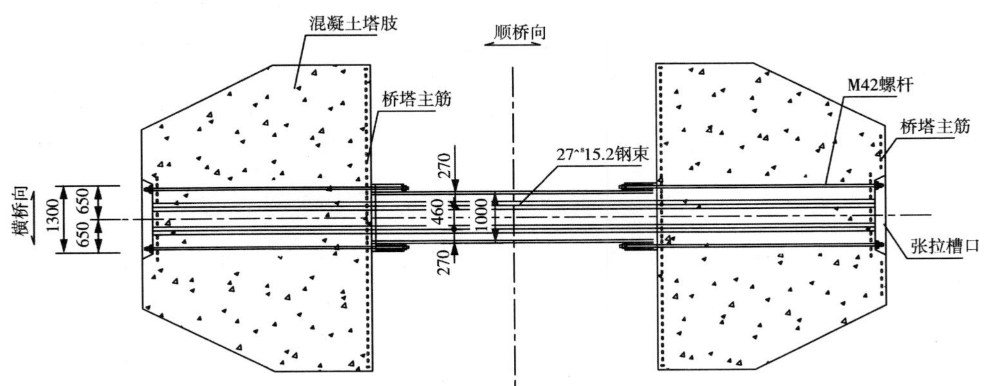

图3-3-2 混凝土塔肢与钢系梁位置关系图（单位：mm）

3.3.3 吊装施工设备

MP4高塔钢系梁分段安装重量为64.9～35.6 t，钢系梁安装高度为117.7～172.1 m，围堰内布置塔吊位置中心距离系梁中心约为18.4 m。根据吊装工况需求，选择中联D1400－84型塔吊。D1400－84塔吊50 m臂、吊装半径为21 m时起吊能力约为84 t，可从运输船上吊起钢系梁节段放置于0♯块上的临时存放区，回转后安装于主塔肢上。

由于塔吊安装作业在长江上进行，需使用起重船辅助吊装。吊装标准节、套架及上下支座水位需满足大于高程 224 m，安装上述部件时间为 5 月份，最低水位为 224 m，满足要求。安装塔吊大臂时间为 6 月初，近三年最低水位为226 m，满足要求。本次安装作业最大起吊重量作业为安装平衡臂环节，作业半径为6 m，起吊高度为 39 m。选用国良 116 工程船起重机进行作业，如图 3－3－3 所示。国良 116 工程船起重机最大起升高度为 39 m，允许负荷为 50 t，满足平衡臂吊装要求。

图 3－3－3　国良 116 工程船起重机作业现场图

钢系梁节段选用 4 吊点法吊装，吊装使用的吊索采用 Φ38 mm 纤维芯钢丝绳，抗拉强度为 1770 MPa。吊耳使用 Q355B 钢材制造，临时吊耳设在钢系梁腹板上，焊接吊耳处需进行加固处理，吊耳处焊缝进行超声波检测和磁粉检测，合格后方可使用。根据吊重及吊耳规格，选择额定值为 32 t 的卸扣，其尺寸及载荷可以满足吊装要求。

3.3.4　吊装施工测量

钢系梁吊装施工中的测量工作包括全桥安装测量控制网，钢系梁节段 X、Y、Z 位置控制，构件变形监测，对安装浇筑后的沉降及轴线偏差观测等。测量仪器和工具必须配备齐全，其中全站仪、经纬仪、水准仪和大盘尺等重要仪器必须在计量所检定的有效期内，并保留相应的检验合格证。钢系梁现场安装精度要求见表 3－3－1 所列。

表3-3-1 钢系梁现场安装精度要求

序号	项 目	允许偏差（mm）
1	轴线在横桥向的位置偏差	±3
2	高程偏差	±2
3	腹板底边四点不平度值	≤2
4	腹板中心线垂直偏差	1/1000（单节）
5	腹板中心线与塔壁中心线偏差	±2

测量控制具体实施步骤：①考虑测量使用方便和通视效果，依据给定的土建测量控制点用全站仪重新建站，选择利于观测的位置作为全站仪坐标原点，必要时可转移坐标原点；②在钢结构安装施工前布设系梁结构安装的高程控制点；③钢系梁与土建塔肢交接处的基础的复核测量，用全站仪建站后对混凝土基础预埋件进行复测，如超出规范要求应报备相关部门，采取处理措施后方可进入吊装工作。

3.3.5 钢系梁吊装施工方案

（1）螺杆套管现场安装

钢系梁内部受力，钢索孔道作为系梁分段的一个零件，已在系梁分段制作过程中定位安装完毕。钢系梁分段经水路运输至泸州港后临时存放，其间进行螺杆套管的安装施工。螺栓套管安装焊接采用分段卧姿装配定位，钢系梁分段定位好后安装劲性骨架及套管组件。

首先在内厂制作螺杆套管安装定位劲性骨架，定位骨架结构由槽钢平面主框架及角钢拉杆焊接成立体框架，并按照钢系梁承压板翼缘上孔群分布加工定位孔，孔群内部定位尺寸对应螺杆套管的设计定位尺寸。螺杆套管在厂内通过定位骨架与索塔钢系梁节段试装完成后，与定位工装焊接成组件。在泸州港进行螺杆套管组件的安装，并对螺杆套管进行焊接。

劲性骨架组件安装完毕后测量检查骨架的定位精度，主要是套管与钢系梁承压板上加工孔对应的定位精度。将套管与所有孔群对位检查合格后进行套管的焊接施工。利用泸州港 120 t 吊机将 MP4 钢系梁卸车至平台胎架上，按照上述工艺在胎架上装焊承压板上的拉索套管组件；然后用 120 t 吊机将系梁整体在胎架上翻身，构件与胎架接触面用橡皮垫保护，翻身竖起后空中对系梁转体 90°；再落位于胎架上，利用立姿工装进行稳固后准备装船运输，钢系梁船运至 MP4 墩安装位置。JD6 和 JD7 分段安装索套管部件后吊装超重，因此索套管部件在泸州港不予组装，船运至现场后单独吊装。

（2）钢系梁节段临时存放

在混凝土梁面安装和布置专用存放托架，节段吊装到托架上后，先将节段调整到合适位置，落放到专用托架上，节段与胎架底部可采用橡皮或垫木增大摩擦力，支撑托架与节段之间有安装间隙，通过楔形木进行塞紧。为保护好节段的涂装，在锲木与节段接触部分全部使用橡胶隔离对涂装油漆进行保护。

（3）JD1 底部支架安装

在 MP4 索塔承台侧预埋塔吊基础埋件。由于 MP4 高塔第 1 节钢系梁与混凝土塔肢上横梁间存在 5.97 m 的高差空间，第 1 节钢系梁定位时需在上横梁上安装临时支墩。临时支墩需设置基础埋件，在混凝土塔柱施工至上横梁高度时与钢筋一起焊接固定后进行预埋并浇筑。吊装第 1 节钢系梁前，利用塔吊在上横梁上安装好钢系梁落位的临时支墩。临时支墩上平面的平面度、中轴线、标高等满足钢系梁定位的要求。

第 1 节钢系梁随塔肢浇筑前，需进行稳固工作，以控制浇筑施工时对钢系梁的影响而造成施工偏差。第 1 节钢系梁定位调整好后，用槽钢从临时支墩上打上斜支撑至钢系梁的腹板，同时有助于对钢系梁的横向稳定进行扶强。斜撑为对扣槽钢，中部设置纵横向平联，减小斜撑的长细比，提高斜撑的刚度。

（4）钢系梁节段吊装流程

① 吊装前准备

MP4 高塔钢系梁分为 10 个节段，钢系梁节段分 3 次运输至 MP4 索塔处，使用塔式吊机吊装至桥面 0＃块上临时存放，钢系梁吊点中心距塔式吊机中心不得大于 21 m，钢系梁呈安装姿态存放于运输船上，钢系梁各节段吊装参数见表 3－3－2 所列。

表 3－3－2　MP4 高塔钢系梁各节段吊装参数

编号	分段顶面高度（m）	吊钩高度（m）	倍率	起吊能力	分段起吊重量（t）	备　注
JD1	117.7	122.7	8	83.7	64.9	/
JD2	123.7	128.7	8	83.6	65	/
JD3	129.5	134.5	8	83.6	62.2	/
JD4	135.3	140.3	8	83.5	59.7	/
JD5	141.4	146.4	8	83.5	60.5	/
JD6	147.6	152.6	4	41.7	40.5	仅吊装分段主体

（续表）

编号	分段顶面高度（m）	吊钩高度（m）	倍率	起吊能力	分段起吊重量（t）	备　注
JD7	153.9	158.9	4	41.7	38.5	仅吊装分段主体
JD8	160.3	165.3	4	41.7	41	含分段主体和套管部件
JD9	166.7	171.7	4	41.6	40	含分段主体和套管部件
JD10	172	177	4	41.6	35.6	含分段主体、套管部件及压条板

吊装前检查塔机、索具是否安全完好，钢系梁上结构是否完整，吊点是否安全无损，并在钢系梁上系好缆风绳。对混凝土塔肢基础平面进行标高、轴线复测，吊装第1节钢系梁临时支墩，并画第1节钢系梁安装定位线，在支墩上安装导向板。

② 钢系梁安装施工临时平台设置

根据混凝土塔肢浇筑分仓线，在钢系梁之间安装定位时，接头距离下方塔肢高度较大时，需要设置施工平台。另外，钢系梁后续封锚、拆除临时连接码板均需要施工平台和上下通道。根据钢系梁情况在单个系梁分段设置上下两层悬挑平台，平台间通过竖向爬梯连接，确保上述施工位置可达。平台与系梁之间通过螺栓连接，便于安装拆除。

③ JD1 吊装

钢系梁起吊，塔吊回转，系梁落位。在钢丝绳未松钩的情况下，使用千斤顶和手拉葫芦调整姿态，实现JD1的精确定位；然后在主塔的横梁上打好钢系梁斜支撑，在JD2～JD4节钢系梁0＃块上临时存放。第1节钢系梁安装报检合格后，绑扎钢筋，浇筑钢系梁侧混凝土。混凝土养护强度达到设计强度的80%后，吊装第2节钢系梁。钢系梁节段起吊时必须平稳，不得使节段在船上或桥面上有拖拉现象，提升高度约0.2 m后应停留10 min试吊，观察起吊情况，确保吊点及索具安全；回转时，需要有一定的高度，落梁前用缆风绳配合塔吊对系梁进行空中转体至安装姿态。起钩、旋转、移动三个动作交替缓慢进行，就位时缓慢下落，防止构件大幅度摆动和震荡。

④ JD2～JD5 吊装

钢系梁起吊，塔吊回转，系梁落位时使用定位销导向，实现JD2下端口法兰与JD1上端口法兰的精确定位。根据JD1顶部定位偏差提前设置补偿垫片，保证JD2的垂直度和标高。调整完毕后，临时法兰处使用螺栓连接固定，在系梁腹板侧面吊耳处使用高强螺栓临时连接件固定。混凝土养护强度达到设计强度的80%后，吊装JD3～JD5钢系梁。

由于钢系梁间高度方向存在20 mm安装间隙，在钢系梁的外侧承压板之间焊接临时连接法兰以控制梁间安装间隙。现场安装时通过调整法兰之间垫板厚度调整待安装分段标高，上、下法兰之间使用M30高强螺栓对钢系梁进行临时连接固定。分段姿态调整完毕后，在承压板外侧焊接4块30 mm×150 mm×450 mm码板进行临时连接加强。

⑤ JD6～JD7吊装

JD6～JD7吊装首先吊装定位主体分段，安装流程和步骤同上述分段。然后，单独吊装两侧的钢系梁套管组件。套管组件落位时，与系梁侧对孔采用定位销导向定位，套管水平高度在槽钢框架立杆上焊接花兰螺丝进行微调，套管组件远端垂直度左右两侧使用手拉葫芦进行调节。钢系梁上的压条用塔吊单独吊装，螺栓锁紧。

⑥ JD8～JD10吊装

JD8～JD10连同索套管部件一起定位，安装流程和步骤与JD6～JD7分段的安装流程和步骤相同。JD8～JD9分段压条使用塔吊单独吊装，并使用螺栓锁紧。钢系梁节段吊装施工现场如图3-3-4所示。

(a) 现场一

(b) 现场二

图3-3-4 钢系梁节段吊装施工现场

(5) 钢系梁吊装工艺及测量定位

使用塔式起重机依次吊装钢系梁节段，使用全站仪重新建站后在电脑上放出钢系梁控制点的相对坐标，出厂在系梁控制点上焊配套螺母，用于安装测量标靶。复测混凝土塔柱的轴线，在中横梁面上做好塔柱中心轴线的水平“十”字线标记，将标记线投射到钢系梁下端面投影位置，以此为依据设置钢系梁JD1落梁导向板。

将第 1 节钢系梁缓缓落位于临时支墩上，在激光全站仪测量配合下调整垂直度。使用全站仪对构件上的标靶进行坐标测量，分析数据，微调定位。第 1 节钢系梁打上斜支撑后再次测量控制点进行坐标检查，直至所有测量数据符合规范精度要求。在节段找正完毕后，浇筑前需进行再次测量，以确保定位准确无误。待第 1 节钢系梁混凝土塔肢浇筑完毕，吊装上部第 2 节钢系梁，吊装前对第 1 节钢系梁标高、轴线再次进行复测。根据第 1 节的顶面标高、轴线偏差和垂直度偏差等精度，在计算机上换算出第 1、2 节之间临时法兰垫片的厚度。在第 2 节钢系梁吊装施工过程中，注意钢系梁上下段对接尽量一次落梁准确到位，利用临时连接法兰，使用销钉进行穿孔对位；然后换螺栓进行临时栓接，用全站仪观测系梁上的标靶点，用手拉葫芦、千斤顶等工具对系梁进行垂直度的微调。同时，测量轴线偏差、顶面标高及安装错边量等。满足要求后，在承压板外侧焊接码板进行加强固定。

在上一节钢系梁与混凝土塔肢浇筑完成后，下一节钢系梁在安装前再一次对浇筑后的钢系梁梁顶进行标高、轴线的复测量工作，误差较大时应及时报告，在下一节钢系梁安装时采取改变垫板厚度等纠偏措施，避免产生累积误差。重复上述工艺，依次吊装完 10 节钢系梁。所有钢系梁施工完毕后，对钢系梁和塔肢的整体进行复测。

3.3.6 螺杆张拉施工

按设计要求，在节段混凝土实际强度不小于 95％混凝土强度等级且龄期不小于 7 天时方可进行螺杆张拉，使用液压张拉器对高强螺栓进行张拉施工，如图 3－3－5 所示。

高强螺栓张拉施工流程：液压高强螺栓张拉器调试→安装螺杆配套零件并手动拧紧螺母→连接张拉器与螺杆张拉端→加压张拉螺杆→根据液压表值达到相应张拉力并观测张拉长度→手动拧紧螺母→释放张拉器液压力→移除设备完成张拉→使用砂轮机切除螺杆张拉端余量。按设计要求，螺杆张拉控制力为 781.2 kN。

高强螺栓张拉施工步骤：①将高强螺栓自由穿入螺栓安装孔，手动拧紧螺母，同时将张拉器布置就位；②调整张拉器位置，回收张拉器锚杆套筒，对正张拉器锚杆和待张拉螺杆的位置，对正后将螺杆套筒与待张拉螺杆旋合达到设备的要求位置；③启动张拉器液压系统，通过螺杆套筒带动待张拉螺杆施加预拉力；④检查张拉器仪表读数，确认张拉力达到施工要求值，用手动扳手拧紧高强螺栓螺母，拧紧程度以操作人员无法拧动为标准；⑤卸载预张拉器，由高强螺栓自身承载拉力，松动张拉器螺杆套筒与待张拉螺杆分离，完成张拉施工。自底部向顶

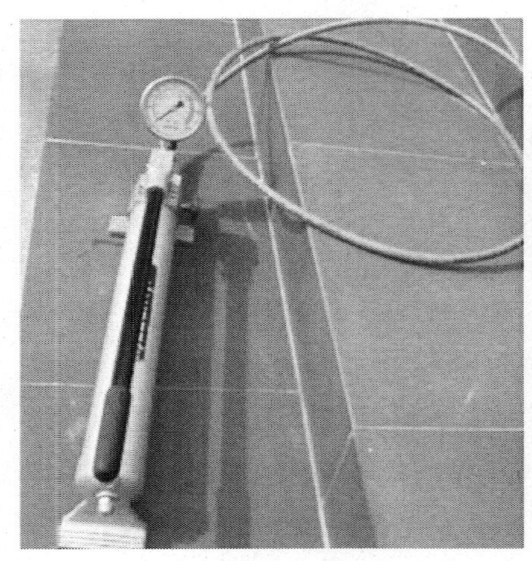
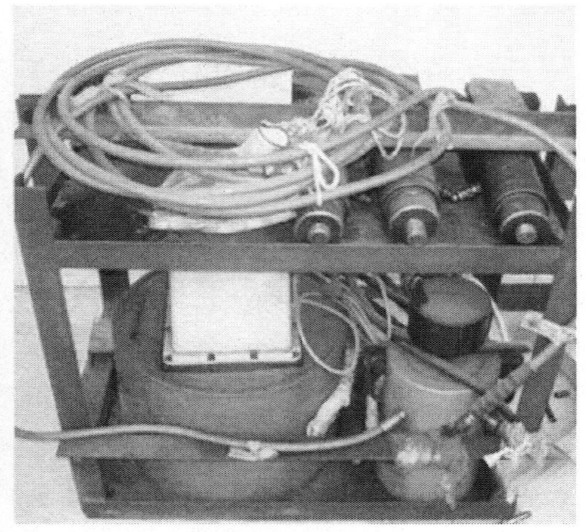

图 3-3-5 用液压张拉器对高强螺栓进行张拉施工

部依次张拉，张拉完成后采用电动砂轮机切除螺杆余量。高强螺栓张拉施工现场如图 3-3-6 所示。

(a) 现场一

(b) 现场二

(c) 现场三

图 3-3-6 高强螺栓张拉施工现场

3.4 钢绞线斜拉索施工

3.4.1 斜拉索结构

邻玉长江大桥选用钢绞线制作斜拉索，钢绞线斜拉索由锚固段、过渡段及自由段构成。其中，锚固段主要由保护罩、锚板、夹片、防松压板、连接板、钢导管、螺母（张拉端）、密封装置、油料等组成；过渡段主要由预埋管、钢垫板、减振器组成；自由段主要由带 HDPE 护套的环氧涂层钢绞线、索箍、HDPE 外套管、梁端防水罩、塔端伸缩装置等构成。钢绞线斜拉索结构如图 3－4－1 所示。

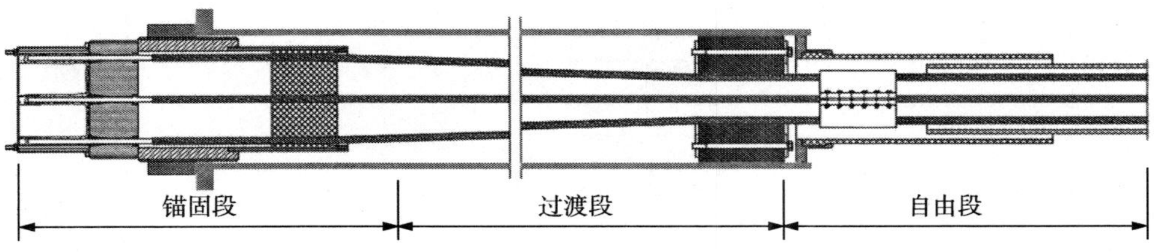

图 3－4－1　钢绞线斜拉索结构示意图

在锚固段锚具中，夹片、锚板、螺母是加工主要控制件，也是结构主要受力件。防松压板主要由压紧螺杆和压板构成，在钢绞线单根张拉结束后安装，对夹片起防松、挡护作用。保护罩安装在锚具后端，并涂抹无黏结筋专用防腐油脂，主要对锚具、夹片和外露钢绞线起防护作用。密封装置主要起防止漏浆、进水的密封作用。它由隔板、O 型密封圈、内外密封板、密封圈构成。为保证桥梁运行后方便更换单根拉索，在密封装置内注无黏结筋防腐油性蜡对剥除 PE 层的钢绞线段起防护作用。

过渡段预埋管及锚垫板在体系中起支承作用，同时垫板上设有排水槽，以便施工过程中临时排水。减振器对索体的横向振动起减振作用，从而提高斜拉索使用寿命。

自由段环氧涂层钢绞线为拉索的受力单元。索箍选用钢质索箍，在紧索完成后安装，其主要作用是保持索体成一个整体。HDPE 外套管主要对钢绞线起整体防护作用，本桥选用整体圆管。该圆管的连接方式采用热熔 HDPE 焊机进行焊接。梁端防水罩主要作为外套管与预埋管之间的过渡起防水作用。塔端伸缩装置主要为塔端 HDPE 自由端在热胀冷缩过程中提供空间和密封防护作用。

3.4.2　斜拉索安装流程

斜拉索主要安装过程包括钢绞线备料及运输，斜拉索外套管焊接及吊装，单根钢绞线穿索，张拉及锚固，单根斜拉索调索，单根钢绞线逐根顶压，全桥斜拉索调索，斜拉索附件安装，斜拉索锚头防腐。斜拉索安装工艺流程如图 3－4－2 所示。

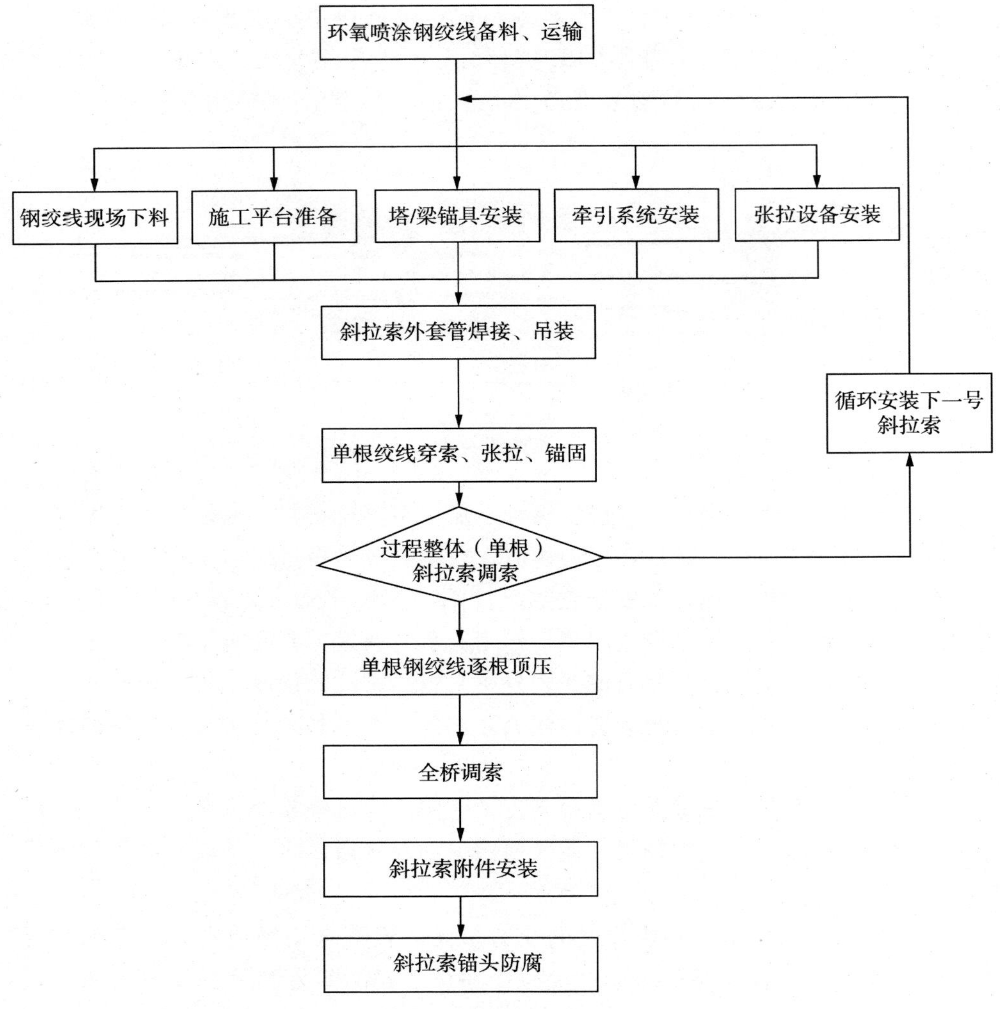

图 3-4-2 斜拉索安装工艺流程图

3.4.3 塔、梁端锚具安装

在锚具安装前需将锚具检查清洗后重新组装。检查锚孔、密封板孔位是否对齐，孔位不得有错位，并用钢绞线试穿。检查孔位一一对应后将钢导管旋入连接板内，注意端头要平直，连接板与锚板用螺栓连接固定。张拉端锚固位置调整，要求有效可调长度全落在螺母上方。

(1) 安装锚具

低塔梁端为固定端锚具，高塔梁端为张拉端锚具，安装时，将锚具组装件吊至相应索号的锚垫板口处，PE 导管端在前；然后从桥面预埋管口放下钢丝绳将其牵引至桥面之外并临时固定牢固。低塔塔端为张拉端锚具，高塔塔端为固定端锚具，安装时用塔吊、卷扬机、链条葫芦、锚具组件从塔上预埋管口往下慢放到位，同时要注意对中，确定与梁端锚具孔位排列一一对应后临时固定。张拉端和固定端锚水平排列，两端锚孔相互对应，不得有错位现象，使锚具中心线与锚垫板中心线保持一致。

（2）焊接 HDPE 护套管

使用 PE 热熔对焊机对 HDPE 护套管进行焊接，焊接时应记录护套管编号及长度、焊接头预热温度及压力、加热及切换时间、焊接压力及时间、冷却时间等。HDPE 护套管焊接时，为减缓低温环境造成的热量散失，当环境温度低于 0℃时采取焊后在焊道上加盖石棉被的方法，防止焊道急骤降温。为确保加热板受热均匀，使用防风棚遮挡后再进行焊接，当外界风力大于 8 级时停止焊接工作。HDPE 护套管焊接参数见表 3－4－1 所列。

表 3－4－1　HDPE 护套管焊接参数

管规格（mm）	实测拖动力（bar）	加热压力（bar）	卷边高（mm）	吸热压力（bar）	吸热时间（s）	对焊压力（bar）	冷却压力（bar）	冷却时间（min）
Φ235×7.7	P0	8.2＋P0	1.5	P0	77	8.2＋P0	8.2＋P0	10
Φ260×9.0	P0	10.6＋P0	2	P0	90	10.6＋P0	10.6＋P0	12

焊接 HDPE 护套管应由专业人员操作，焊接前将管材旋转于夹紧装置内并夹紧，在压力作用下使用平行机动旋刀削平两根管材的被焊端面。焊接过程中，焊接压力必须保持至焊缝完全满足冷却时间且硬化后才能撤去。

3.4.4　HDPE 护套管吊装

HDPE 护套管主要吊装过程：①按设计要求长度焊接 HDPE 护套管，以备起吊。起吊时用支架或枕木将护管架立，防止 HDPE 管损伤；②在护管内穿入一根已计算好长度的钢绞线，同时在 HDPE 护管两端安装抱箍；③利用塔吊等起吊设备将钢绞线和圆管一起吊起，到达预定高度后将钢绞线穿过塔端锚具并固定，利用千斤绳和葫芦将护管吊挂在塔外管口相应位置；④护管下端牵引至下端预埋管口，将钢绞线穿过下端锚具并固定；⑤通过张拉钢绞线使外护管挺直抬起达到设计值，以便下一步开展挂索工作。HDPE 护套管吊装过程如图 3－4－3 所示。

（a）焊接 HDPE 护套管

（b）第 1 根钢绞线穿出 HDPE 护套管

（c）HDPE 护套管两端安装抱箍

（d）吊装 HDPE 护套管和第 1 根钢绞线端部

（e）牵引第 1 根钢绞线穿过下端锚具

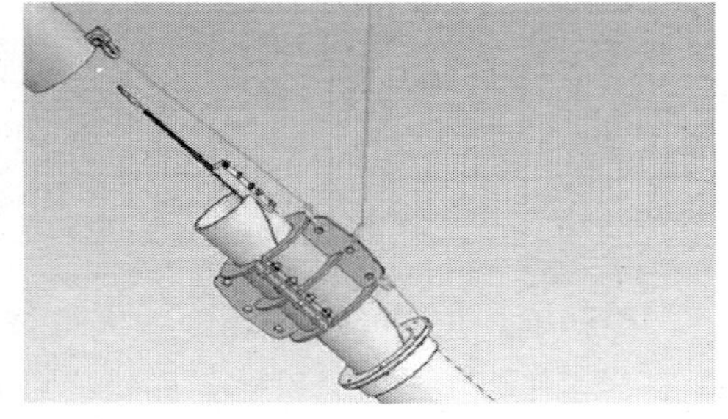

（f）固定 HDPE 护套管

（g）安装第 1 根钢绞线两端夹片并张拉至设计值

图 3－4－3　HDPE 护套管吊装过程示意图

在 HDPE 护套管搬运及吊装过程中，应防止 HDPE 护套管刮伤和碰伤，如损伤严重应及时修复，严禁 HDPE 护套管弯折直径小于 25D。计算 HDPE 护套管长度时应考虑上、下管口挂索操作空间及整体防腐时热胀冷缩的影响。

3.4.5 钢绞线下料

根据施工现场情况，采取边下料边挂索的方法施工。下料时要求测量准确，尽量减少下料误差。钢绞线需有必要保护措施，以防止表面 PE 层受损，发现钢绞线 PE 护套破损应及时修补，如果 PE 护套破损严重则应弃用此段钢绞线。

钢绞线张拉端及固定端 PE 护套使用专用刀具剥除，剥除时应注意不得误伤钢绞线表面环氧涂层。PE 护套剥除后，打散钢绞线并使用专用清洗剂清洗两端油脂。清洗时，需注意保护环氧涂层。清洗后将钢绞线复原，对端头进行处理供挂索时牵引用。挂索时，使用循环牵引系统；挂索前，预先将拉索沿顺桥向摊开，或直接从盘上抽出挂索。

通过公式可计算出本桥钢绞线下料长度和两端 PE 剥除长度。钢绞线牵出到位后进行断料，断料应采用高速切割机，严禁使用气割等易产生高温的设备进行断料。钢绞线 PE 层为易燃材料，下料场地应完善防火措施。钢绞线下料施工现场如图 3-4-4 所示。

图 3-4-4　钢绞线下料施工现场

钢绞线断料、剥皮、清洗、切丝及镦头等工艺均有相应的技术要求。用切割机对钢绞线断料时，要求端面平整光滑、无毛刺。长度要准确，相对误差不得大于 1/3000。两端剥皮长度要求准确，相对误差为±20 mm，剥皮时不得损伤钢绞线的环氧涂层。钢绞线剥皮工作段要清洗干净，每根钢绞线钢丝表面以用干净软白纸擦洗后不残留肉眼可见的污物为准。外圈 6 丝切断时，要求端面对齐并用打磨机将外圈打磨成圆滑倒角，以便于该段钢绞线能顺利通过锚具密封孔道，中心丝长度保留在 12～13 cm。使用 LD10K 镦头器镦头时，镦头压力控制在 36～38 MPa。镦头应镦成半圆形，镦头直径约为 1.5 倍的钢丝绳直径，镦头高度约等于钢丝绳直径。镦头过程中应对镦头质量逐个进行检查，并用穿束器试穿，以保证施工现场安全牵引。

3.4.6 拖板单根挂索工艺

对本桥低塔和高塔短索挂索时，为提高施工效率采用事先下料、拖板穿索工艺。钢绞线运输到施工现场后，将索盘吊装于放线架上，因挂索时从 HDPE 管下端向上穿索，将放线方向朝向固定端预埋管口处，放线架与预埋管之间应设铺垫及导向，以防钢绞线 PE 损伤。钢绞线挂索时，直接将成盘钢绞线按挂索要求从盘上抽出牵引，挂索时两根一起抽出。必须准备两套放线机构，根据盘的形式考虑平放或者竖放。钢绞线牵引安装步骤：在上、下预埋管口临时焊接导向，将牵引钢丝绳依次穿过上端导向、HDPE 外套管、下端导向、卷扬机，形成循环牵引动力系统，如图 3-4-5 所示。

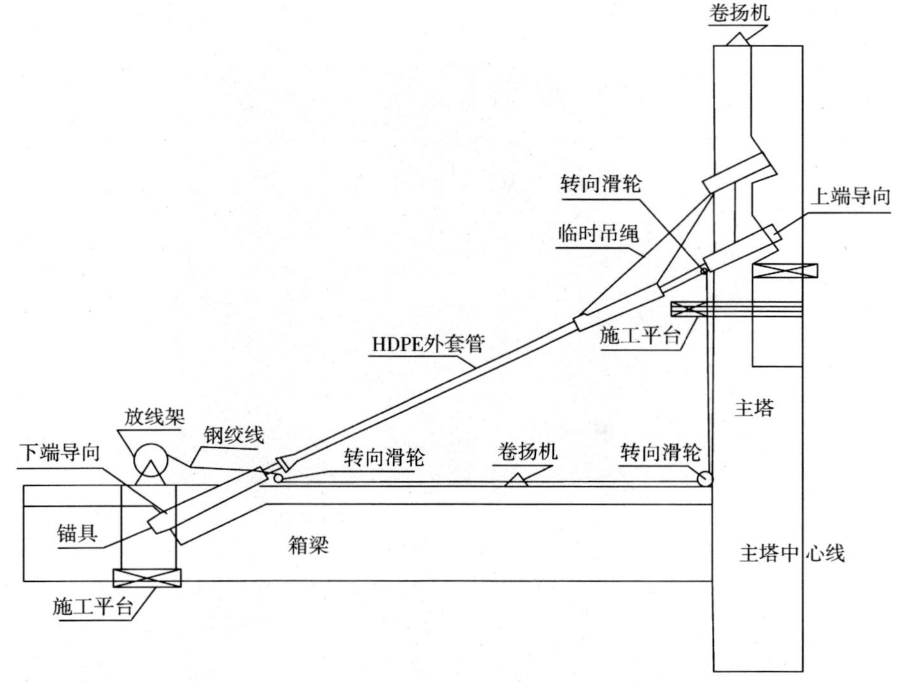

图 3-4-5 钢绞线循环牵引动力系统布置图

拖板单根挂索工艺流程如图 3－4－6 所示。

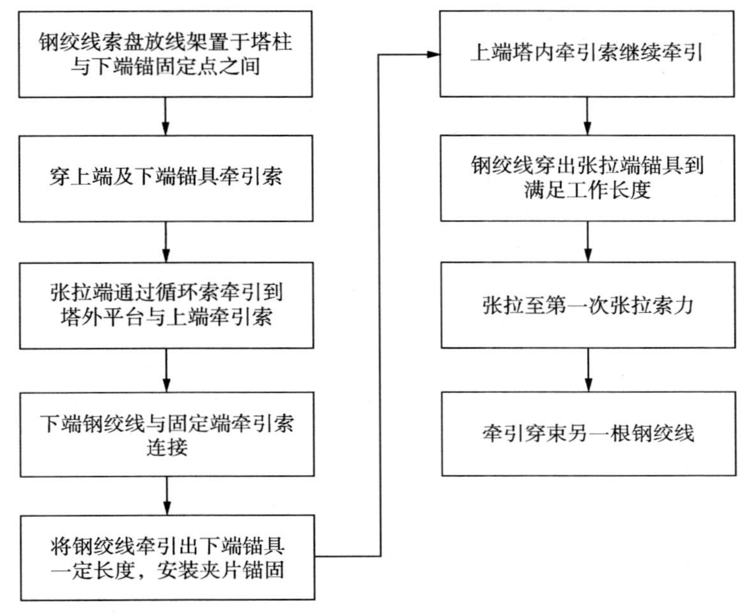

图 3－4－6　拖板单根挂索工艺流程图

为保证钢绞线不打绞，穿索时必须遵循以下原则：①按先上排孔，后下排孔的顺序进行穿索；②张拉端与固定端的锚孔必须一一对应。由于每根索的钢绞线均逐根挂索后即用千斤顶进行张拉，为保证主、边跨塔梁受力误差控制在设计允许范围内，必须严格按设计和监控要求进行挂索和张拉。拖板单根挂索施工现场如图 3－4－7 所示。

（a）现场一

（b）现场二

（c）现场三

图 3－4－7　拖板单根挂索施工现场

3.4.7　穿索机挂索工艺

对于高塔的长索，为节约下料时间并减小工作量，拟使用穿索机挂索。本施工工艺采用从上往下穿索工艺，在塔顶布置穿索机。利用塔顶穿索机提供动力进行单根钢绞线穿索。穿索系统主要由穿索机、连接器、塑料软管等组成。钢绞线下好料后逐根使用连接器连接好并存盘。在塔顶上布置穿索机，根据塔高与索盘存放位置等计算穿索机预存钢绞线长度。穿索机下放预存钢绞线与存盘钢绞线连接后，将事先存盘的钢绞线牵引至塔顶并下穿入 HDPE 护套管直至锚固位置。穿索机挂索工艺流程如图 3-4-8 所示。

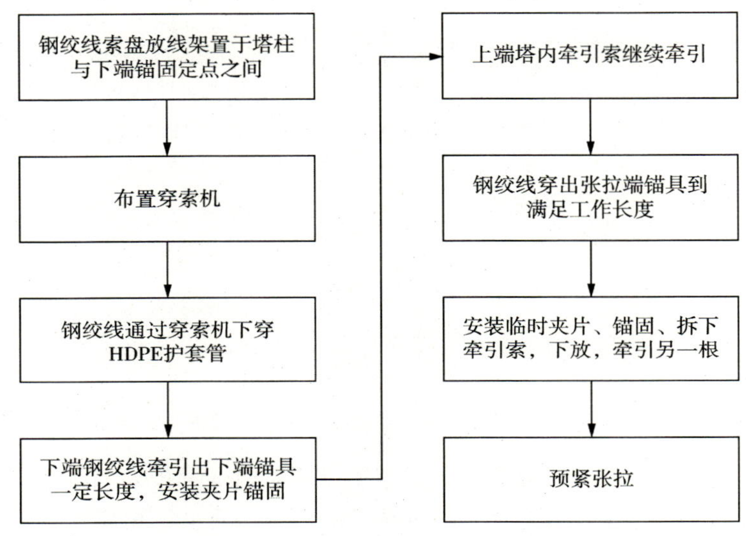

图 3-4-8　穿索机挂索工艺流程图

穿索机挂索主要施工过程：①将索盘吊装于放线架上，因挂索时从 HDPE 管下端向上牵引，将放线架放置于索塔下方，钢绞线提升过程中应设铺垫及导向，以防钢绞线 PE 层损伤。②将下好料的钢绞线依次首尾连接并与专用牵引装置连接，启动穿索机系统将钢绞线牵引至塔上，再将钢绞线下穿通过 HDPE 护套管。钢绞线下穿到位后将钢绞线从锚具孔穿过并伸出一定长度，以满足施工要求。解除钢绞线上端连接头，将钢绞线拉出上端锚板孔至满足单根张拉所需的工作长度，安装临时夹片，拆除穿束器，准备穿下一根钢绞线。③将已牵引出的钢绞线从盘上全部放出，与穿过下端锚具的牵引索连接，通过人工穿过锚孔，安装夹片，打紧并顶压。单根挂索时，注意对 HDPE 护套管的保护，严防钢绞线打绞、旋转、扭曲等现象发生。④利用穿索机穿索系统一次可穿一根钢绞线。钢绞线运动过程中使用滚轮支架支撑，在拐点位置通过转向轮过渡，防止 PE 层刮破护套管。挂索时在保护罩底部周围垫一层软棉布，防止 HDPE 护套管被刮破。⑤挂索时，注意检查钢绞线是否穿对孔，防止锚具上、下孔位穿错位，挂索时施工人员应远离预埋管两侧。穿索机挂索施工现场如图 3－4－9 所示。

(a) 现场一

(b) 现场二

图 3－4－9　穿索机挂索施工现场

3.4.8　单根挂索张拉

(1) 张拉程序

待主塔混凝土浇筑完成并达到设计强度、塔柱环向预应力张拉完成及主桥钢箱梁安装就位后，使用 YDC－150 千斤顶进行张拉。

张拉过程：①张拉端钢绞线装上临时夹片锚固后，安装好千斤顶并在钢绞线相应部位做好测量基点。②开始张拉加载至单根钢绞线控制应力的 15％时测初始伸长值。③使用压力表控制最后一级张拉力，若一个行程未满足要求，通过连续张拉装置反复张拉，直至张拉到动态控制应力值。④在第 3 根斜拉索安装压力传感器，按控制应力的 100％进行控制，并记录传感器显示值。第 4 根及以后各根斜拉索，根据传感器变化值进行控制。⑤最后一根张拉完成后补张拉第 1、2 根斜拉索。拆除第 3 根斜拉索上的传感器，并按当时变化值进行补张拉锚固。张拉过程使用振弦式传感器控制，通过单孔锚具临时锚固，待该整束斜拉索安装完成后拆除。单根挂索张拉施工现场如图 3－4－10 所示。

图 3－4－10　单根挂索张拉施工现场

（2）索力均匀性控制

为使每根索中各钢绞线索力均匀，采用等张拉值法进行张拉，即每根钢绞线的拉力以控制压力表读数为准，基于传感器读数进行监测。挂索前，将监测传感器安装在不受外界影响的钢绞线上，安装顺序：支座垫板→传感器→单孔工作锚。张拉时，每根钢绞线的张拉力按当时传感器的显示变化值进行控制。

（3）单根张拉力

斜拉索张拉以张拉力控制为主，钢绞线受力不均匀性应控制在2%以内。伸长值作为辅助校核，但不作为强制控制依据。因钢绞线斜拉索两锚固点之间几乎无摩擦，钢绞线受力后会旋转，致使实测伸长量大于6%。

斜拉索第一次张拉通过单根索张拉力累积达到整束拉索设计第一次张拉索力，实际施工时应遵循以下原则：①为减少套管对单根张拉力造成过大的非线性影响，第1、2根钢绞线用来承受外套管的自重，所以张拉力由套管垂度确定；②第3根钢绞线根据整束拉索索力平均后，由主梁及索塔的变形量进行修正，使安装完成后单根拉索索力累计值与设计值接近。避免单根挂索后大幅度调整索力，索力大小应通过规范公式计算得到。

（4）单根钢绞线张拉锚固

单根钢绞线张拉工艺要点：①张拉过程中固定端应与夹片跟进同步，张拉端锚固时应保证夹片平整。安装前检查夹片是否完好，如夹片开裂需更换。②张拉端钢绞线若一个行程未能满足张拉要求，则使用临时夹片在该千斤顶的连续张拉部件内临时锚固，不允许工作夹片在工作锚板上临时锚固。③张拉加载至单根钢绞线控制应力的15%时开始测初始伸长值。当张拉到该根钢绞线计算控制应力的100%时开始安装工作夹片，并选用专用工具适当打紧，保证均匀，跟进同步，同时记录此时传感器的显示值以指导下一根钢绞线张拉。④钢绞线索力均匀性与夹片安装质量有关，安装时必须保证外露一致量且缝隙高差达到相应控制值，其中高差不超过2 mm，缝隙不超过15°，使之自锚跟进时同步，保证索力均匀性。⑤由于张拉时采用一端张拉，所以要保证固定端（梁端）夹片锚固质量。在张拉过程中，轻轻地敲打夹片使之跟进均匀。⑥在单根钢绞线张拉过程中，控制同一塔相应中跨和边跨各索钢绞线根数差不大于控制索力的10%所计算得到的根数，具体根数由监控确定。每根拉索总索力差不能大于5%，同一束拉索的各根钢绞线应力差不能大于2%。

3.4.9 低应力锚固措施

单根挂索时单根索力小于5 t属于低应力锚固，低应力锚固属于特殊锚固工况，为保持锚固效果，应采取措施加强低应力锚固：①控制进场拉索锚、夹具产品质量。单根挂索张拉时严格控制夹片安装质量。②尽量提高拉索初始控制应力，最好可达到0.15倍设计应力以上。③单根挂索张拉涉及临时锚固，夹片经过设计改良后工作，夹片可反复咬合锚固，但不允许钢绞线上的夹痕出现在夹片下端，不允许夹片齿槽填充剥落的环氧。④利用配套的张拉顶压设备，使用专用顶压器对钢绞线逐根顶压，按该钢绞线锚固应力叠加顶压应力控制，最大顶压力为15～16 t。一次性顶压锚固使之能适应低应力状态下的锚固。

3.4.10 低塔部分索力整体张拉

由于单根挂索张拉时的基准索是根据整束拉索索力平均后，由主梁及索塔的变形量进行修正的，该方法可使安装完成之后单根索力累计值与设计值接近，但与张拉后的索力可能存在一定误差，导致主梁线形不满足监控要求。为保证实际索力和主梁线形符合要求，需在单根张拉完成后根据要求进行一次索力调整。此外，由于钢箱梁受温度变化影响较大，合龙段合龙前也需进行适当调整。

（1）整体张拉工艺

整体张拉时选择YCW800型千斤顶，并配套张拉连接套、张拉螺母及张拉撑脚。

整体张拉在塔端进行，设备安装可利用塔吊将撑脚、千斤顶、张拉杆及连接套吊至塔端平台上，然后利用活动平台移动到相应索号张拉端位置。借助手拉葫芦将连接套、张拉杆、千斤顶、张拉撑脚、张拉螺母等依次安装固定。千斤顶安装时，对中误差不超过5 mm。张拉时严密监控主梁端部标高，当标高达到设计要求时旋紧螺母。

（2）张拉力

根据监控指令进行张拉控制，整体张拉力误差控制在5%以内。张拉过程中应分级、同步、对称张拉至设计值。为克服拉索回缩、张拉机具变形等因素，张拉时可超张拉1%左右。同一号索江跨，岸跨，以及同一跨上、下游各索要求对称张拉，索力级差要求不超过10%。整体张拉到控制应力后要及时旋紧螺母锚固。

3.4.11 索力调整方式

（1）高塔索力调整

由于高塔斜拉索设计在梁端张拉，设计在风嘴底板上开孔来满足单根张拉空间要求。梁端制作槽形操作平台悬挂于风嘴，需要人员下到梁底操作。由于受风嘴尺寸限制，槽形平台不能太笨重，同时要方便操作平台顺桥向前或向后移动，所以槽形平台梁底不能承受较重的荷载。而YCW800千斤顶整体张拉设备套装自重约2 t，因此根据《斜拉桥钢绞线拉索技术条件》（GB/T 30826—2014）规定，高塔调索采用单根循环张拉调索方式，其索力调整工艺和索力控制方式均与单根挂索张拉一致。

为使每根索中各钢绞线索力均匀，索力调整时仍采用等张拉值法张拉。单根张拉完成后，此时的总体索力可通过最后一根传感器的显示值来计算。该计算总体索力与设计索力的差值为理论差值。同时，由于在索力调整过程中，主梁及索塔仍会有一定的变形量，因此实际索力调整量仍需考虑变形量并进行修正。

（2）低塔索力调整

低塔斜拉索在塔端进行张拉，为提高效果使用连接张拉杆整体张拉调索方式。低塔张拉力控制工况下的张拉工作配合性较强，除了主要服从监控指令外，还要控制拉索有效应力，兼顾相应主梁段及各控制点标高。张拉力控制技术措施：①根据监控指令索力控制张拉；②按照监控指令要求调整索力；③整体张拉时各工作点尽可能同步分级张拉，各点同级索力误差控制在允许范围内；④在整体张力过程中，监控方采用索力测量设备对索力进行校核。

3.4.12 紧索箍及减震器安装

挂索完成后在不影响索力监控前提下可进行紧索箍、减震器安装工作。利用专用紧索器按正六边形截面将整束紧固成型。对于不满足排列成正六边形的索，可填充0.5 m长的钢绞线作假索以使其形成正六边形截面。紧索箍和减震器按设计位置进行安装，拧紧索箍紧固螺栓。减震器按设计位置进行安装。为方便监控测量整体索力，减震器安装可在全桥挂索结束后进行，但减震装置不作最后固定，待全桥调索结束后再固定。紧索箍及减震器安装现场如图3-4-11所示。

图3-4-11　紧索箍及减震器安装现场

3.4.13 斜拉索防腐

（1）索体防腐

索体材料采用带PE环氧涂层钢绞线，PE层与钢绞线间涂专用油脂，在下料、挂索过程中，若发现 PE 破损应使用焊枪修补，谨防钢绞线锈蚀。索体外用 HDPE 圆管防护，成桥调索结束并将减震器固定后，再固定已预先套在管外的防水罩，并与两端索导管连接。这有效防止雨水进入 HDPE 管内，隔绝紫外线照射，进而起到保护索体作用。

（2）拉索锚具防腐

拉索锚具内的钢绞线由于挂索、张拉需要，两端 PE 需剥除，剥除段钢绞线必须进行有效防腐，方法是在锚具内注入油性蜡。灌注设备使用注浆泵，待调索完成后，用注浆机将油性蜡注入锚具内，锚头外露钢绞线及夹片部分均匀涂抹防护油脂，或用注浆机在其表面喷一层约为 1 mm 厚的油性蜡。油性蜡为半固态，在使用前需进行加热处理，使油性蜡软化后再放置到灌注机内进一步加热。

灌注前应先将灌注机内的空气排空，待连接管出油性蜡后再将其与预先安装在锚具低点处的球阀相连，打开球阀进行灌注。当油性蜡从锚具高点的注浆孔溢出时，关闭球阀。球阀关闭后，注浆泵继续加压至后锚压力达 1 MPa。锚具高点球阀，保持压力约 10 分钟，在保压过程中检查是否有漏油现象。检查无渗漏后，泄压，拆除球阀并用专用堵头密封锚具注浆孔。检查时有渗漏的，采取措施处理后，重新保压检验，直到无渗漏现象。灌注过程中应采取措施防止污染。油性蜡灌注过程现场如图 3－4－12 所示。

（a）现场一

（b）现场二

（c）现场三

图 3－4－12　油性蜡灌注过程现场

（3）安装锚具防松压板

安装防松压板前，应先用手提砂轮机切除锚头两端的多余绞线，并预留一定的长度。要求绞线端头平整、光滑。然后，装上防松压板，并用压紧螺杆将其压紧于锚板上，使压板紧贴并压紧于夹片后端面，以便有效地防止夹片松动。

(4) 锚头端面、夹片及外露钢绞线防腐

为了整体防腐及方便螺母旋动，在锚具安装时预先在支承筒外螺牙上涂少许防腐油脂。整体张拉后，在支承筒外露部分、锚板、夹片等部位涂上油脂。调索结束后在锚具外安装保护罩，内注油性蜡对裸露钢绞线、夹片及锚板等进行防腐，如图 3-4-13 所示。

(a) 涂抹油脂

(b) 安装保护罩

图 3-4-13 外露钢绞线涂抹油脂及安装保护罩

安装保护罩前检查并打磨平整连接平板与保护罩接触的环面。然后，用清洁剂将装密封圈的沟槽擦干净，并在沟槽内涂上密封胶。涂抹时要连续、均匀。之后将密封圈装到沟槽内并压平，用胶锤敲打平整。再在密封圈外端面及内侧连续涂上密封胶，将锚具端面与垫板接触的地方擦干净，装上保护罩。注意保护罩上的观测管应处于高位，并分级对称拧紧各连接螺栓。最后，将螺栓拧紧一遍，保证密封圈充分受力密封。在使用之前，油性蜡需用加热炉进行加热处理，使油性蜡软化成易流动状态以方便施工。张拉后，锚板外露部分、锚板、夹片等都要涂上防腐油脂，而且外露部分锚板用封箱带缠绕密封。调索结束后，在锚具外安装保护罩，罩内抹油对裸露钢绞线、夹片、锚板等进行防腐。注意：上、下锚箱内必须预设防水、防潮措施，下端锚垫板应设有排水槽。

3.5 本章小结

大跨度桥梁超高索塔一般采用液压爬模法施工，液压爬模系统主要由模板系统、液压系统、预埋件系统和爬架系统组成。爬模系统由液压缸交替升降到导轨和爬架上实现爬模，导轨和爬架之间产生相对运动。液压爬模的动力来源是自带的液压顶升系统，其包括液压油缸和上下换向盒。其中，上下换向盒可控制提升导轨或提升架体。通过液压系统可使模板架体与导轨间形成互爬，从而使液压爬模稳步向上爬升，在液压爬模施工过程中无须其他起重设备。索塔液压爬模法施工简单、技术成熟，已被广泛应用。

邻玉长江大桥采用钻石型变截面索塔结构形式，上塔柱首次采用了超高多层间断式箱型钢系梁结构形式。高塔斜拉索呈空间索面扇形布置，双索面单排索布置；低塔斜拉索呈平行索面扇形布置，单索面双排索布置。在邻玉长江大桥索塔施工中成功解决了超高钻石型变截面索塔爬模施工、空间索面斜拉索精确定位、安装及超高多层间断式箱型索塔钢系梁吊装等施工技术难题。本项目对索塔传统液压爬模施工技术进行了优化，从而满足了邻玉长江大桥超高钻石型变截面索塔的施工需求。

第4章　主桥超宽型主梁施工技术

4.1　概　述

现代斜拉桥主梁施工方法主要有支架施工法，顶推施工法，转体施工法，现浇筑、预制拼装及组合施工方法等。施工方法主要依据桥址位置的自然条件、社会条件及结构本身特点等因素进行综合比选，在保证满足安全、质量、成本、工期等要求的基础上择优选取。主梁的施工质量是保证斜拉桥达到合理成桥状态的关键，目前整体现浇法和预制拼装法是大跨度斜拉桥主梁常用施工方法。

邻玉长江大桥边跨与高塔主梁选用混凝土梁、中跨选用钢箱梁，边跨、中跨交接部位选用钢混凝土混合梁段过渡。其中，边跨与高塔混凝土主梁采用整体现浇法施工，中跨钢箱梁采用预制拼装法施工，钢混凝土结合段采用现浇和拼装组合法施工。施工过程中需对各主梁施工质量进行严格控制，以达到合理成桥主梁线形。

4.2　MP4 高塔段 0＃块主梁施工

4.2.1　MP4 高塔段 0＃块主梁概况

主桥混凝土主梁分三段布置，其中南北边跨混凝土主梁长度均为 131 m，中跨 MP4 高塔段现浇箱梁长为 36 m，塔柱与主梁为塔梁固结结构。混凝土主梁外轮廓采用与钢箱梁一致的流线形扁平预应力混凝土整体箱梁，主梁中心线处梁高为 4 m。箱梁采用左右幅分离式截面形式，单幅主梁顶板宽度为 21.4 m，斜底板宽度为 11.9 m，水平底板宽度为 10.2 m，顶板及底板厚度为 0.9 m，中腹板及内边腹板厚度为 1.1 m。对应索塔塔肢位置设置中横梁，厚度为 7.5 m。顺桥向设计 1%的纵坡，桥面由中线向两侧设计 2%的排水横坡。MP4 高塔段 0＃块主梁结构尺寸如图 4－2－1 所示。

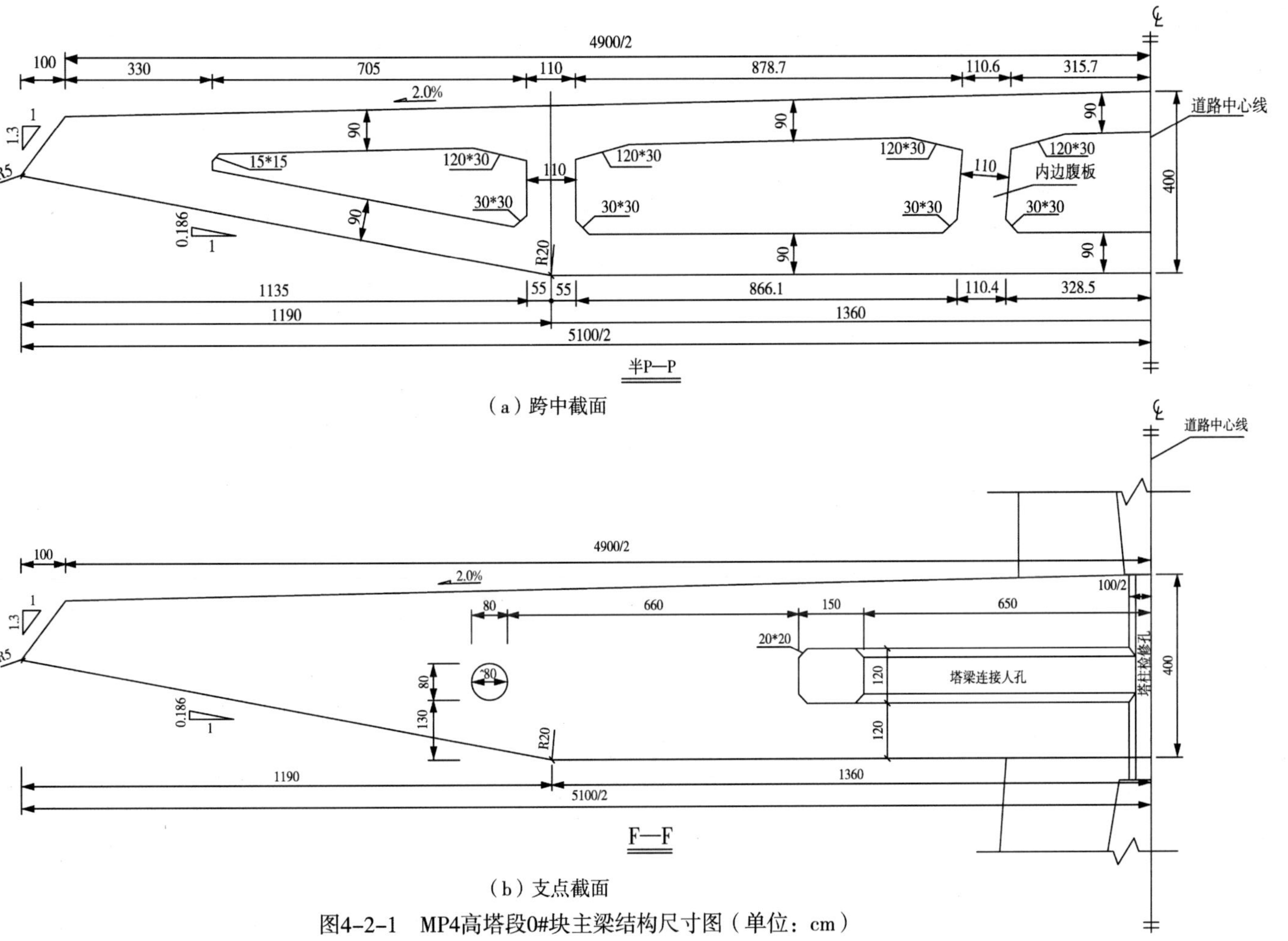

（a）跨中截面

（b）支点截面

图4-2-1　MP4高塔段0#块主梁结构尺寸图（单位：cm）

MP4 高塔段 0＃块主梁采用花瓶式落地支架现浇工艺施工，一次浇筑混凝土方量约为 3877 m^3，混凝土标号为 C60，钢筋安装主要包含梁体钢筋，总重量约为 508 t。施工难点：①混凝土方量超大，支架安全要求高；②混凝土标号及温控防裂要求高；③钢筋、模板及预应力安装复杂；④预埋件多。

4.2.2　总体施工方案

MP4 高塔段 0＃块主梁在塔柱处为塔梁固结形式，主梁与塔身同步施工。0＃块采用支架现浇法进行施工，支架钢管立柱坐落在承台上。主梁节段纵桥向分两仓浇筑，如图 4－2－2 所示。先对称同时浇筑中横梁段（第一仓），对凿毛面清理干净后再浇筑箱室段（第二仓）。第二仓浇筑时先浇筑中间箱室段，然后

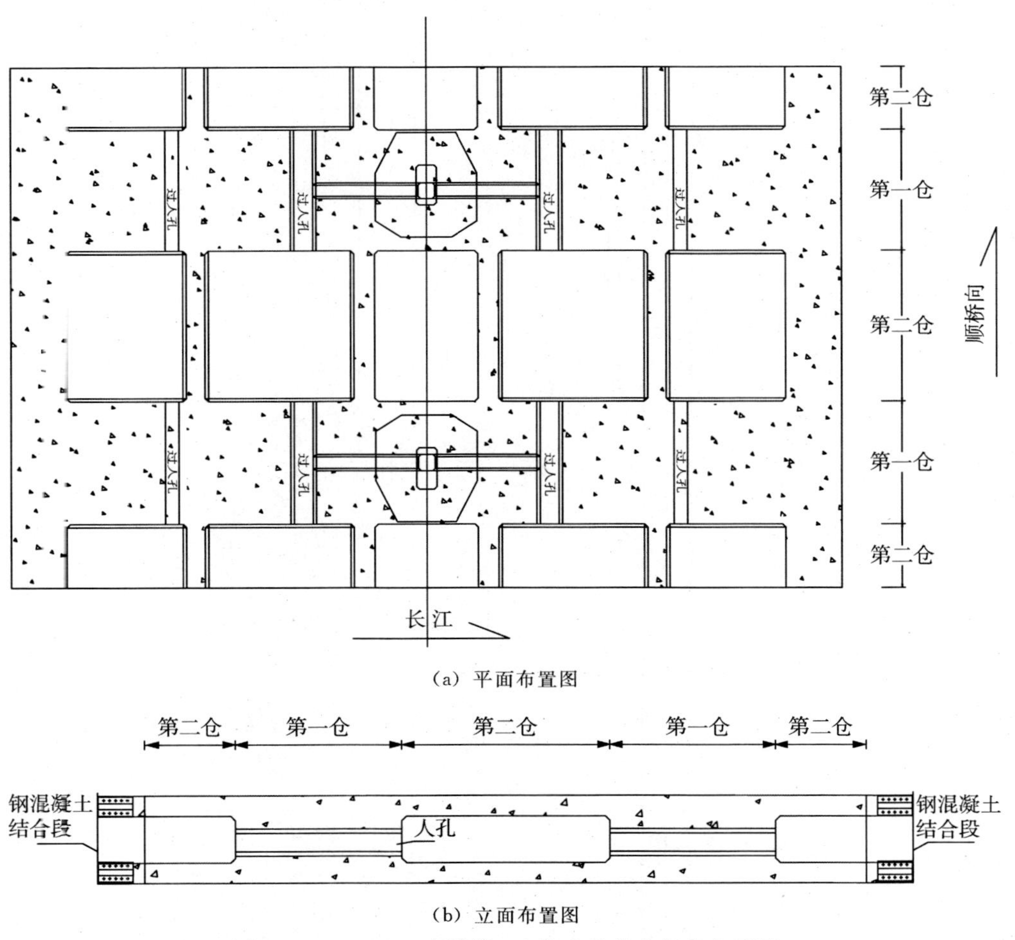

（a）平面布置图

（b）立面布置图

图 4－2－2　MP4 高塔段 0＃块主梁分仓浇筑布置图

对称同时浇筑两侧箱室段。第二仓需在第一仓收仓后7天内开始浇筑。待MP4高塔段0#块预应力张拉、压浆封锚完成之后，两侧对称吊装钢箱梁；再凿毛清理钢混段结合面，完成钢混段混凝土浇筑。MP4高塔段0#块主梁浇筑前预埋钢箱梁桥面吊机预埋件，桥面吊机预埋件由专业安装单位提供。

4.2.3 支架设计与施工

MP4高塔段0#块主梁支架使用Φ1000 mm螺旋钢管立柱，立柱钢管底部利用已在主塔承台和基座预埋的铁板进行焊接固定，立柱之间使用Φ325 mm钢管设置平连和竖连增加整体刚度及稳定性。钢管立柱顶面设置横桥向双拼HN800×300型钢垫梁，垫梁顶面沿顺桥向布置2排和3排，组成一组贝雷梁片做主承重梁。底板贝雷梁上横桥向布置I16型工字钢分配梁，翼缘板贝雷梁上布置定制的侧模桁架（可调节高度），侧模桁架端头与底板I16分配梁焊接，形成横桥向对拉。I16分配梁和侧模桁架上布置10 cm×10 cm方木，方木上铺设1.5 cm厚竹胶板。

支架的安装包括钢管柱及联系梁安装、垫梁及牛腿安装、贝雷梁安装、I16型工字钢分配梁及侧模桁架安装、方木及竹胶板铺装等。

（1）安装钢管柱及联系梁

使用塔吊对钢管立柱进行安装，底节钢管吊装前在基础顶面铁板上放出纵横轴线并做好标记，钢管吊装到位后将钢管与预埋板标记轴线对齐，调整钢管垂直度和角度后立即点焊固定，并将预埋板与钢管地面连接板完全焊接。将底节钢管立柱与预埋件进行焊接，然后逐层安装立杆。单层立杆安装完成后立即安装对应水平系杆，保证其稳定性。立杆接高选用法兰盘连接，水平及空间连接系焊接，立柱和连接系采用单根现场安装方法进行安装，单层钢管立柱安装时应设置缆风绳确保钢管稳定。立杆接高时观测钢管顶坐标，及时调整钢管角度，确保钢管立柱到顶时的空间坐标满足设计要求。

（2）安装垫梁及牛腿

垫梁直接在后场双拼焊接后运至桥墩处并安装在钢管立柱顶面，在距型钢两端端头各焊接一吊耳，用吊机直接将垫梁吊至钢管顶。每一排垫梁焊接完成后，再将后场焊接好的牛腿直接吊装到位，进行焊接。

（3）安装贝雷梁

贝雷梁在后场用花窗连成后运至现场进行吊装，贝雷梁吊装就位后在垫梁上使用“U”型螺栓及卡板将其固定。

（4）安装I16型工字钢分配梁及侧模桁架

分配梁使用I16型工字钢，塔吊成捆吊装至贝雷梁上后，由人工辅助按设计纵向间距铺设。侧模桁架在现场拼装后整体吊装至贝雷梁上，侧模桁架下方设置可调顶托，用于高程调节，端头与I16型工字钢分配梁焊接，形成横桥向对拉。

（5）铺装方木及竹胶板

方木整捆吊装至贝雷梁上并在I16型工字钢分配梁和侧模桁架上沿顺桥向铺设，在方木上铺设1.5 cm厚的竹胶板。

在支架安装过程中，支架杆件与结点板间存在一定间隙，在荷载作用下除弹性变形外还将产生部分非弹性变形，因此必须对支架进行预压，以消除非弹性变形。预压采用堆码预制块的方式加载，预制块从堆场通过自卸车转运至施工部位，再通过塔吊对称堆载。支架按纵桥向分段浇筑顺序进行分段预压，即先预压第一仓，待横梁段预压完成后将横梁段的预制块采用塔机对称转堆载至第二仓进行预压。

采用分级加载方式进行预压，共分为5级加载，分级详见表4-2-1所列。注意：每次加载前后应检查焊接部位。堆码预制块大于2层时需错缝堆码，以防止预制块失稳倒塌。

表4-2-1　支架预压分级加载工况表

部　位	堆码预制块数量（个）				
	30%	60%	80%	100%	120%
小桩号侧横梁实心段	306	613	817	1021	1225
大桩号侧横梁实心段	306	613	817	1021	1225
中心空心段箱梁	239	475	633	792	950
小桩号侧钢混段内侧实心段箱梁	99	197	263	328	394
大桩号侧钢混段内侧实心段箱梁	99	197	263	328	394

在支架预压过程中需监测支架变形，监测内容包括加载前监测点标高、每级加载后监测点标高、加载至100%时间隔24 h后监测点标高、卸载6 h后监测点标高等。分析支架监测点标高测试数据，对设计的预应力现浇箱梁模板支架进行变形控制，可依据变形量调整箱梁底标高，实现混凝土梁浇筑完成后可达到设计标高。

4.2.4　模板安装

MP4高塔段0#块主梁外模选用1.5 cm厚竹胶板木模，背部采用10 cm×10 cm方木加劲处理，方木与竹胶板采用钢钉固定。方木下铺设I16型工字钢分配梁，分配梁对应侧模桁架布置，分配梁端头与侧模桁架接头焊接，形成横桥向对拉。方木在箱室部位按20 cm间距布置，在实心段等部位按满铺间距布置。

箱梁内模采用木模，木模采用1.5 cm厚竹胶板，内模模板通过钢管支架支撑于底板上，内模支架采用扣件式钢管架搭设，支架必须具备足够的强度、刚度及稳定性。支架立杆选用Φ48 mm型钢管，布置间距为60 cm×60 cm，立杆顶端设置可调顶托，底端支撑于底板钢筋骨架上，支撑点处需对钢筋骨架进行局部加强。顶托上安装10 cm×10 cm方木分配梁，用于支撑顶板模板，模板使用1.5 cm厚竹胶板。设置3层水平杆，水平杆两端安装可调节顶托，顶紧腹板模板背肋，同时在腹板内设置对拉杆。此外，为方便内模拆除、箱内预应力束张拉及箱内施工检查与验收，在箱室顶板处需开设人孔。

模板在后场整体拼装，保证模板接缝顺畅，并利用油漆编号，拼装完成后进行表面清理，涂刷脱模剂，同时观察接缝质量、平整度及表面光洁度。安装顺序：中底模安装→边底模安装→箱梁中横梁及纵腹板模板安装→顶板模板安装→堵头模板安装。

模板安装质量直接影响混凝土梁浇筑质量，模板安装偏差控制参照标准执行，具体要求：①在安装前模板必须清理干净，在其表面涂刷清机油或模板漆；②安装模板时必须准确控制轴线位置及截面尺寸，模板拼缝需紧密，模板接缝处需粘贴海绵条，以防止接缝漏浆造成蜂窝和空洞；③模板支承系统必须横平竖直，支撑点必须牢固，扣件及螺栓必须拧紧，浇捣混凝土前需对模板支撑、螺栓、柱箍及扣件等紧固件进行检查；④检查方木、模板及顶托间的密贴情况，若间隙过大会引起混凝土浇筑后模板变形；⑤模板安装完成后，使用全站仪和水准仪检查模板平面位置、顶面及底面高程、节点联系及纵横稳定性。

4.2.5 钢筋安装

应洁净钢筋表面，使用前应将表面油渍、漆皮及鳞锈等清除干净，钢筋应平直、无局部弯折。钢筋在钢筋棚中严格按图纸尺寸加工成型并分类堆放，最后由平板车运至施工现场进行绑扎安装。由于箱梁钢筋用量较大，钢筋网格层次较多，为保证钢筋精确定位及混凝土浇筑质量，利用钢筋架立固定各层钢筋网片，上下层钢筋对齐，钢筋间距准确，确保钢筋保护层厚度满足要求。

钢筋安装过程：①安装顺序为先安装主筋，再安装环向水平钢筋，最后安装拉钩钢筋。②使用全站仪在箱梁底模上测放出箱梁纵、横向轴线，箱梁端头设置卡板。根据纵向、横向轴线在底模上焊接主筋定位框架，在定位框架上准确标出主筋设计位置并进行连接。③主筋安装完成后绑扎水平钢筋及拉钩筋，每层箍筋由下而上绑扎，箍筋平直部分与竖向钢筋交叉点处每隔一根箍筋采用梅花式扎牢。④为确保钢筋保护层厚度满足设计要求，外侧钢筋表面设置混凝土垫块，垫块的强度和耐久性应高于本体混凝土，构件侧面和底面的垫块呈梅花形布置，每平方米个数不少于 4 个，绑轧垫块和钢筋的铁丝头不得伸入保护层内，箍筋的净保护层厚度范围为 2.5～3 cm。

4.2.6 冷却管安装

MP4 高塔段 0＃块主梁中横梁为大体积混凝土结构，为有效降低水化热对结构的危害，通过布置冷却管降低大体积混凝土水化热。冷却管路采用回形布置，冷却管接头处使用钢丝软管连接，中横梁在垂直方向布置 3 层冷却水管，层间距为 100 cm，冷却管布置图如图 4－2－3 所示。

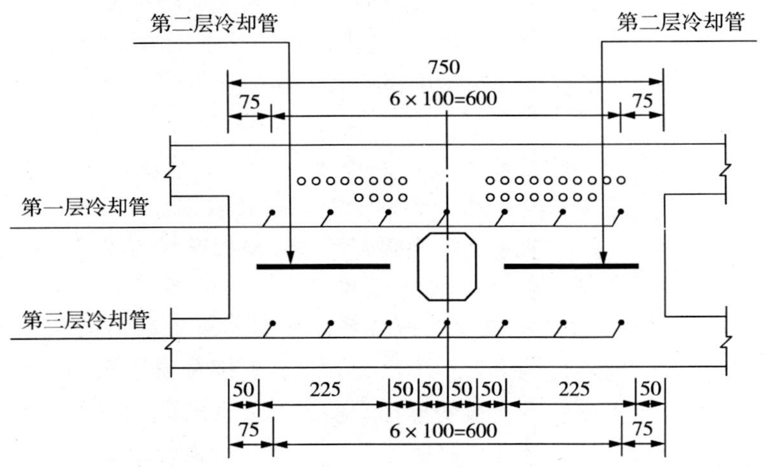

(a) 冷却管立面布置图

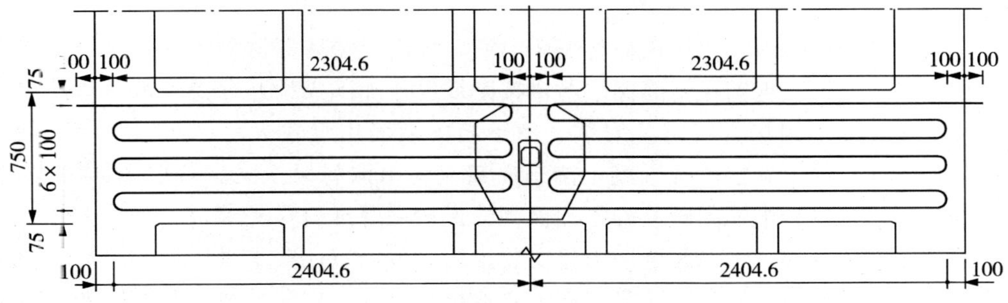

(b) 冷却管平面布置图

图 4－2－3　MP4 高塔段 0＃块主梁中横梁冷却管布置图（单位：cm）

选用热传导性能好的薄壁钢管作冷却管，钢管内径为 50 mm，壁厚为 3.5 mm，并符合《低压流体输送用焊接钢管》（GB/T 3091—2015）要求。在安装模板时计算冷却管位置并逐层安装。使用角钢支托，并固定在钢筋骨架上，局部辅以悬吊措施加固。要求加固牢靠，防止振捣时混凝土推移造成通水后混凝土降温达不到预期目的。0＃块中横梁大体积温控措施与MP4索塔承台温控措施相同。根据设计图纸预埋测温元件，温度传感器及连接线缆需在浇筑前进行测试，以确保正常工作。

4.2.7 预应力系统安装

使用标准高强度、低松弛，公称 Φ15.2 mm 的预应力钢绞线，其抗拉标准强度为 1860 Mpa，弹性模量为 E=1.95×105 MPa，技术标准符合《预应力混凝土用钢绞线》（GB/T 5224—2014）标准，预应力钢绞线各项指标见表 4－2－2 所列。

表 4－2－2　预应力钢绞线各项指标

公称直径（mm）	横截面积（mm^2）	每米重量（kg/m）	抗拉极限强度（MPa）	最大负荷（kN）	非比例延伸力（kN）	伸长率 δ
15.2	140	1.101	1860	260	234	3.5％

预应力钢绞线的安装过程如下：

①机具准备：扎钩、扎丝、梳束板、透明胶带、刀片、油性笔、号码纸、卷扬机、钢丝绳等。②下料：每束下料时应有一根钢绞线长出 10～20 cm 的钢绞线作为中间钢绞线，其余各根钢绞线下料长度应基本一致。③编号：每根钢绞线两端应编上同样号码，以透明胶带将写好的号码绑在钢绞线两端；同时对锚具编号，两端锚具应同时编号，一端锚具顺时针编号，另一端锚具逆时针编号，编号应写在锚具外露面上。④端头绑扎：端头绑扎宜分层进行，先逐层绑扎再整体绑扎。绑扎后，钢绞线根据每束钢绞线根数不同呈正方形、矩形及梯形等形状。⑤梳束：利用梳束板或锚具对钢绞线进行梳理，每梳理钢绞线长度约 1 m 时，使用扎丝将钢绞线扎紧。绑扎时，扎丝端头朝上，逐段绑扎至钢绞线梳理完毕。⑥穿束：钢丝绳一端连接卷扬机，另一端做成绳套与钢绞线穿入端绑牢，穿入端端头可使用塑料瓶套住并用胶带缠紧，再启动卷扬机缓慢匀速拉动钢绞线。⑦对中调整：穿束完成后，先将穿入端钢丝绳、塑料瓶和胶带等去除，使钢绞线编号外露；再将中间钢绞线套入锚具孔内中间位置，上夹片稍微顶紧；最后将其他钢绞线分别套入对应锚具孔内，旋动锚具使两端锚具各孔位对中。

施工中应注意事项：①钢绞线编号在两端按从小到大呈锥形排列，用透明胶黏牢；②钢绞线绑扎需牢固，排列顺序不能打乱，绑扎后钢绞线要成为具有一定刚度的整体；③钢绞线在穿束时绑扎接头需朝上，防止扎丝刮坏锚垫板。

4.2.8 预埋件安装

预埋件的安装施工需由专人负责，并由专业技术人员指导。建立预埋件清单及埋设前后复查制度，防止少埋或漏埋，确保预埋件定位准确。主要预埋件包括支座预埋螺栓孔、供配电设施及供电电缆、照明设施、避雷设施、排水和通风设施预埋件、钢-混结合段预埋件等，其他有钢箱梁桥面吊机、塔吊基础、施工电梯基础、主塔上塔柱钢系梁吊装等。

4.2.9 混凝土施工

主梁节段纵桥向分两仓浇筑，先对称浇筑中横梁段（第一仓），待结合面混凝土凿毛之后再浇筑箱室段（第二仓）。第二仓浇筑时，先浇筑中间箱室段，浇筑完成后再对称浇筑两侧箱室段。第二仓需在第一仓收仓后 7 天内开始浇筑。混凝土配合比设计见表 4－2－3 所列。

表 4－2－3 C60 混凝土配合比设计

材料名称	水泥	细骨料 1	粗骨料 1	掺合料	外加剂	水
材料用量（m^3/kg）	470	712	1113	60	8.0	155
重量比	1.00	1.51	2.37	0.128	0.017	0.33

C60 混凝土细骨料选用级配合理、质地均匀坚固、吸水率低、孔隙率小、粒形清洁中砂，细度模数控制在 2.6～3.0。砂中有害物质应严格按规范控制，特别是含泥量不得超过 2%。粗骨料选用粒形良好、质地均匀坚固、线膨胀系数小、级配良好的连续级配碎石，其最大粒径不大于 25 mm。选用骨料前应进行碱活性检验，不得使用有碱活性反应的骨料，粗骨料含泥量不得超过 1%。使用优质粉煤灰作为掺合剂，普通硅酸盐水泥掺量应控制在 15%～30%，根据配合比试验确定合理掺量。

混凝土输送泵上部水平管接一节 6 m 规格布料管，以移动下料位置。浇筑顺序为横截面由底板→腹板→顶板，纵向由低处→高处，横向由两边→中间，混凝土浇筑方式为对称浇筑。

混凝土分层浇筑，使用插入式振捣器振捣。底板混凝土浇筑完成后，待内腔倒角不发生翻浆后，斜向分层进行腹板及隔板混凝土浇筑，再完成桥面混凝土浇筑。底板混凝土浇筑时，在箱室顶板中部设置下料孔及过人孔。底板混凝土不足时，由窗口进行箱室内混凝土入仓，工人进入箱室进行振捣，开放箱室从侧面进行放料。底板混凝土浇筑下料孔布置如图 4－2－4 所示。

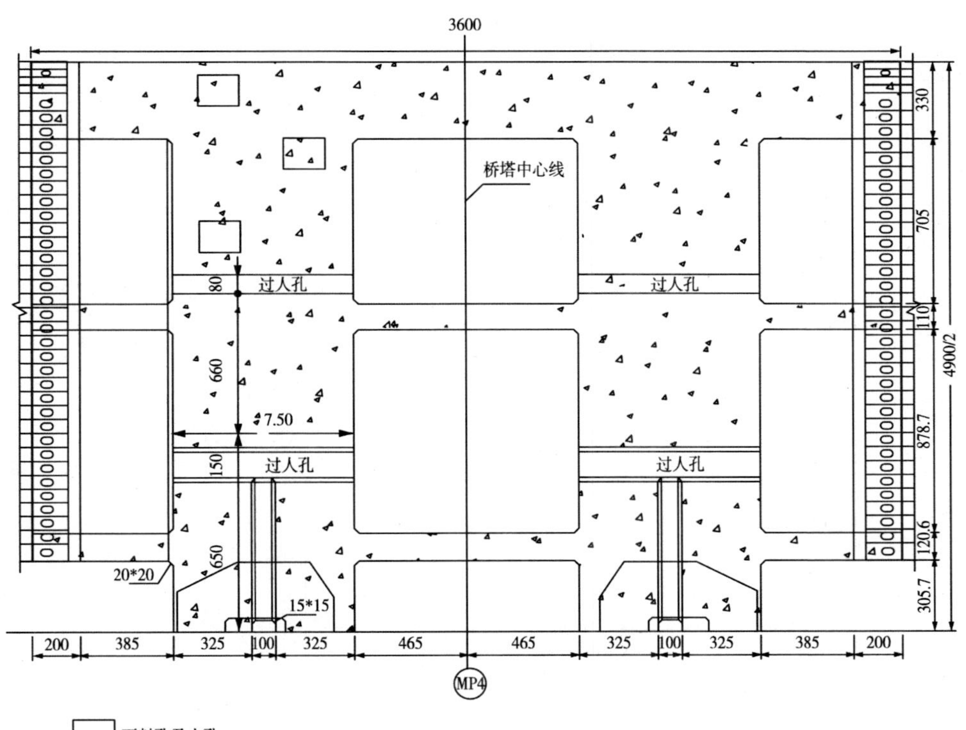

图 4－2－4　底板混凝土浇筑下料孔布置图（单位：cm）

实心段中横梁混凝土浇筑时，由于墩顶实心段体积大、钢筋密集、预埋件众多，混凝土浇筑入仓及振捣较为困难。针对上述问题，需间隔 4 m 左右开设过人孔，打断钢筋在底部浇筑完成后及时恢复，工人进入横梁内部进行振捣。中横梁混凝土浇筑下料孔布置如图 4－2－5 所示。

斜腹板混凝土浇筑时，为保证斜腹板底部混凝土入料及振捣密实，在斜腹板内模开设 2 个 30 cm×40 cm 下料及振捣窗口，混凝土下料时应将软管经溜槽下料。斜腹板上部混凝土下料通过在顶面开设 50 cm×50 cm 过人孔，将软管插入过人孔，采用人工辅助下料。斜腹板底部均由工人进入斜腹板内进行振捣，当底部混凝土浇筑完成后及时对下料孔、过人孔的钢筋模板进行恢复。为防止混凝土离析，下料均使用溜槽或串筒，保证混凝土自由落高不超过 2 m。使用插入式振捣棒振捣，振捣棒插入混凝土深度应为 5～10 cm，振捣时不得碰撞模板、钢筋和预埋件。每个振捣点振捣时间宜为 20～30 s，以混凝土不再沉落、不出现气泡、表面呈现浮浆为宜。浇筑时，混凝土摊铺厚度控制在 30 cm 以内，沿圆周方向逐渐推进。各层间隔时间应尽可能短，必须在前层混凝土初凝前将后一层混凝土浇筑完毕。混

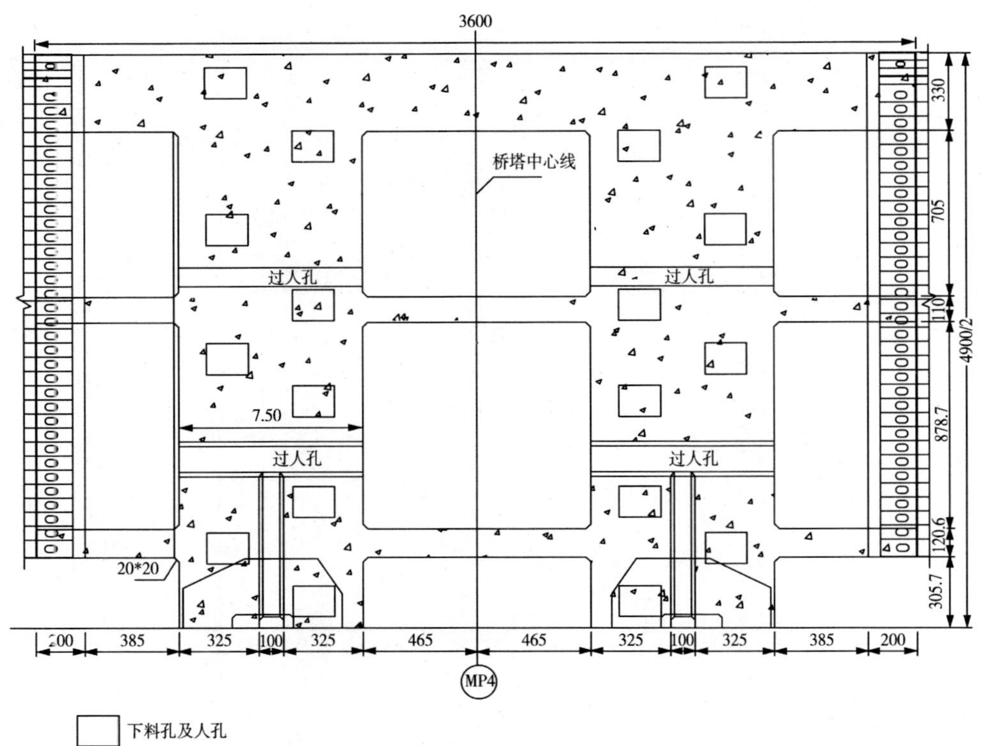

图 4－2－5　中横梁混凝土浇筑下料孔布置图（单位：cm）

凝土浇筑完成后，在初凝前对混凝土顶面进行二次抹面。下一节段钢筋安装前，将混凝土结合面凿毛，凿除表面浮浆，露出粗骨料，并用清水将残渣冲洗干净。

混凝土浇筑过程中应注意事项：①腹板翻浆处理，由于混凝土凝固时间把握不好，腹板往往容易发生翻浆现象，发生翻浆后要待腹板浇筑一定高度，使用铁锹将翻浆混凝土铲除。②内模上浮主要采取预防措施，通过控制浇筑速度，防止局部浇筑速度过快，同时内模之间使用垫块、拉杆及钢筋支架加固。内模发生上浮后，立即拆除上浮内模板，将混凝土铲出上浮箱室，重新加固内模及浇筑。③浇筑混凝土前，仔细检查模板的尺寸和牢固程度。完成钢筋安装后将箱内木屑、松散混凝土等杂物采用吸尘器或高压水冲洗干净。在灌注过程中，设专人检查模板、支架、钢筋及预埋件的稳固情况，发现有松动、变形和位移时，应及时加固处理。④对振捣人员要划分施工区域，明确责任，以防漏捣，同时保护好施工区域内的预埋件。振捣腹板、实心段时，振捣人员要从预留过人孔进入腹板内振捣。钢筋布置密集区域选用小振捣棒，钢筋布置稀疏区域选用大振捣棒。⑤混凝土浇筑过程中注意保护测温元件，下料时不得直接冲击测温元件和引线，振捣时振捣棒不得接触测温元件和引线。

4.2.10 预应力施工

(1) 预应力张拉

预应力钢束张拉时，混凝土实际强度不小于95%设计强度等级值，且混凝土龄期不小于7天。张拉顺序为先张拉施工节段内顶底板纵向短束钢束，再张拉横向预应力束，待所有现浇梁节段施工完成后再张拉纵向通长钢束。纵向预应力束张拉以先腹板再底板的顺序与顶板交叉进行，从中间到两边对称进行，保证梁体结构上下左右均衡受力。张拉采用以控制张拉力为主，伸长量校核的双控张拉工艺，设计张拉控制应力为1339 MPa。张拉过程质量控制措施：①垫板承压面与孔道中心线不垂直时，应当在锚圈下垫薄钢板调整垂直度。将锚孔对正垫板并点焊，以防止张拉时移动。②锚具在使用前先清除杂物，刷去油污。③千斤顶进油、回油应缓慢平稳进行，保持两端基本一致，避免回油过猛产生较大的冲击振动，以免发生滑丝。

(2) 孔道压浆

预应力张拉锚固后孔道应在24 h内完成压浆。预应力管道压浆采用真空辅助压浆方法，真空压浆设备包括灰浆搅拌机、压浆泵、真空泵、真空压浆组件、接头阀门及浆桶等，主要设备性能满足设计要求。使用专用压浆料进行浆液配制，孔道压浆使用的水泥浆配合比设计见表4－2－4所列。施工前要先冲洗管道再用空压机吹去孔内积水，其中压缩空气不能含有油污。拌合时间不能低于5 min，拌好的灰浆过筛后存放于储浆桶内。储浆桶要不停低速搅拌并保持足够数量，以保证每根管道的压浆能一次连续完成。水泥浆自压浆到结束压入管道的时间不得超过40 min。

表4－2－4　M60水泥净浆配合比

材料名称	水泥（P. O 52.5R）	外加剂	水
每立方米用量（kg）	1520	152	380
重量比	1.00	0.10	0.25

在现场做好压浆孔数、位置及水泥浆配合比的记录，以防漏压。压浆时，必须采取压浆过后再稳压3～5 min的方法来增加浆体的密实度，保证预应力筋的永存应力达到设计要求，减少预应力损失。

(3) 封锚

孔道压浆完毕即可浇筑梁体封锚混凝土。封锚钢筋严格按照设计图纸施工，在安装封端模板前需对梁端混凝土表面进行凿毛并清理干净。

4.2.11 监控测量

(1) 施工标高监控

施工前设置5个施工测量断面，每个测量断面设置两个点布置在每节梁体两侧（图4-2-6），使用精密水准仪进行高程测量。在浇筑过程中按以下测量步骤进行标高观测：梁段浇筑前→梁段浇筑1/2→梁段浇筑后→预应力张拉前→预应力张拉后。测量时间及间隔根据实际施工情况确定，数据要互相校核。

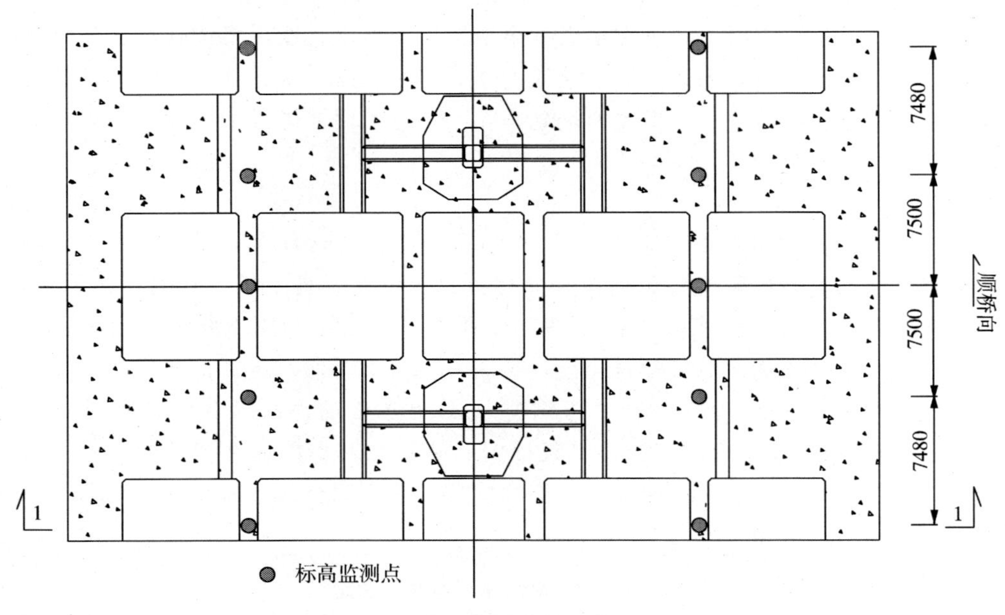

(a) 平面布置图

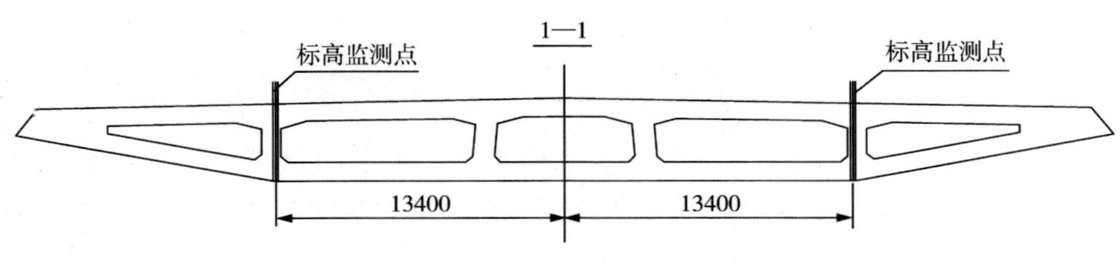

(b) 立面布置图

图4-2-6 梁面标高监控测点布置图（单位：mm）

（2）支架变形监控

浇筑前在支架顶部节点处及横梁跨中选取14个监测点，以油漆“十”字线标记。测定空间点位坐标，浇筑过程每隔2 h观测一次，记录加载后支架上观测点水平及竖向位移情况，观测结果及时收集整理并进行分析。支架变形下扰超规范值时应启动应急预案，采取相应补救措施。

为方便监测内侧支架变形情况，在支架内侧承台上方采用吊锤方式设置4个监测点。吊锤与地面距离为5 cm，同时在垂线下方承台面做“十”字线标记。浇筑混凝土时，监测人员对垂线高差变化及水平偏位进行量测，按测量点位时间进行记录并上报。安排安全管理人员加强巡视检查，重点对支架局部结构稳定性、支架连接点连接情况进行观察，发生支架异常响动、过大变形时立即采取应急措施。

4.3 S2～S8节段现浇箱梁施工

4.3.1 S2～S8节段现浇箱梁概况

S2～S4段主梁采用等宽的形式，主梁全宽为49 m，斜底板宽为11.9 m，水平底板宽为27.2 m。S2～S4段主梁标准断面顶板厚32 cm，水平底板厚32 cm，斜底板厚32 cm，中腹板厚50 cm，内边腹板厚60 cm。MP1交接墩和MP2辅助墩处的箱梁顶板、水平底板、斜底板板厚渐变为52 cm，中腹板厚渐变为90 cm，内边腹板厚渐变为100 cm。MP2辅助墩处设中横梁，厚300 cm，MP1交接墩处设端横梁，厚250 cm。S2～S4段主梁纵向对应每根拉索的梁端锚固位置设一道横隔板，其锚固区厚度为75 cm，非锚固区厚度由75 cm过渡至50 cm。其他非拉索区位置根据构造需要设置50 cm厚和120 cm厚的横隔板。

主梁S1节段现浇箱梁为塔柱处镂空的单箱室等宽预应力混凝土结构，起止顺桥向长度为25.9 m，中跨与边跨梁端顶宽均为49 m，箱梁高度为4 m（梁中心线）。主梁S5节段现浇箱梁为塔柱处镂空的单箱五室圆弧式渐变预应力混凝土结构，起止顺桥向长度为25.9 m，中跨侧梁端顶宽49 m、长14 m，边跨侧梁端顶宽50 m、长11.9 m，箱梁高度为4 m（梁中心线）。主梁S1与S5节段靠边跨一侧箱梁顶板、水平底板、斜底板板厚度渐变为52 cm，内中腹板厚渐变为90 cm，内边腹板厚度渐变为100 cm。主梁靠中跨一侧箱梁顶板、水平底板、斜底板板厚90 cm，内中腹板厚和内边腹板厚110 cm，厚度均线性变化。根据构造需要设置50 cm厚和120 cm厚的横隔板，箱梁每隔板箱室内均设有泄水孔、透气孔及直径 60 cm 的人孔。顺桥向方向设计 1%的纵坡，桥面由中线向两侧设计 2%的排水横坡。主梁 S1 与 S5 节段现浇箱梁均采用花瓶式落地支架现浇工艺，一次性浇筑完成。

S6～S8 段主梁采用变宽的形式，主梁全宽为 49～61.3 m，斜底板宽为 11.9～11.8 m，水平底板宽为 27.2～39.5 m。S6～S8 段主梁标准断面顶板厚 32 cm，水平底板厚 32 cm，斜底板厚 32 cm，中腹板厚 50 cm，内边腹板厚 60 cm。MA7 桥台和 MP6 辅助墩处的箱梁顶板、水平底板、斜底板板厚渐变为 52 cm，中腹板厚渐变为 90 cm，内边腹板厚渐变为 100 cm。MP6 辅助墩处设中横梁，厚 300 cm；MA7 桥台处设端横梁，厚 250 cm。MP5 索塔处设中横梁，厚 500 cm。S6～S8 段主梁纵向对应每根拉索的梁端锚固位置设一道横隔板，其锚固区厚度为 75 cm，非锚固区厚度由 75 cm 过渡至 50 cm。其他非拉索区位置根据构造需要设置 50 cm 厚和 120 cm 厚的横隔板。

S2～S8 段主梁均采用支架现浇法进行施工，各节段施工过程基本相同，本节以 S2～S4 段主梁施工过程为例，介绍支架现浇法施工工艺。

4.3.2 总体施工方案

S2～S4 段主梁现浇支架基础采用桩基础，支架整跨一次搭设，分节段预压，预压重量为浇筑混凝土重量的 1.2 倍。单个节段施工完成后，待混凝土实际强度不小于 95%设计强度，且混凝土龄期不小于 7 天后继续浇段，浇段顺序为 S1 节段向 S4 节段方向逐节进行。待所有后浇段施工完成后，开始张拉直线通长钢束。

工艺流程：施工准备→测量放样→支架施工→支座安装→模板安装→钢筋及预埋件安装→索导管安装→预应力系统安装→冷却系统安装→混凝土施工。支架、模板、钢筋及预埋件、预应力系统、冷却系统及混凝土浇筑等施工工艺与 MP4 高塔段 0# 块施工工艺相同。

4.3.3 支座安装

(1) 盆式橡胶支座安装

盆式橡胶支座安装过程：①在盆式橡胶支座设计位置处画出中心线，同时在盆式橡胶支座顶、底板上也标出中心线。②将地脚螺栓穿入底板（顶板）地脚螺栓孔并旋入底柱内，底板和底柱间垫以直径略大于底柱直径的橡胶垫圈。③支座对中就位并调平后，用环氧砂浆或高标号砂浆灌注地脚螺栓孔及盆式橡胶支座底板垫层。待砂浆硬化后，拆除调整支座水平用的垫块，并用环氧砂浆填满垫块位置，环氧砂浆要求灌注密实。④支座开箱后，要注意对聚四氟乙烯板和不锈钢滑板的保护，防止划伤和赃物黏附于不锈钢滑板与聚四氟乙烯滑板表面，并注意检查5201-2硅脂是否注满。⑤支座中心线与主梁中心线应重合或平行，安装单向活动支座时，上、下导向块必须保持平行，交叉角不得大于5°。

（2）注意事项

盆式橡胶支座安装过程中的注意事项：①支座进场后支垫覆盖好，运输吊放时谨慎操作，采取保护措施以防碰坏；②定期检查支座有无异常情况，如发现问题应及时分析研究，以避免事故发生；③为使安放的支座标高易控制准确，可采用橡胶支座底部贴垫钢片的方法，准确定出支座底部的四点高程；④施工过程中对支座垫石、支座的吊装、安装、标高、连接锚固及浇筑混凝土砂浆等过程进行控制，并做好记录；⑤支座钢件及地脚螺栓应防止锈蚀。

（3）质量检查

支座进场时必须认真检查，确保规格和质量符合设计要求，产品合格认证书齐全，且检查运输过程中是否有零件丢失、损坏的情况，不合格的支座不得使用。安装后对支座及支座垫石质量要求：支座垫石混凝土表面平整、光洁，棱角线平直。混凝土必须密实，支座表面保持清洁，支座附近无杂物及灰尘。支座不得发生偏移，不能脱空，垫板与支座间平整密贴，支座四周缝隙不得超过0.3 mm，支座安装质量检验标准见表4-3-1所列。

表4-3-1　支座安装质量检验标准表

项目	允许偏差（mm）	检测频率		检验方法
		范围	点数（个）	
支座高程	±5	每个支座	1	用水准仪测量
支座偏位	0.3		2	用全站仪测量

4.3.4　主梁端索导管安装

索导管完成加工后由平板车运输，塔旁塔吊起吊安装，其共有两项定位指标：①锚垫板位置及高程；②索导管倾斜度。为保证索导管安装精度，使用角钢进行定位。初定位时，使用角钢焊接定位骨架，使索导管安装就位并将锚垫板焊接固定，待主梁钢筋绑扎完毕后再进行调整及精确定位，使索导管上、下口坐标误差均在规范允许偏差以内，最后将索导管与骨架焊接牢固，以防振捣时钢导管偏位。索导管精确定位安装现场如图4-3-1所示。

索导管精确安装注意事项：①索导管安装之前，测量应准确放出索导管的位置，设置索导管定位支架，对索导管进行固定；②安装时，保证索导管的安装位

(a) 现场一

(b) 现场二

图 4-3-1 索导管精确定位安装现场

置、标高，精确定位后对索导管进行加固；③施工中，安排专人对索导管进行检查，若发现位置变动应及时进行复测处理；④索导管应进行防腐处理并加以保护，防止外物撞击；⑤混凝土段索导管均应进行防腐热镀锌处理。

4.4 大体积混凝土温控及养护

4.4.1 大体积混凝土温度控制措施

为降低大体积混凝土内部温度，避免混凝土主梁出现温度裂缝，可从以下两个方面进行温度控制。

(1) 混凝土入模温度控制措施

夏季高温施工期间，混凝土入模温度不宜超过 28℃，可采取的措施：①对砂石等原材料采取防晒储存措施，砂石料存储仓采取顶盖及侧面遮挡防晒措施，必要时对石子采取喷雾降温措施；②提前与水泥供应厂家联系，要求其采取措施将水泥入场温度控制在 60℃以下；③混凝土开盘时间应避开高温时段；④对配料斗、运输机及搅拌机等设备采取遮阳措施；⑤浇筑混凝土前对模板及钢筋表面进行洒水降温；⑥对混凝土泵管表面采取土工布覆盖包裹，并浇水降温、保湿。

(2) 混凝土后期温度控制措施

大体积混凝土后期温度通过混凝土内部冷却管控制，通过冷却水循环降低混凝土内部温度。每层混凝土达到终凝后，冷却管开始通水循环。通过改变冷却水流量大小，实现对混凝土内部温度调节。现场配备水泵，用以冷却系统的调整和维护工作，保证冷却系统正常循环。

4.4.2 混凝土养护措施

（1）大体积混凝土梁养护

大体积混凝土养护质量直接影响混凝土主梁的施工质量。混凝土浇筑完成后，在顶面使用土工布或毛毡覆盖养护，通过不断浇水保证其始终处于充分湿润状态。混凝土浇筑完成后，通过循环水对混凝土进行冷却。冷却水通过水泵直接从长江中抽取，必要时先将江水存放在搅拌站水箱中，待其温度升高后，再通入混凝土内循环。经过混凝土内部冷却循环后，将水引至混凝土表面作为养护用水，混凝土养护天数不少于 14 天。大体积混凝土梁冬季养护保温与保湿措施示意图如图 4－4－1 所示，实桥现场如图 4－4－2 所示。

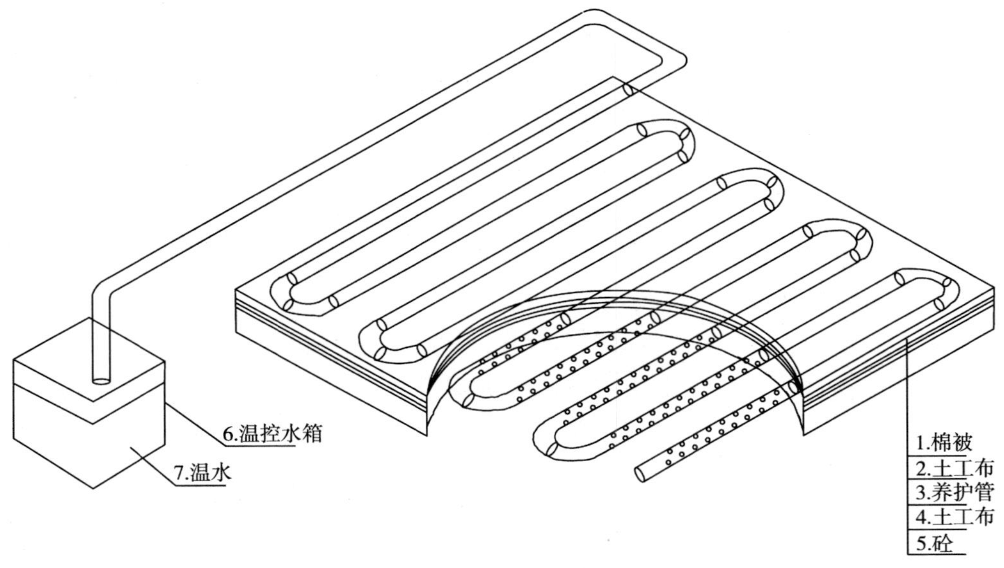

图 4－4－1　大体积混凝土梁冬季养护保温与保湿措施示意图

（2）一般节段混凝土梁养护

一般节段混凝土梁采用浇水养护，混凝土浇筑完成后在顶面使用土工布或毛毡覆盖养护，从过人孔处牵引水管至内箱室洒水养护。使用高压潜水泵加压，将养护水引至桥面上对混凝土表面进行浇水保湿，混凝土养护天数不少于 14 天。

图 4-4-2　大体积混凝土梁冬季施工保温养护体系实桥现场

4.4.3　大体积混凝土质量保证措施

针对大体积混凝土现浇箱梁施工过程的质量控制要点，分别从材料质量、钢筋加工及安装质量、模板加工与安装质量、预埋件安装质量、混凝土施工质量、预应力施工质量、成品保护及资料管理等8个方面进行质量控制。

（1）保证材料质量

所有原材料必须有出厂质保书和检验、复检报告。进场材料的规格、型号必须符合设计及规范要求，进场材料必须标识清楚，注明使用部位及规格。砂、石、水泥、钢筋、外加剂、矿粉、粉煤灰等材料进场后应按照相应规范要求进行原材料检验。施工中，要按相应规范要求进行钢筋连接接头、混凝土试件等验证试验，若发现不合格产品进入施工现场，应立即进行清退处理。

（2）保证钢筋加工及安装质量

施工现场使用的钢筋规格及种类必须满足设计及规范要求，并按要求提供相应出厂合格证。钢筋按相应设计施工图进行下料和加工，加工质量应满足相应设计及施工规范要求。半成品钢筋应使用枕木垫高，并使用防雨布覆盖，以防止钢筋变形及生锈。钢筋运输时，将各类钢筋分开并进行标识，以防止施工中出现混淆。钢筋之间应采取有效措施防止压弯变形。劲性骨架定位时，严格控制其平面位置，定位准确、横向支撑焊接牢固，以保证钢筋的精确定位。钢筋绑扎位置及间距应符合设计及规范要求，钢筋的保护层厚度应满足设计及规范要求。

（3）保证模板加工与安装质量

安装过程中应控制模板组拼质量、槽钢背楞安装质量、模板平整度、面板外形尺寸及平整度。内模板支架应满足强度、刚度及稳定性要求。安装过程中注意对模板周边棱角的保护，避免模板拼接不佳发生漏浆等现象。模板安装位置及标高应满足设计及规范要求，并按规范要求验收。混凝土施工时，严禁振动棒碰撞模板。

（4）保证预埋件安装质量

预埋件应按照相关图纸进行加工，预埋件的材料质量、加工尺寸、焊缝质量均应满足设计要求。部分需要精加工的预埋件应在专业单位加工。预埋件安装前，应准确测量出预埋件的位置，设置预埋件固定装置对其进行固定。施工中，安排专人对预埋件进行检查，若发现位置发生变动应及时进行处理。长时间不使用的预埋件暂不凿出或进行防腐处理，以防止预埋件发生腐蚀，影响其使用功能。

（5）保证混凝土施工质量

混凝土施工前应按规范要求进行混凝土试配，对强度、和易性及水化热等进行试验。严格控制现场混凝土原材料质量，如碎石、砂、水泥、掺合料、外加剂等质量，禁止使用不合格材料。严格控制搅拌混凝土的质量，开盘混凝土坍落度应按要求进行检测，在各项指标满足要求后才能生产和输送。在施工过程中，还应安排专人进行混凝土质量监控，发现异常及时调整，不合格的混凝土应及时清理。混凝土浇筑施工中，应按施工规范要求对混凝土进行布料和振捣，确保其密实。另外，应按照规范要求留存混凝土试件。

（6）保证预应力施工质量

预应力施工前，应按相关规定与要求对张拉设备进行检验，校验单位应是主管部门授权的指定单位，检验满足要求后才能进行施工。预应力管道埋设位置需准确，预应力筋应采取有效措施防止生锈。预应力管道安装完成后，应安排专人进行检查，确保管道不漏浆。混凝土浇筑过程中，振捣棒不得触及预应力管道而造成损坏。混凝土施工完成后，及时进行管道检查，发现漏浆并及时清理。当混凝土强度满足设计要求后，进行预应力筋张拉，张拉应按设计要求进行，以引申量与张拉应力进行双控。其中，引申量误差控制在6%以内，发现问题时立即停止张拉，查明原因后方可继续施工。张拉施工过程中，需按要求进行记录，张拉完成后的24 h内进行压浆，压浆浆液按规范要求进行试配，满足要求后才能使用。压浆前，使用高压气体对预应力孔道进行清理和吹干，以确保浆液能顺利压入。采取真空辅助压浆时应按相关规章进行操作，并由专人负责施工。压浆施工完成后，按要求留存相应强度试件。

（7）成品保护

下道施工工序必须保护上道施工工序成果，在已完成施工构件上使用机械设备时，应覆盖塑料膜或土工布等进行保护，以防止成品构件受污染。

（8）资料管理

按质量体系要求运作，按质监站、档案馆及监理要求规范资料，应分门别类保管施工临时资料和工程记录原始资料等。按相关要求规范统一资料，做到明晰悦目。工程施工资料要准确、及时保存，确保资料真实可信。建立资料统一管理工地资料室。混凝土主梁浇筑完成后外观质量如图 4－4－3 所示。

图 4－4－3　混凝土主梁浇筑完成后外观

4.5　钢箱梁吊装施工

4.5.1　钢箱梁结构概况

（1）顶板构造

在顺桥向不同区段使用 16 mm、20 mm 及 24 mm 三种厚度的顶板，A、B、E、H 类梁段顶板厚度为 16 mm，F 类梁段顶板厚度为 20 mm，其余靠近索塔梁段顶板厚度为 24mm。顶板厚度在横桥向也有变化，A 类梁段靠近外侧腹板锚索区 2 3 m 范围内，使用 20 mm 厚度的顶板，以便于斜拉索索力扩散。B 类梁段为与中横梁匹配，在内侧腹板 2.24 m 范围内加厚顶板厚度至 24 mm。E、H 类梁段与中纵梁顶板匹配，在内侧腹板 3.14 m 范围内加厚至 30 mm。除外侧腹板内侧设 1 个 160 mm×16 mm 板肋外，顶板均使用“U”形加劲肋（下文简称“U”肋）加劲。顶板“U”肋上口宽为 320 mm，下口宽为 174 mm，肋高 300 mm，肋厚为 8 mm，布置间距为 600 mm。

（2）底板构造

底板包括水平底板和斜底板两个部分，根据受力需要水平底板和斜底板在顺桥向不同区段使用 16 mm、20 mm 及 24 mm 三种厚度的底板，其厚度布置与顶板对应。为扩散斜拉索索力，A、B 类节段斜底板加厚至 20 mm。除外侧腹板内侧设 2 个 160 mm×16 mm 板肋外，底板和斜底板均使用“U”肋加劲。底板“U”肋下口宽为 400 mm，上口宽为 260 mm，肋高为 260 mm，基本间距为 800 mm，水平底板在倒角位置的“U”肋布置间距为 750 mm，A、B、E 类节段底板“U”肋厚度为 6 mm，其余节段为 8 mm。

（3）腹板构造

外侧腹板的厚度为 30 mm、36 mm 及 16 mm。A～C 类梁段外侧腹板作为锚箱传力构件，为保证其具有足够抗压能力，通长设置两道 240 mm×24 mm 板肋加劲。在拉索锚固附近增设局部竖向和水平加劲板，以增大外腹板刚度。E～H 类梁段外侧腹板为构造腹板，厚度均为 16 mm，通长设置两道 160 mm×16 mm 板肋加劲。外边腹板纵向通长加劲板在横隔板处开孔穿过。局部水平加劲板在拉索处横隔板位置断开，并与横隔板焊接，其他加劲肋在横隔板上开孔穿过。内边腹板厚度为 16 mm、20 mm，为保证其具有足够抗压能力，通长设置四道 160 mm×16 mm 加劲板肋，内边腹板纵向通长加劲肋在横隔板处开孔穿过。

（4）隔板构造

横隔板是由上、下两块板件组成的整体式结构。为避免横隔板搭接偏心，提高其整体受力性能，拉索隔板的上、下板通过熔透对接。构造隔板应通过角焊缝将上、下板连接到横向加劲肋上，以降低施工难度。上板与顶板单元一起组装，横隔板间距为 3 m。非拉索区的构造横隔板厚度为 12 mm，拉索区的横隔板厚度为 16 mm。高塔侧索梁锚固结构形式采用钢锚箱式锚固，锚箱设置在主梁的内边腹板外侧，并与其焊接成整体。斜拉索索力通过锚箱两侧的锚固板传递给主梁的内边腹板，锚箱承压板内侧均设置加强板，便于锚固处应力合理分散到主梁内边腹板上。

（5）中横梁构造

中横梁设置在两分离式钢箱之间，横梁腹板在纵桥向与钢箱梁横隔板相对应。中横梁分为两类，分别与拉索横隔板及构造横隔板对应。中横梁均为倒工字形截面，腹板高度由桥梁中心处的 4 m 渐变至内边腹板处的 3.9 m，并与内侧腹板和钢箱梁顶板、底板连接。与拉索横隔板连接的中横梁腹板厚为 16 mm，翼缘板宽 900 mm、厚 40mm。与构造横隔板连接的中横梁腹板厚为 16 mm，下翼缘板宽 720 mm、厚 30 mm。

（6）中纵梁构造

中纵梁设置在矮塔钢主梁间，包含 SA1～SA10 节段、刚度过渡段及钢-混结合段。中纵梁是传递中间拉索索力的重要构造，由锚管及腹板组成，腹板间距为 2 m，锚管使用 Q345 无缝钢管，锚管根据拉索规格使用 457 mm×36 mm、406 mm×36 mm 及 377 mm×36 mm 三种尺寸。拉索索力通过锚管与腹板间焊缝传递至腹板上，锚管临近区域腹板厚度为 40 mm，其他区域腹板厚度为 30 mm。索力最终由腹板传递到顶板上，拉索区域顶板厚度为 50 mm，其他区域顶板厚度为 30 mm。为有效传递纵向索力，腹板间设置底板及加劲肋，底板厚度为 24 mm，加劲肋为 240 mm×24 mm。两主梁间中纵梁区域底板厚度为 16 mm，底板上设置 120 mm×12 mm 加劲肋。中纵梁起始处腹板高度从合龙段 0.2 m 渐变至 SA1 节段 2.4 m，顶板肋间使用 M24 高强螺栓连接。中纵梁端点处腹板高度由 SA10 节段 3.3 m 渐变至钢-混结合段 0.2 m，顶板肋全部延伸至刚度过渡段内，使用 M24 高强螺栓连接。

（7）钢箱梁节段间连接

为保证焊接质量，主梁梁段间采用栓焊结合方式连接。钢箱梁顶板“U”肋间、顶板板肋间、中横梁与钢箱梁横隔板对应腹板间、中横梁下翼缘与钢箱梁底板间均采用高强螺栓连接。钢箱梁顶板、内（外）边腹板、纵隔板、底板（斜底板）与其对应的加劲肋均采用焊接。钢箱梁顶板“U”肋间、外边腹板内侧钢箱梁顶板和斜底板板肋间使用 M20 高强度螺栓栓接。钢箱梁内边腹板外侧顶板板肋间、钢箱梁横隔板与中横梁腹板间使用 M24 高强度螺栓栓接。钢箱梁底板与中横梁下翼缘间使用 M30 高强度螺栓栓接。

（8）钢-混结合段

钢-混结合段采用“填充混凝土后承压板式”的部分截面连接“承压传剪式”的钢混接头结构形式。钢-混结合段端部顶板、底板做成双薄壁结构，填充混凝土与混凝土箱梁段的顶板、底板及腹板通过 PBL 剪力板、预应力钢束连接。钢-混结合段总长为 5.2 m，其中钢箱梁过渡段长 3.7 m，钢-混结合面混凝土侧的钢与混凝土相互咬合段长 1.5 m，在钢-混结合面为一块32 mm厚的承压板。钢箱梁过渡段使用变高度“T”形加劲肋及“U”肋进行刚度过渡。钢-混结合面混凝土梁侧的过渡段通过加厚顶板、底板及腹板厚度进行刚度过渡。钢与混凝土咬合段使用混凝土在钢-混结合面混凝土侧对应的混凝土梁顶板、底板及腹板断面范围的箱格内填充，通过后承压板、PBL 剪力板、格室钢板及混凝土的黏结力传递主梁内力。为使钢-混结合段的混凝土在弯矩作用下不出现拉应力，在钢-混结合段设置了预应力钢束，以保证钢-混结合段的混凝土具有足够压应力储备。矮塔钢-混结合段预应力钢束一端锚固于钢-混结合段锚管端部，另一端锚固于混凝土主梁内，在钢结构锚管端单侧张拉。高塔钢-混结合段预应力钢束沿高塔两侧对称布置，在两侧钢结构锚管端两侧张拉。

4.5.2 钢箱梁总体施工方案

主桥上部结构矮塔边跨为支架现浇混凝土箱梁，中塔两侧主跨为带风嘴的扁平流线形钢箱梁。该钢箱梁每跨 35 个节段，共计 70 个节段。每跨 35 个节段中高塔分段 23 个、矮塔节段 11 个、合龙段 1 个。钢箱梁吊装分为 3 个阶段：钢-混结合梁安装、常规梁段吊装及中跨合龙段安装。每吊装一片常规钢箱梁节段，对应安装一对斜拉索。高塔为双索面空间索，锚箱位于钢箱梁边腹板风嘴内部。矮塔为双索面平行索，锚箱位于中纵梁内部。节段最大吊重为 431 t，拉索间纵向间距为 12 m。

钢箱梁均使用桥面吊机进行吊装施工，主要施工步骤：①完成桥面吊机设计、制作及出厂前验收，利用现场塔机、起重机安装桥面吊机，安装调试后进行验收；②钢箱梁节段经水运运输至吊装位置，使用桥面吊机安装索塔处钢混段，进行混凝土浇筑施工及预应力张拉；③桥面吊机前移，吊装相邻悬臂节段，进行节段间的连接施工，安装拉索并进行张拉；④按照桥面吊机前移→节段吊装→节段连接施工→对应拉索安装→桥面吊机前移的循环步骤，逐段吊装钢箱梁至合龙；⑤永久拉索张拉后拆除临时拉索和 0＃块梁底支架；⑥合龙口使用劲性骨架锁定后拆除临时固结装置等。钢箱梁吊装施工工艺流程如图 4－5－1 所示。

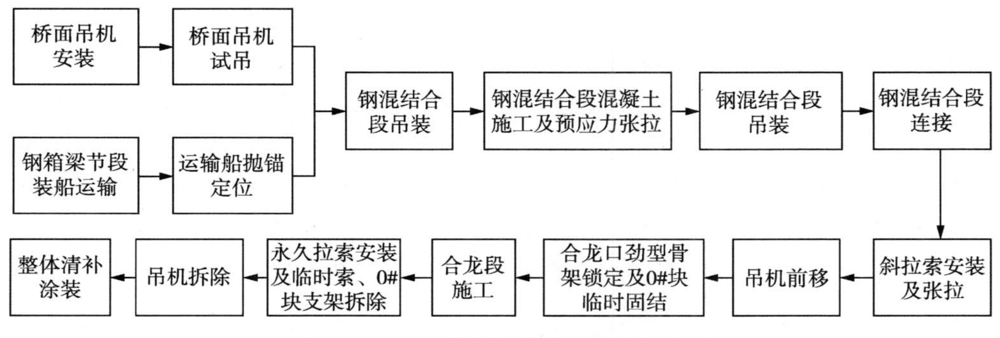

图 4－5－1　钢箱梁吊装施工工艺流程图

4.5.3 钢箱梁节段制造方案

钢箱梁节段制造时，按照最少“5＋1”、最多“7＋1”的思路进行，每轮不少于 6 个节段按顺序同时在胎架上进行匹配制造，以在同一个胎架上的 6 个节段为整体对象，进行空间线形检查和节段间端口匹配精度检查，并根据设计要求对线形进行调整，直至满足设计要求。钢箱梁节段总成轮次划分表见表 4-5-1 所列。

表 4-5-1 钢箱梁节段总成轮次划分表

轮次	钢箱梁段吊装编号					
第一轮（低塔 MP5）	D1/I	D2/G	D3/F	D4/F	D5/F	D6/E	—
第二轮（低塔 MP5）	D7/E	D8/E	D9/E	D10/E	D11/E	HL/H	—
第三轮（低塔 MP3）	D1/I	D2/G	D3/F	D4/F	D5/F	D6/E	—
第四轮（低塔 MP3）	D7/E	D8/E	D9/E	D10/E	D11/E	HL/H	—
第五轮（高塔 MP45）	G1/J	G2/D	G3/C	G4/C	G5/C	G6/C	G7/C
第六轮（高塔 MP45）	G8/C	G9/B	G10/B	G11/B	G12/B	G13/B	—
第七轮（高塔 MP45）	G14/B	G15/B	G16/B	G17/B	G18/B	G19/B	—
第八轮（高塔 MP45）	G20/B	G21/B	G22/B	G23/A	HL/H	—	—
第九轮（高塔 MP43）	G1/J	G2/D	G3/C	G4/C	G5/C	G6/C	G7/C
第十轮（高塔 MP43）	G8/C	G9/B	G10/B	G11/B	G12/B	G13/B	—
第十一轮（高塔 MP43）	G14/B	G15/B	G16/B	G17/B	G18/B	G19/B	—
第十二轮（高塔 MP43）	G20/B	G21/B	G22/B	G23/A	HL/H	G20/B	—

（1）预拼装胎架设计及搭设

梁段总装专用胎架的基础预埋件与混凝土框架纵、横梁浇灌成整体，胎架与基础预埋件焊接形成刚体。根据梁段重量、结构形式、外形轮廓、梁段制作预变形、设计线形、成桥预拱值及钢箱梁转运等因素进行胎架设计。胎架结构有足够刚度，满足承载钢箱梁及施工荷载的要求，确保不随梁段拼装重量的增加而变形。根据每轮胎架的设计高度调整模板高度，满足每轮梁段纵坡值、预拱值变化的要求。在底板角点处设有角点位置控制模板，以便角点处单元件准确定位。钢箱梁节段总拼胎架示意图如图 4-5-2 所示。

利用全站仪，在胎架区地面上画出供各单元件定位的（纵、横向）标记线、钢箱梁中心定位线、梁段中心线、角定位控制线等，这些标记线简称为地标。在胎架以外的钢柱上画出各单元件的高度定位基准标记线（即标高样杆）。梁段组装过程中，由各基准线控制各单元件和构件的空间位置，以保证钢箱梁

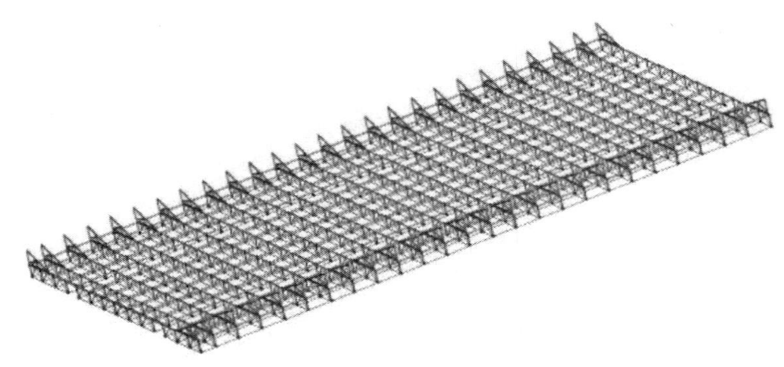

图 4-5-2 钢箱梁节段总拼胎架示意图

整体尺寸精度。

（2）钢箱梁节段制造

钢箱梁总拼胎架施工过程中对总拼胎架地标、胎架模板线形和胎架结构连接进行测量和控制。定位地标点使用激光经纬仪、拉力器配合钢卷尺进行放样和测量，经验收合格后刻画永久标记作为钢箱梁底板、斜底板、面板等单元件定位基准。胎架模板线形使用全站仪进行放样和测量。胎架主体结构装焊完成后根据底板、斜底板及面板单元 Z 向线形进行模板线形放样，装焊模板，焊接完成后测量复核模板高程，自检合格后报检进行验收。总拼胎架经验收合格后方可投入使用。

底板、斜底板装焊过程中对单元件横向和纵向位置、竖向线形进行了监控测量。自检合格后报监理进行复核，检验合格后方可进行焊接。为保证钢箱梁节段制造满足设计要求，针对钢箱梁结构特点，结合内厂场地制作资源及起重设备的配置情况，制定钢箱梁总成制造工艺。主体工艺：钢箱梁制造采用匹配装焊，每轮次匹配制造“5＋1”个梁段，同时完成节段组装和预拼工序；梁段总成预先设置板单元件控制地标点与标高样杆；针对钢箱梁结构特点制作专用组装胎架，并预放钢箱梁总成焊接反变形量；制定合理的装配顺序与报检停止点，分阶段控制梁段组装焊接质量；根据钢箱梁结构装配顺序，制定主要焊缝焊接时机与焊接顺序，减少焊接变形。

① 低塔钢箱梁标准节段制造工艺

低塔钢箱梁标准节段为连续三箱室结构，两侧箱室与带锚箱的中纵梁焊接形成整体，节段最大外形尺寸为 4 m×12 m×51 m。各类单元件制造完成后首先进行中纵梁制造，再进行节段总装。低塔钢箱梁标准节段制造流程：胎架制造及地标刻画→中纵梁节段上胎架定位→底板基准单元件上胎架定位→其余底板单元件上胎架定位→两侧底板安装完毕经检验合格后安装横隔板→横隔板定位用斜撑配合线垂装配到位→中心对应合梁段中心地标点→中腹板上胎架定位→装焊中纵梁连接隔板加劲→外腹板单元件上胎架定位并焊接→顶板基准单元件上胎架定位→其余顶板单元件上胎架定位→按顺序焊接顶板纵缝和齿形板焊缝→装焊风嘴立体单元件→梁段矫正→按图对线安装附属设施及预留埋件→节段控制点布置和保护→胎架复测。低塔钢箱梁标准节段部分制造过程如图4-5-3所示。

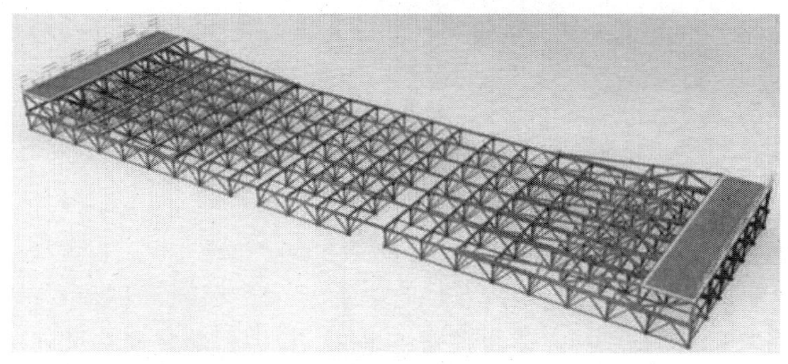

(a) 胎架制造

(b) 外腹板单元件上胎架定位

(c) 装焊风嘴立体单元件

图 4-5-3　低塔钢箱梁标准节段部分制造过程示意图

② 高塔钢箱梁节段制造工艺

高塔钢箱梁为分离双向式结构，两侧箱室由钢横梁连接，锚箱设置在外侧风嘴内，节段最大外形尺寸为4 m×12 m×51 m。各类单元件制造完成后，按步骤进行节段总装：胎架制造及地标刻画→底板基准单元件上胎架定位→其余底板单元件上胎架定位后按顺序焊接底板纵缝→两侧底板安装完毕经检验合格后安装横隔板→装配到位后其中心对应合梁段中心地标点→中腹板和中横梁连接隔板上胎架装焊→装焊带锚箱的外腹板单元件→顶板基准单元件上胎架定位→其余顶板单元件上胎架定位→按顺序焊接顶板纵缝和齿形板焊缝→装焊风嘴立体单元件→锚管装焊→梁段矫正→定位装配钢横梁→钢横梁腹板、底板高栓孔配作→按图对线安装附属设施及预留埋件→节段控制点布置和保护→胎架复测。高塔钢箱梁节段部分制造过程如图4－5－4所示。

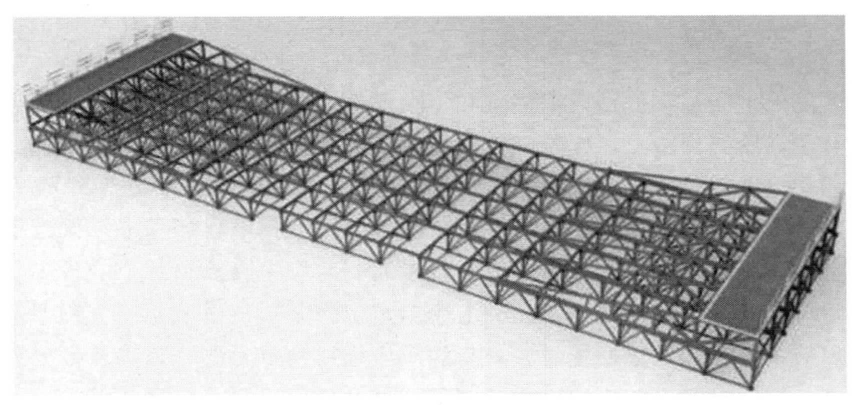

(a) 胎架制造

(b) 顶板基准单元件上胎架定位

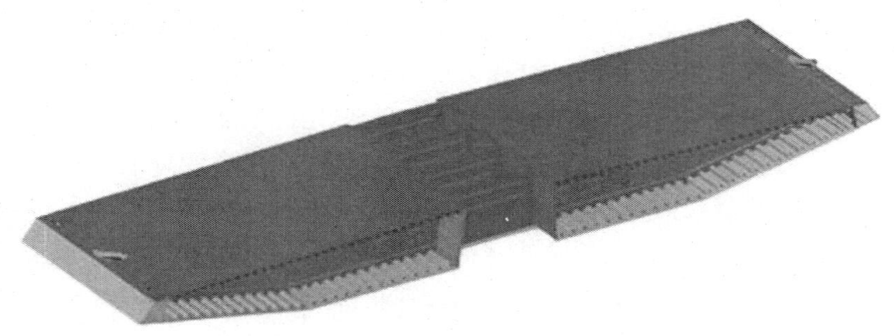

(c) 定位装配钢横梁

图 4-5-4 高塔钢箱梁标准节段部分制造过程示意图

③ 钢混段制造工艺

钢-混结合段外形尺寸为 4 m×5.2 m×51 m。但箱室内结构差异较大，高、低塔钢混段除中间结构分别为钢横梁和中纵梁外，两侧箱室结构类似，按步骤进行节段总装：胎架制造及地标刻画→中纵梁和底板基准单元件上胎架定位→其余底板单元件上胎架定位，按顺序焊接底板纵缝→两侧底板安装完毕经检验合格后，装焊下半段承压板和与之相邻一块横隔板单元件→中腹板和中纵梁连接隔板上胎架装焊→装焊内腹板和底板上的套管单元→装焊中腹板和其余隔板单元件→装焊外腹板单元件→顶板基准单元件上胎架定位→其余顶板单元件上胎架定位→按顺序焊接顶板纵缝和齿形板焊缝→装焊承压板加劲单元件→装焊风嘴单元件→梁段矫正→按图对线安装附属设施及预留埋件→节段控制点布置和保护→胎架复测。钢混段制造过程如图 4-5-5 所示。

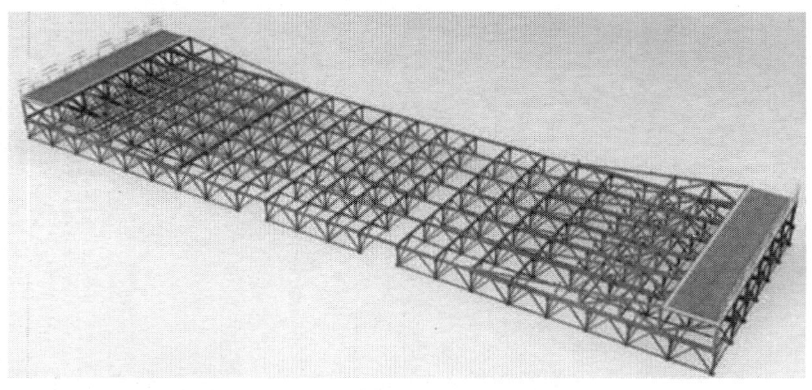

(a) 胎架制造

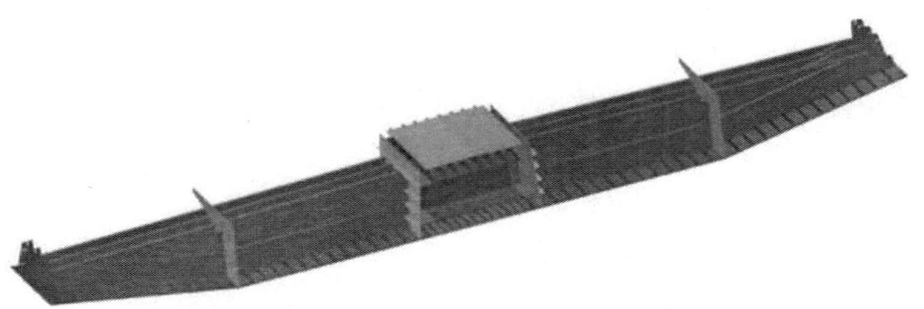

(b) 装焊中腹板和其余隔板单元件

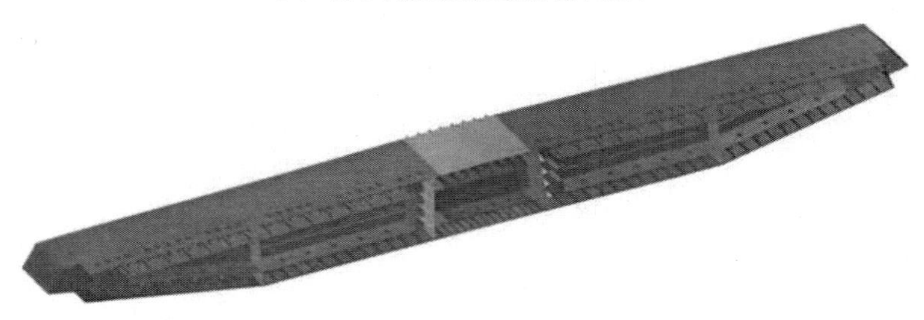

(c) 装焊风嘴单元件

图4-5-5 钢混段制造过程示意图

(3) 钢箱梁节段预拼方案

节段预拼装目的是检查相邻梁段端口之间的相对误差，当有偏差时，可及时在预拼区进行修正和调整匹配件，避免在高空修正，减少高空作业和加快吊装速度。工厂将梁段的组装和预拼设在同一工位上进行，在设有拱度值的组装焊接胎架上进行梁段的组焊和预拼。在梁段组装时，相邻各单元件的相对空间位置应一致，同时利用定位装置，使相邻梁段端口和纵向结构相匹配。

① 余量切割时机

顶板、底板、腹板单元件制造时，单元件的顺桥梁方向留有余量(+20 mm)。该余量在腹板单元上预拼胎架组装前，根据施工监控线形长度进行切割。切割时以单元件向塔侧对齐，背塔侧采用钢带画线后切割。

② 修正对接端口

相邻梁段的对接端口之间的相对偏差（错边量）难以避免，预拼装时对相邻梁段的端口加以修正，使之在空中安装时能顺利对接。

③ 匹配件安装

组焊预拼装时已确定了相邻梁段的相对位置，将两梁段相应的匹配件按图纸规定的位置安装在焊缝两侧。定位后，先焊一侧构件的角焊缝，再焊另一侧的角焊缝，在吊装时将匹配件准确定位，即可恢复到预拼装状态。

④ 桥面系及检修小车轨道等附件安装

在预拼状态下画出桥面系及维护小车轨道等构件的安装线，并对线安装。工地接头处的嵌补件暂不安装，在预拼状态下只进行预装并做出对线标记，以便于工地接头栓焊完后准确对位安装。

（4）钢箱梁制造精度控制

钢箱梁节段在制作和安装过程中受力不一样会导致钢箱梁横坡产生变化。应根据设计或监控单位提供的预拱值结合焊接变形量来确定制作时钢箱梁横向预拱值。横坡变形趋势见表 4-5-2 所列。

表 4-5-2　钢箱梁变形趋势分析表

类　别	制造阶段	安装阶段
高塔侧钢箱梁	在专用胎架上制造，底面为均布载荷，变形较小	拉索锚固在风嘴内锚箱上，横截面上桥中下挠
低塔侧钢箱梁	在专用胎架上制造，底面为均布载荷，变形较小	拉索锚固在中纵梁内锚箱上，横截面上桥两侧下挠

由于吊装和制作时受力状况不一样，合龙段、高塔梁段、低塔梁段三种节段预设的预拱度值也不相同。为了让拼装工作接近吊装施工状况，需要依托设计或监控单位给出的施工理论数据，在钢箱梁出厂前拼装时尽量模拟合龙段、高塔侧梁段、低塔侧梁段在吊装时的受力状况，再进行预拼装。针对 MP3～MP4 跨内高塔与低塔侧钢梁在葛机船和武船两个厂区的制作情况：武船厂区制造的节段和葛机船厂区制造的节段将参照统一的技术文件进行制作，并且在将节段运输至现场前将武船厂区制作的合龙段钢箱梁运输至葛机船厂区进行预拼装。

钢箱梁截面尺寸较大，制造阶段需要进行大量焊接工作，势必会出现焊接收缩、端口变形等现象。需要通过制定合理的焊接工艺和焊接顺序来减小甚至消除这些影响。例如，预留焊接收缩量、预留整体反变形、预留切割余量、将结构与胎架固定、采用窄间隙小参数焊接、焊后火工矫正等方法。

（5）厚板焊接焊缝质量保证及变形控制措施

本桥中钢材主要材质为 Q345qD，钢材板厚为 4～80 mm，其中风嘴锚箱与钢系梁存在大量的厚板焊接。厚板焊接焊缝的质量及变形控制尤为重要。保证厚板焊接质量的措施：①当环境温度低于 5℃或板厚大于 30 mm 时，在焊接坡口两侧距待焊处各 100 mm 以上对焊缝进行预热，预热温度为 80～100℃，用点温计在距离焊缝 30～50 mm 范围内测量温度；②保证焊接过程中层间温度在规定区间内；③焊后对焊缝采取保温措施。减少厚板焊接变形措施：①制定合理小变形焊接工艺；②装配时预留合适反变形量；③采用分中退焊、对称施焊工艺，按顺序进行施焊；④焊接过程设置临时加强结构。

4.5.4 钢箱梁节段运输方案

钢箱梁节段及附属零部件总重约 25 271 t。钢箱梁节段验收后，分别从武船重装公司阳逻厂区、武船和葛机船黄冈合创制造基地由运输船经计划路线水运至现场。水运船舶拟采用 5000 t 级的多用途船，根据现场需求节段单层或双层装船存放运输。根据安装方案计划进度及现场实际情况，组织船舶提前水运至安装水域，并调整姿态，抛锚至起吊位置。从长江下游船运至桥址安装位置，钢箱梁运输船舶空载吃水约 0.8 m；装载 1 个节段最大吃水约 1.3 m，船舶尾部为1.7 m；装载 2 个节段后最大吃水约 1.8 m，船舶尾部为 2.2 m，桥址处水位可满足运梁要求。运输船舶型号及参数见表 4－5－3 所列。

表 4－5－3　钢箱梁运输船舶型号及参数

序号	船名	总长（m）	型宽（m）	型深（m）	吨位（t）	数量	备注
1	茂达 3 号	108	17.25	5.6	6400	1	后驾
2	茂达 5 号	105	16.25	5.3	5000	1	前驾
3	厚德 4 号	99.8	16.25	5.3	5200	1	前驾
4	厚德 8 号	99.8	16.20	5.3	5200	1	前驾
5	宏江 816	105	16.25	5.2	5300	1	前驾
6	新海集 998	106	19.20	4.8	5200	1	前驾

钢箱梁节段装船时采用平式存放，根据现场需求运输单节梁段或者双层叠放，钢箱梁节段装船如图 4－5－6 所示。钢箱梁节段装船应遵循的原则：①检查发运节段是否满足发运条件，检查发运节段数量、装船顺序以及装船方向是否正确。②检查运输船舶是否满足运输要求，节段支撑布置是否按要求布置。③检查内场发运管理人员与船运方是否对接，是否明确运输、交付流程及要求。起重机操作人员必须清楚吊装重量、吊点位置、装船顺序及方向，并能根据吊装节段重量和形状正确选用吊具，严禁在超负荷和受冲击载荷的情况下使用。④节段在吊装过程中必须有专人进行检查和监督，确保安全施工。⑤每次节段装船前必须填写装船作业申请单，各部门联合检查并经相关部门负责人签字后方可进行装船作业。⑥在运输船航行前应由项目负责人、运输负责人及船长三方联合检查并签字确认后方可运输。⑦钢箱梁节段船运至施工现场后需进行运梁船抛锚定位。

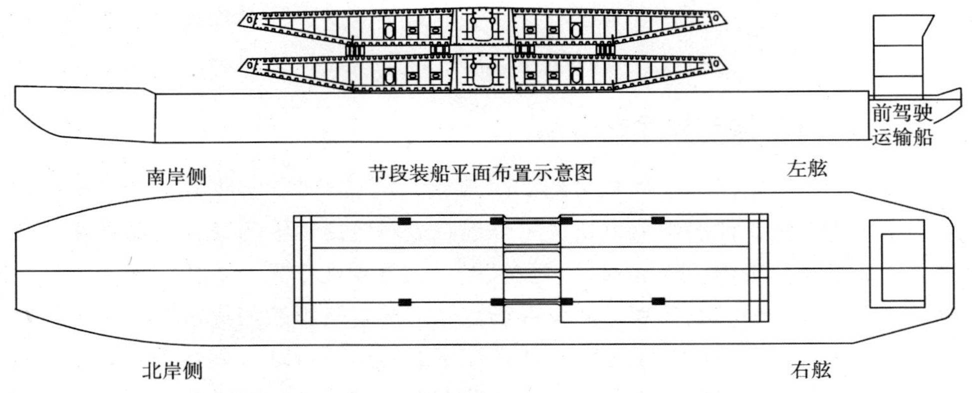

图 4－5－6　钢箱梁节段装船示意图

4.5.5　桥面吊机设计

邻玉长江大桥使用两种型号的钢箱梁桥面吊机。其中，MP3～MP4 跨使用 WD 型 2×260 型桅杆桥面吊机，单套吊机自重约 254 t。WD 型 2×260 型桅杆桥面吊机主要由金属结构、起升卷扬机构、变幅卷扬机构、液压站、吊具、滑道、整机前移机构、锚定装置、司机室、电气系统、整机支承、调整用螺旋顶及油压顶等部分组成。MP4～MP5 跨使用 QMD500 型桥面吊机，单套吊机自重约 228 t，加配重后吊机自重约 254 t。QMD500 桥面吊机（图 4－5－7）主要由机架结构、吊点平移机构、吊具总成、锚固机构、走行机构、卷扬机系统等部分组成。

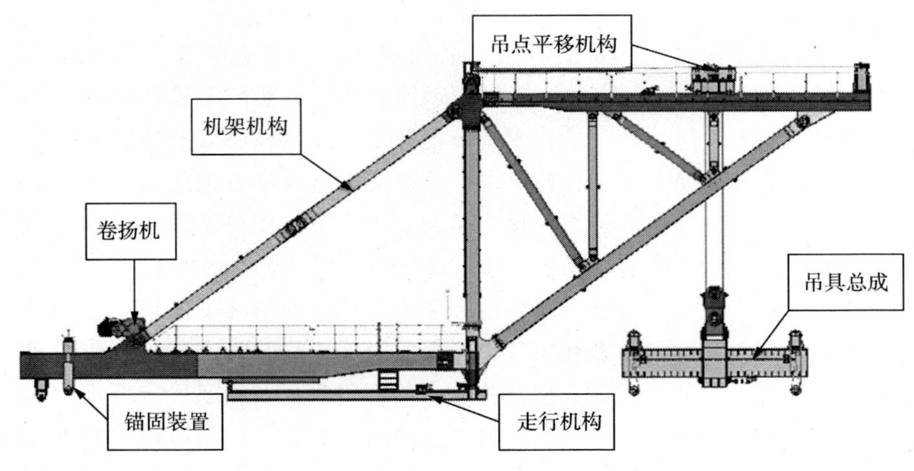

(a) 整机结构示意图

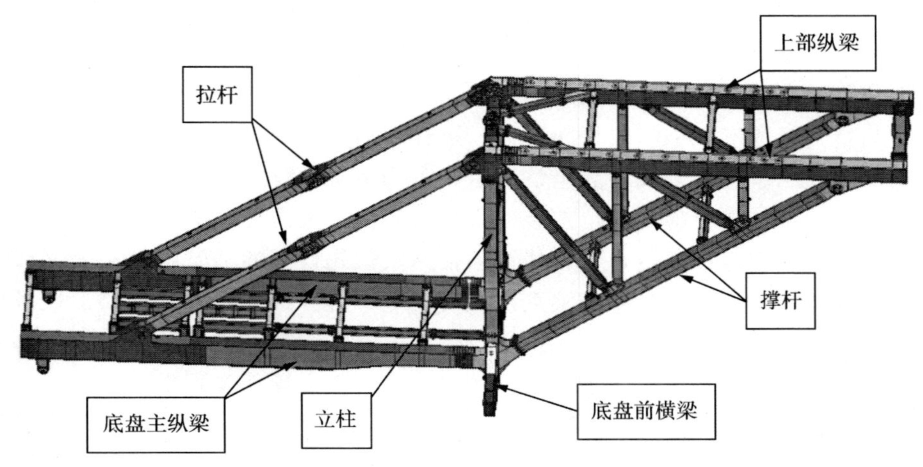

（b）机架结构示意图

图 4－5－7　QMD500 型桥面吊机结构示意图

4.5.6　钢混段吊装施工

（1）钢混段施工支架搭设

前期因系梁施工拆除的钢混段下方牛腿支架按方案进行恢复。竖向支撑牛腿、顶层水平联系梁及钢管连接节点均需进行加固，牛腿上方还需设置垫梁。钢混段位于理论安装位置时，梁底板下表面距贝雷片顶面约 270 mm。现对落梁支点区域贝雷片进行加密，并对贝雷片部分节点通过增加槽钢竖杆进行加固。在贝雷片上弦杆处沿桥横向布置分配梁，分配梁上设置落梁垫块，垫块按设计高度加上预抛高。钢箱梁两侧斜底板和面板之间的区域使用精轧螺纹钢挂架固定模板。

（2）钢混段吊装施工

MP4 索塔为双侧吊机施工，钢混段吊装施工步骤：①MP4 索塔北侧桥面吊机安装并验收完毕，落梁支架恢复加固并验收，运输船按计划提前到达指定位置抛锚定位；②桥面吊机试吊后提升钢混段 G1，运输船舶起锚驶离施工区域；③通过吊机小车变幅，将钢混段吊运至理论位置进行安装；④吊机向北侧移动，安装 MP4 索塔南侧桥面吊机，进行试吊并验收，并计划组织运输船将钢混段 G1 提前运输到位；⑤桥面吊机提升钢混段 G1 后，运输船舶起锚驶离施工区域；⑥通过桥面吊机后仰吊臂和落钩将钢混段吊运至理论位置进行安装；⑦待钢混段 G1 与混凝土梁间的混凝土浇筑完成并达到强度和龄期后，进行预应力张拉，再将南侧吊机前移准备吊装 G2 节段。

MP3 和 MP5 索塔为单侧吊机施工，钢混段吊装施工步骤：①运梁船抛锚定位。②桥面吊机扁担梁与钢箱梁连接起吊，起重机缓慢起吊钢箱梁至梁底接近支架底面时，起重机往小幅度方向变幅。使用导链葫芦和桥面吊机使钢-混结合段钢箱梁落位于存梁支架预设的临时支点上。③钢箱梁自重载荷完全落位于支撑垫梁上后测量支架变形及钢箱梁顶面高程、里程和轴线参数，根据测量结果调整钢箱梁顶面高程、里程、轴线参数至设计值，对钢箱梁进行临时固定。④在钢箱梁与混凝土梁交接处设置临时限位工装，将临时限位工装作为里程定位工装。⑤设置导链葫芦，利用导链葫芦牵引，使钢箱梁贴紧预先设置的临时限位工装完成里程和轴线定位。⑥钢箱梁高程调整采用在支架上布置分配梁，在分配梁上设置垫块及调节垫板进行调整。钢箱梁底板支点使用工字钢和垫块支撑，工字钢底部需与贝雷片顶面贴合，垫块顶部需紧贴钢箱梁底面，支点顶面高程根据监控单位指令执行。⑦钢-混结合段吊装完成且钢箱梁顶面高程、里程及轴线参数调整到位后，在钢-混结合段与混凝土梁段的顶底面设置临时约束，避免钢混段浇筑混凝土时钢箱梁发生偏移影响安装精度。⑧钢混段与混凝土梁之间的混凝土浇筑完成并达到龄期和强度后进行预应力张拉。吊机前移进行下一节段吊装施工。钢混段吊装施工现场如图 4-5-8 所示。

(a) 现场一

(b) 现场二

(c) 现场三

(d) 现场四

图 4-5-8　钢混段吊装施工现场

4.5.7 钢箱梁段吊装施工

MP3～MP4 跨运梁船定位位置为钢栈桥边距桥梁中心线 48.5 m 处，该区域钢箱梁节段装船时尽量靠近船头（前驾驶）货舱位置，根据运输船尺寸和装载后尺寸，当钢箱梁节段与桥中轴线重合时，运输船头和钢栈桥间距为 15.5 m。当钢栈桥区最大水深不超过 5 m 时，所有运输船可直接在钢栈桥下游 2 m 处抛“八”字锚定位。当水深超过 5 m 时，除在钢栈桥下游抛“八”字锚外，还需使用抛锚船在钢栈桥上游区预抛“一”字锚。钢丝绳连接浮筒，运输船定位时将锚链与浮筒钢丝绳连接，加上车舵配合，避免船舶摆动后钢栈桥上方缆绳与钢管柱发生碰触，实现船舶定位要求，抛锚长度不低于 6 倍水深。运梁船改变抛锚位置时，浮筒处采用抛锚船起锚重新预抛锚。MP4～MP5 跨运梁船行驶至停泊位上游，船首抛“八”字锚，然后下放锚链至停船位。为了保证吊装过程中出现紧急情况时能随时动车调整，抛锚定位后不得停车，并利用小动力车推进，保持与水流速度一致，抛锚长度不低于 6 倍水深。

（1）钢箱梁段吊装施工过程

全桥钢箱梁共有 64 片标准梁段，钢箱梁段吊装施工过程：①标准钢箱梁梁段由船舶运输至指定位置抛锚定位，使用测量仪器辅助船舶定位，控制钢箱梁位置偏差不超过 0.5 m。②吊装前对桥面吊机提升系统、锚固系统、吊索吊具及操作设备等进行检查，确认设备正常运行后下放吊具。将吊具竖直下放至高于运梁船最高点处，避免运梁船初步定位时与吊具碰撞，根据吊具及吊耳位置对运梁船进行初定位。③运梁船初步定位后，将吊具继续下放至运梁船上钢箱梁正上方，距钢箱梁顶约 0.5 m 左右。根据钢箱梁上的临时吊点与吊具上的吊耳位置进行运梁船精确定位，保证钢箱梁上的临时吊点与吊具上的吊耳能够顺利连接。连接好吊机与钢箱梁间的吊具后启动千斤顶，使吊具吊耳受力。此时由起重工检查钢丝绳或钢绞线是否垂直，若不垂直应调整船位至钢丝绳或钢绞线垂直为止。检查钢箱梁与吊具是否连接好，确认无问题后方可起钩。④启动桥面吊机使吊具受力，此时由起重工检查连接销轴是否安装好，吊具钢丝绳是否垂直。若钢丝绳倾斜则需调整船位，确保钢丝绳垂直后起吊。⑤高塔 G2～G23 钢箱梁吊装时两侧需对称起钩，根据吊机载荷显示器分级加载，两侧起吊重量差不超过 50 t。同时对塔柱偏位进行监测，塔柱偏位偏差不超过监控允许范围。⑥桥面吊机平稳起吊，当钢箱梁离开船体约 10 cm 时停止提升，检查钢箱梁空中姿态是否正常。若发现重心偏移则需调整吊点位置，然后平稳起吊。钢箱梁标准节段吊装施工现场如图 4－5－9 所示。

(a) 现场一

(b) 现场二

图 4-5-9 钢箱梁标准节段吊装施工现场

(2) 钢箱梁底临时工装小车安装

本桥钢箱梁段安装过程中需配置可行走梁底工装小车作为分段环缝焊接施工及涂装施工的作业平台。根据钢箱梁安装计划，4 个作业面均需设置作业平台。已有 1 台永久检修车可实现同样用途，因此需补充 3 台临时工装小车。

工装小车作为施工通道和工作平台，沿钢箱梁底部和侧面设置，可沿桥轴线纵向移动。小车主要由轨道、车架及驱动机构等部分组成。小车轨道与永久检修车共用，总体尺寸和接口基本一致，单台小车重量约为15.5 t。工装小车与G2和D2梁段同步吊装，在钢箱梁加工厂将小车拼装好，整体放置在G2和D2钢箱梁顶面并绑扎牢固，与梁段同船运输至现场。钢箱梁装船时，底部检修车轨道及导流板已安装。

工装小车安装过程：①工装小车与钢箱梁一起运至现场后，将工装小车吊装到预先准备好的驳船上水平放置。其中，小车顶部的水平悬梯部件单独放置，待小车主体安装到位后再进行安装。②将工装小车的驱动机构装入钢箱梁下面的轨道梁内，并临时固定。③驱动机构安装过程中同时检查箱梁底部的工装吊耳，确认结构完好。工装吊耳横桥向布置于外斜腹板相邻的肋板下方，顺桥向布置于横隔板下方；④放下桥面吊机的扁担梁与钢箱梁连接，并同步提升钢箱梁。⑤钢箱梁上升到一定高度后，运梁船退出，并将装有工装小车的驳船按照悬吊梁段的位置移船定位。⑥根据工装小车的重量，选用5 t手拉葫芦，通过钢丝绳、卸扣等将手拉葫芦一端连接在工装吊耳上，另一端与工装小车连接。两侧同时收紧手拉葫芦，将工装小车向上提升。8个手拉葫芦的独立操作可以控制小车车架的空中姿势，便于对正行走机构进行安装。当工装小车达到预定高度后，解除驱动机构的临时固定设施，将驱动机构调整到与小车主体对应的位置，之后再将车架与驱动机构销接，完成检查小车主体安装。⑦工装小车主体结构安装完成后，接着安装位于箱梁上方的悬梯部件，完成工装小车的安装施工。⑧当两侧工装小车全部安装完毕后，两台吊机同步提升梁段进行拼装作业。临时工装小车安装及钢箱梁段同步吊装施工现场如图4-5-10所示。

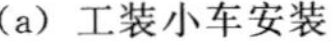
(a) 工装小车安装

(b) 钢箱梁段同步吊装施工现场

图4-5-10　工装小车安装及钢箱梁段同步吊装施工现场

(3) 钢箱梁段初调节对位

钢箱梁段调位分为初调对位和精调对位，其中，初调在梁段吊至桥面时即可进行，一般在白天完成。梁段初调主要包括纵坡初调、接头处横向高差初调、接头处横向偏位初调、接头环缝宽度初调及接头环缝错台初调。

① 纵坡初调

钢箱梁段提升到位后使用桥面吊机纵移装置纵向移梁至距前一梁段端口约100 mm处。测量梁段的横向水平数据和纵坡数据，利用左右两台吊机的异步升降来调整梁段的横向水平位置，通过吊具横梁上的千斤顶调整横梁上的吊点位置，以此来微调梁段纵坡至符合设计要求。初调时，尽量使吊装梁段的前端略高、后端略低，以便于精调吊装梁段的纵坡和竖曲线。

② 梁段接头处横向高差及偏位初调

吊装梁段至桥面就位后，调整待装梁段与已装梁段的横向左右高差，使用桥面吊机分别提升进行调整，先对齐一边腹板的高差，再对齐另一边腹板的高差。在已安装梁段靠近边腹板的顶板上布置限位板，由于钢箱梁顶板外侧可能存在板厚差，限位板底部应预设相应厚度的垫板弥补差值。在安装梁段提升过程中，一侧边腹板处面板若先与限位板接触，则该侧吊机锁定；另一侧吊机继续提升，直至该侧面板与限位板接触后吊机锁定，从而完成横向高差调节。待装梁段与已装梁段如果存在横向偏位，一般使用导链葫芦交叉斜拉或使用横向千斤顶进行横向调节。先对齐接缝处的轴线，再对齐边腹板。梁段接头处横向高差调节方法如图 4-5-11 所示。

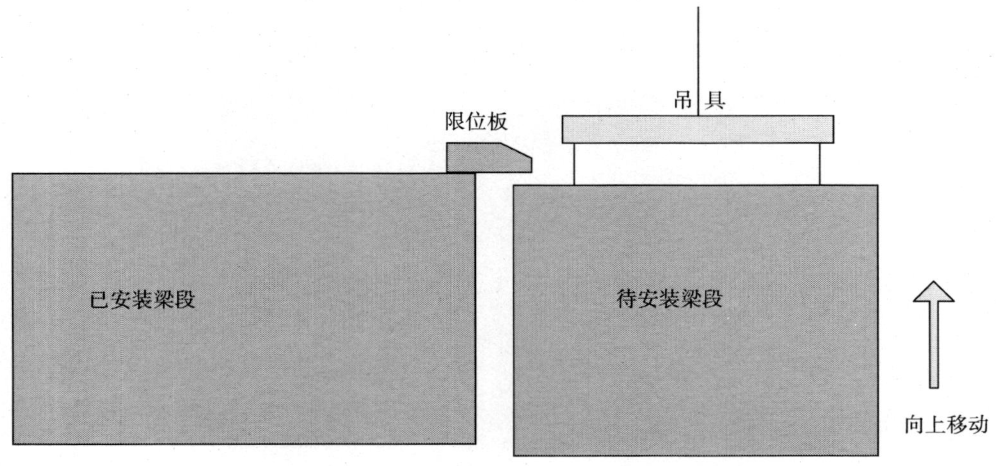

图 4-5-11　梁段接头处横向高差调节示意图

③ 梁段接头环缝宽度初调

梁段制造时，板接缝位置设置有控制焊缝宽度的临时连接件，桥面吊机通过变幅动作使梁段顶板缝宽为2～3 cm时，使用导链葫芦牵引待装梁段向已装梁段靠拢，使接缝缝宽定位板顶紧顶板，从而使接头缝宽基本调整到位。

④ 接头环缝错台初调

已安装梁段在支点反力和斜拉索拉力作用下钢箱梁出现下挠，造成横坡减小。此时，正在吊装的梁段在桥面吊机和自重作用下基本保持理论横坡。待装梁段与已装梁段会因横坡差异而产生相对高差，因此施工时需采取必要的操作程序和控制措施。

接头环缝错台调节步骤：①利用临时匹配件或焊接码板调整高差，先连接边腹板和顶板边腹板处的匹配件并对齐边腹板，此时边腹板处的顶板平面基本对齐，待装梁段与已装梁段的高差出现在顶板中部；②桥面吊机缓慢卸载下放待装梁段，使待装梁段的部分载荷卸载至已装梁段上，此时待装梁段与已装梁段的高程缓慢接近，当腹板和顶板中腹板处的匹配件能够进行连接时，待装梁段与已装梁段的高差基本消除；③错台初调完毕后吊机起升机构锁定，保持梁段处于初调后的位置。

(4) 钢箱梁段精调对位

精调对位应选择在日落后两小时且顶板、底板温差小于2℃时进行。精调对位应以监控单位给出的标高控制数据为准，调整内容包括梁段轴线、高程及接缝位置的间隙和错台。

① 梁段轴线及里程调节

根据测量数据先调整接缝端的轴线，在接缝端轴线对齐后再调整远端轴线。调整方法为在边腹板处设置千斤顶，通过调整环缝两端间隙进行远端轴线调整。当悬臂端口里程测量数据与设计值存在偏差时，应通过增加或减少对接缝间隙进行调节补偿。当偏差值超过5 mm时，应分别在多个吊装轮次进行调节补偿，每个吊装轮次补偿3～5 mm。环焊缝对接间隙尽量控制在20 mm以内。悬臂前端里程与轴线满足精度要求后在面板上两侧临时匹配件处安装匹配螺栓。钢箱梁段轴线及里程精调对位如图4-5-12所示。

② 高程调节

钢箱梁段初调时将待装梁段远端标高进行了预抬高，因此调整待装梁段高程时，先进行梁段各匹配件连接，然后桥面吊机进行点动落钩，使预抬高待装梁段标高调整至理论值。高程精确调整后连接底板临时连接件，吊机起升机构锁定，保持分段处于初调后位置。钢箱梁段高程精调如图4-5-13所示。

③ 接头环缝错台调节

在梁段轴线及标高调节到位后，梁段线形基本完成精调匹配，此时要对梁段

图 4-5-12　钢箱梁段轴线及里程精调对位施工

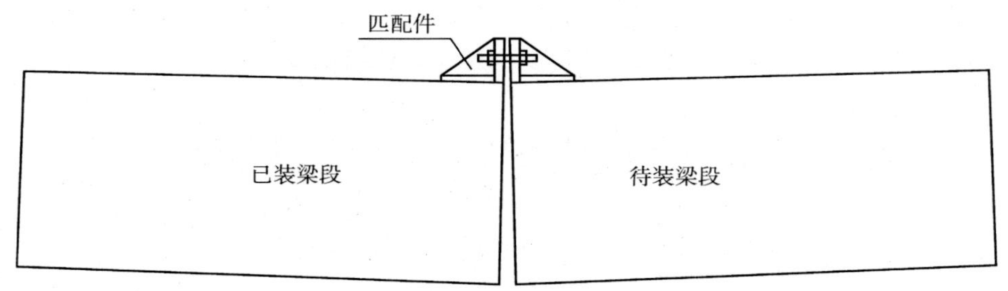

(a) 梁段高程精确调整前

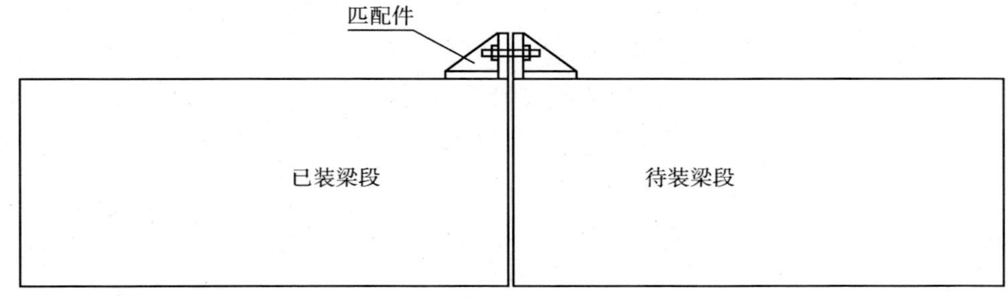

(b) 梁段高程精确调整后

图 4-5-13　钢箱梁段高程精确调节示意图

拼缝位置错台进行调节，并使用钢尺检查分段对接端口处的顶板高低差。由于本桥桥面较宽，待装梁段与已装梁段间必然存在局部错台和错边情况。梁段制造时，顶板、底板与腹板之间端头均预留了 300 mm 的未焊段，以便于顶板、底板和腹板错台和错边调节。对不影响钢箱梁整体线形的局部板间错台，可通过千斤顶和码板调平。钢箱梁段接头环缝错台精确调节施工现场如图 4－5－14 所示。

(a) 现场一

(b) 现场二

图 4－5－14　钢箱梁段接头环缝错台精确调节施工现场

(5) 钢箱梁段吊装施工测量

本次钢箱梁安装测量内容包括全桥安装测量控制网，钢箱梁段测量点 X、Y、Z 位置坐标控制，构件变形监测，安装浇筑后的沉降观测及轴线偏差等。

1) 测量控制具体实施步骤

① 测设钢箱梁测量基准点

在 MP3～MP5 索塔 0＃块上测设测量基准点。为便于观察和计算测量数据，基准点尽量布置在桥梁中轴线上。基准点测设完成后制作测量基准点标志，必须确保该标志明显、耐久。可使用专业觇标，也可采用埋设粗钢筋或钢板的方式，钢板顶面錾刻十字标记。

② 钢箱梁上测量控制点布置

每节钢箱梁悬拼梁段前端横隔板处断面作为主梁监测断面，在每个断面顶面布置 3 个（矮塔侧钢箱梁）或 4 个（高塔侧钢箱梁）测量点。控制点布置的原则为尽可能设置在主结构交汇处，尽可能保证同一段钢箱梁顶部的控制点之间距离最大。钢箱梁在工厂制作时需在测点位置进行标记，施工过程中应保护好每个断面测点。所有测点布置和测量工作需与监理、监控单位的相关工作协调一致、密切配合，并实现各方实测数据共享和相互校对。

③ 吊装过程测量

在钢箱梁段的吊装过程中，首先根据理论定位数据和精度要求，实时不间断监测梁段定位情况，并根据技术要求持续给出测量控制指令，直至梁段定位满足技术要求。然后根据监控细则对邻近拼装好的梁段进行轴线和高程联测，获得该节段安装完成后对前面梁段几何线形的影响值，并将此值反馈给监控单位，得到下一梁段的安装指令。

④ 测量报检

每节钢箱梁悬拼梁段完成定位后，首先向监控单位提交测量数据，经校核无误且符合设计要求后提交监理报检。测量人员有义务配合监理进行测量报检，并根据监理要求进行各项测量成果的复核。

⑤ 提交测量成果表

根据总包方和监理要求，按实际测量数据填写测量成果表，并提交监理签收。

钢箱梁段吊装施工测量流程如图 4-5-15 所示。

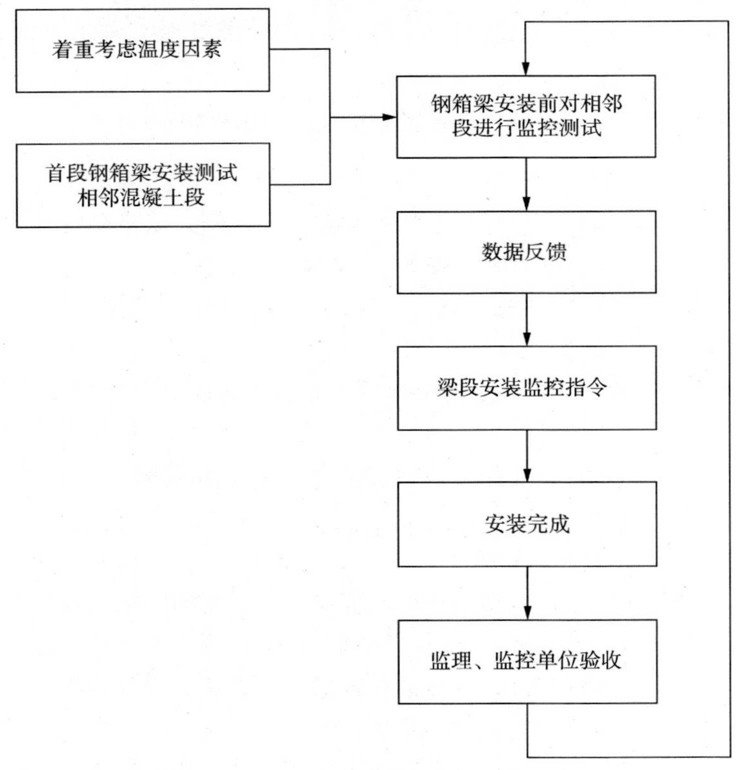

图 4-5-15　钢箱梁段吊装施工测量流程图

2）变形观测

由于本桥钢箱梁段为钢结构，受强阳光照射或辐射时钢构件会产生变形，为能够正确指导施工安装，应测量桥梁上部钢结构由于向阳面与背阳面温差引起的偏移及其变化规律。采用从钢箱梁外部观测的方法，观测点选在受热面不同高度处及底部适中位置并设置照准标志。日照变形观测宜选在夏季高温天气进行，一般项目可在白天观测，从日出前开始至日落后停止，每间隔 1 h 观测一次。每次观测时，应测出钢箱梁向阳面与背阳面温度，并测定风速与风向。用高精度全站仪进行三维坐标观测钢箱梁顶部水平变形量与变形方向，以首次观测结果为初始值，其他各次观测结果通过计算获得。观测后提交日照变形观测点位布置图、观测成果表、日照变形曲线图等。

3）具体消除措施

安装过程中构件应采取合理保护措施。安装过程中由于细长构件较多，且细长构件抵抗变形能力较弱，在自重影响下会发生不同程度变形。因此，在运输、倒运及安装过程中应采取合理措施对细长构件进行保护，如合理布设吊点、局部采取加强抵抗变形措施等来减小自重变形，防止构件变形给安装造成影响。

① 构件测控时节点定位实施反三维空间变形

在钢构件安装过程中，日照温差、焊接等因素会使细长杆件在长度方向发生显著伸缩变形，影响结构的安装精度。因此，在上一构件安装后要观测其变形规律，并结合具体变形测量数据计算其变形量和变形方向。在下一构件定位测控时，对其定位轴线实施反向预偏，即节点定位实施反三维空间变形。

② 避免由于气候原因造成测量误差

现场施工过程中日照温度过高，会导致光线发生折射现象。为减小测量误差，测量时间主要选在上午 6～10 点、下午 5～7 点及夜间低温时段。在南北岸同时架设仪器进行观测，并进行平差处理。由于水面跨度太大，使用水准仪进行架设距离测量的精度无法满足施工要求，故使用高精度全站仪进行标高测量，并采用三角高程测设法进行复测。

③ 钢箱梁顶临时荷载控制

准确控制钢箱梁顶的临时施工荷载是顺利实现施工监控目标的前提。施工单位在钢箱梁精确匹配、斜拉索张拉及测量测试时应严格按照提交的临时施工荷载分布方案进行布置。监控组对结构进行测量前需检查桥面临时施工荷载与施工单位上报荷载布置是否一致，若不一致，应整改至满足要求后方可进行测试。

钢箱梁段精确匹配完成后，监控单位和施工单位应在气温稳定、无日照且钢箱梁顶底板温差不超过 2℃情况下同步对悬臂端前 3 个梁段高程、轴偏及里程进行测量，监控单位应独立完成钢箱梁的应力测试。

（6）钢箱梁焊接施工

精确调整到位后进行全截面焊接作业，栓焊节点应在高强螺栓初拧后焊接，焊缝检验合格后再终拧高强螺栓连接副。焊接材料包括实芯焊丝、药芯焊丝、埋弧焊丝焊剂、陶质衬垫及钢衬垫，焊接设备为埋弧自动焊机及 CO_2 气体保护弧焊机，焊接电源为直流反接。

① 现场焊接要求

现场环缝焊接间隙尽量控制在 20 mm 以内。焊接前，焊工必须熟悉焊接工艺规程，未经焊接主管同意不得更改焊接规定。焊缝组装前将焊缝两侧 20～30 mm范围内的铁锈、油污及预涂底漆打磨干净，焊剂中的脏物、焊丝上的油锈必须清除。CO_2 气体的纯度应不小于 99.5%。焊接环境温度宜在 5℃以上，相对湿度宜在 80%以下。主要钢构件应在组装后 12 h 内焊接，当钢构件待焊部位结露或被雨淋后应采取相应措施去除水分和浮锈。由于桥位焊接环境完全处于露天作业，且风和湿度大，可利用防风或防雨棚进行局部防风并采取保温措施，如图 4-5-16 所示。

(a) 局部防风一

(b) 局部防风二

图 4-5-16 焊接作业时利用防风雨棚进行局部防风

二地环口施工以面、底、腹板对接焊缝为主要焊缝，板厚为 16～36 mm。温度高于 5℃、相对湿度大于 80%时，需进行去潮、除湿处理。板厚大于 30 mm 或环境温度低于 5℃时，须采取预热措施。当板厚大于 30 mm 时，预热温度为 80～120℃（若环境温度低于 5℃时，预热温度应提高到 100～150℃）；当板厚小于 30 mm 且环境温度低于 5℃时，预热温度为 60～120℃。用陶质电加热片或烘枪对焊接区域进行预热，预热范围为焊缝两侧 100～150 mm 区域。

当焊缝无法使用陶质电加热片预热时，需使用火焰烘枪进行预热。使用烘枪左右摇摆“Z”形行进方式，均匀预热待焊坡口及两侧，一次预热达到规定温度范围后立即贴陶质衬垫进行施焊。当一次预热难以达到最低预热温度要求时，应采用阶梯预热方式，即采用烘枪左右摇摆“Z”形行进方式预热2～3遍，直到温度达到最低预热温度要求才能开始焊接作业。火焰烘枪预热现场如图4-5-17所示。

图4-5-17　火焰烘枪预热现场

定位焊缝应距离焊缝端部30 mm以上，定位焊缝长度为50～100 mm，间距为400～600 mm，厚板和薄板应缩短定位焊间距。定位焊缝的焊脚尺寸不得大于设计焊脚尺寸的一半，定位焊缝不得有裂纹、夹渣及焊瘤等缺陷。对于开裂的定位焊缝要首先查明原因，然后清除开裂焊缝，在保证焊件组装尺寸的前提下补充定位焊。定位焊缝使用的焊接材料型号与焊接材质相匹配，定位焊缝与正式焊缝具有相同的焊接工艺和质量要求。

正式焊接时焊工应根据桥梁结构部位和焊缝接头形式，严格按照焊接作业指导书施焊，并对焊缝质量负责。焊接时，严禁在母材非焊接部位引弧及熄弧。多层多道焊时应连续施焊，各层各道焊缝接头应错开30 mm以上，每一焊道焊接完成后应及时清理焊渣及表面飞溅物，发现影响焊接质量缺陷时应及时清除。有预热要求的焊缝，遇到中断施焊情况应采取适当后热保温措施，再次焊接时重新预热温度应高于初始预热温度。各层各焊道间的温度严格按焊接工艺评定确定。中间焊道焊接完毕后立刻清除焊渣并对焊道采用锤击方式减小内应力，严禁锤击底焊道和盖面焊道。通长角焊缝的转角处包角应良好，焊缝的起弧、熄弧处应回焊10 mm以上。背面清根或用于修补的清刨必须打磨，严禁用气割方式进行清根，碳弧清刨必须刨至光亮金属表面。埋弧自动焊若在焊接过程中出现断弧现象，须将断弧处刨成1∶5斜坡，并搭接50 mm引弧施焊，焊后将搭接处修磨光顺，待焊缝稍冷却后再敲去熔渣。

焊接完成后应敲净熔渣并将飞溅物清除干净。焊接后必须使用气割切掉码板，切除时预留 1～2 mm 余高并磨平切口，不得损伤母材。垂直应力方向的对接焊缝及拼接处纵向对接焊缝必须修磨匀顺。表面的修磨均应沿主要受力方向进行，使磨痕平行于主要受力方向。

② 现场主要焊接接头

现场主要焊接接头为面、底、腹板对接环缝及现场纵肋嵌补对接焊缝。现场接头大部分材质为 Q345qD，高塔边腹板材质为 Q370qE，不同母材根据工艺要求对应不同的焊材。现场接头主要包括平、立两种焊接工位。根据现场可能出现的宽间隙接头，单独进行工艺评定并制定焊接工艺。现场焊接焊缝等级见表 4-5-4 所列。

表 4-5-4　现场焊接焊缝等级表

焊缝等级	适用部位	备注
Ⅰ	钢箱梁顶板、内（外）侧腹板、底板、斜底板的横向对接焊缝； 钢箱梁底板、斜底板对应的加劲肋（板肋和“U”肋）对接焊缝	对接熔透焊缝
Ⅱ	纵肋与钢箱梁底板（斜底板）、腹板之间角焊缝； 中纵梁区底板加劲肋与底板间的角焊缝	部分熔透坡口角焊缝、重要部位角焊缝
Ⅲ	其他焊缝	非主要受力部件非重要部位的角焊缝

③ 现场焊接顺序及焊接方法

钢箱梁节段间的环缝焊接顺序及焊接方向应遵循：顶板、底板对接焊缝由中间向两端对称焊接，同类焊缝对称焊接。

a. 高、低塔钢箱梁节段间环向对接焊缝焊接

首先使用药芯焊丝 CO_2 气体保护焊立向上对称焊接腹板对接焊缝，然后使用药芯焊丝 CO_2 气体保护焊由中间向两边对称焊接底板对接焊缝，最后使用药芯焊丝 CO_2 气体保护焊打底及埋弧自动焊填充盖面由中间向两边对称焊接面板对接焊缝。

b. “U”形肋等纵肋的嵌补焊接

“U”形肋的嵌对接使用药芯焊丝 CO_2 气体保护焊进行焊接，反面用钢衬垫，单面焊双面成型。“U”形肋嵌补段可同时施工，先焊接对接缝，后焊接角焊缝。底板上的“U”形肋先焊接立焊部位，后焊接平焊部位。

梁段间横向对接焊缝要求沿顺桥向做打磨处理。打磨后的余高不低于母材 0.3 mm、不高于母材 0.5 mm。严格按照规定焊接顺序焊接，焊接定位时考虑

3 mm横向收缩量，并对焊接引起的焊缝收缩和线形变化进行监测，后续分段吊装定位时根据实测数据调整优化补偿量，减少焊接变形对分段安装线形的影响。焊接现场如图 4－5－18 所示。

(a) 现场一

(b) 现场二

图 4－5－18　钢箱梁焊接现场

④ 焊缝无损检测

焊接完成后应按自检、互检及专检程序进行检验。所有焊缝在冷却至环境温度后进行外观检查，不得有裂纹、未熔合、焊瘤、夹渣、未填满弧坑及漏焊等缺陷，焊接质量应符合规范要求。焊缝无损检测应遵循的要求：①检测前应对焊缝及探伤表面进行外观检查，焊缝表面形状应不影响缺陷的检出，否则应做修磨；②经外观检查合格的焊缝方可进行无损检测，无损检测应在焊接 24 h 后进行，当钢板厚度大于 30 mm 时应在焊接 48 h 后进行；③使用超声波和磁粉检测焊缝，磁粉检测必须安排在超声波检测合格后进行；④需多种方法检测焊缝，必须达到各种检测方法的质量要求，该焊缝方可认为合格；⑤进行局部探伤，若发现裂纹或超标缺陷时，裂纹或缺陷附近的探伤范围应扩大一倍，必要时延至全长；⑥具体检测要求详见《焊缝无损检验清册》。

(7) 高强度螺栓施工

1) 高强度螺栓保管

现场需设置保管高强度螺栓的专用室内库房，按要求分类存放高强度螺栓，并设置防潮措施。高强度螺栓具体保管要求如下：

① 高强度螺栓连接副应由制造厂按批配套供应，按螺栓长度分类采购，并

要考虑一定损耗。包装箱内必须配套装有螺栓、螺母及垫圈，包装箱应满足储运要求，并具备防水及密封功能。提供材料炉号、制作批号、化学成分及机械性能等证明数据，还需提供厂方试验合格证书、螺栓的楔负荷试验证书、螺母的保证荷载试验证书、螺母及垫圈的硬度试验证书及连接件的扭矩系数试验证书。

② 在运输、保管及使用过程中应轻装轻卸，防止损伤螺纹。螺纹损伤严重或被雨水打湿后的螺栓不得在桥上使用。

③ 螺栓连接副应成箱放于室内仓库内保管，地面应设有防潮措施，并按批号、规格分类堆放。高强度螺栓连接副的保管时间不应超过 6 个月，超过 6 个月时必须按要求重新进行扭矩系数或紧固轴力试验，检验合格后对可使用。

④ 使用前尽可能不打开包装箱，以免破坏包装的密封性。开箱取出部分螺栓后应原封包装好，以免沾染灰尘和锈蚀介质。

⑤ 高强度螺栓连接副在安装使用时，工地应按当天计划使用规格和数量领取，当天安装剩余的应妥善保管，有条件的应送回仓库保管。

⑥ 在安装过程中注意保护螺栓，不得沾染泥沙等脏物和碰伤螺纹。使用过程中如发现异常应立即停止施工，经检查确认无误后再行施工。

2）扭矩扳手校验

高强度螺栓初拧、复拧和终拧均应使用定扭矩电扳手。现场需设置扭矩扳手校验工作室，配备扭矩测试仪对扭矩扳手进行校验。作业前后均应对扭矩扳手进行校验，保证其扭矩误差不超过使用扭矩值的±5%。如发现误差值超过允许范围，则对该扳手终拧的高强度螺栓连接副使用检查合格的扭矩扳手进行检查和处理。

3）高强度螺栓安装过程

① 钢构件安装前应除去毛刺、飞边及焊接飞溅物，并使用细铜丝刷净栓接面和栓孔内的脏物。沾有油污处应使用丙酮擦净，栓接面必须干燥，不得在雨中作业。施工时，高强度螺栓应根据需求量开箱配套。当天安装剩余的连接副必须装箱保管，不得乱扔乱放。在安装过程中不得损伤螺纹及沾染脏物，以免影响扭矩系数。

② 高强度螺栓安装时，节点上穿入的临时螺栓和冲钉数量，应符合下列规定：使用不少于螺栓孔总数 10%的冲钉定位，同时使用不少于螺栓孔总数 20%的螺栓紧固。使用的临时螺栓不得少于两个，冲钉穿入数量不宜多于临时螺栓的 30%。不得用高强度螺栓兼做临时螺栓，以防损伤螺纹引起扭矩系数的变化。

③ 高强度螺栓的安装应在结构构件中心位置调整后进行，其穿入方向应以施工方便为准并力求一致。高强度螺栓连接副组装时，螺母带圆台面的一侧应朝向垫圈倒角一侧，下垫圈有倒角一侧应朝向螺栓头。安装时，螺栓穿入方向应便于施拧及维修，螺栓头和螺母下各设置一个垫圈，垫圈放置时将 45°斜坡面贴近

螺杆头及螺母支撑面。

④ 安装高强度螺栓时，螺栓应能自由穿入孔内，如遇螺栓不能自由穿入栓孔，不得强行将螺栓打入。应使用绞刀修孔，修整后孔的最大直径应符合图纸要求，不得采用气割扩孔，经绞孔或扩孔的节段及孔眼位置应有施工记录备案。

4）高强度螺栓拧紧工艺

① 本桥采用扭矩法施工，根据选用的施拧工具进行扭矩系数试验，求出数理统计值作为施拧依据，高强度螺栓的设计及施工预紧力应符合表 4－5－5 规定。

表 4－5－5　高强度螺栓设计及施工预紧力

螺栓规格	M16	M20	M22	M24	M30
设计预紧力（kN）	100	155	190	225	355
施工预紧力（kN）	110	171	210	250	390

② 高强度螺栓的施拧分为初拧、复拧和终拧，拧紧时应采用扭矩扳手。初拧扭矩宜为终拧扭矩的 50%，复拧扭矩宜等于初拧扭矩。初拧后的高强度螺栓应在螺母上涂上标记颜色，然后按施工扭矩值进行终拧。终拧后的高强度螺栓应在螺母上涂上另一种标记颜色。高强度螺栓连接副的拧紧应在螺母上施拧。

③ 按一定顺序拧紧高强度螺栓，宜从螺栓群中间向外侧施拧，并在当天终拧完毕，施拧时不得采用冲击拧紧和间断拧紧。使用的扭矩扳手在每班作业前后均应进行校正，误差不超过 5%。电动扳手应与控制箱配套使用，并设置稳压电源。

④ 试拧高强度螺栓时，高强度螺栓和扳手的发放、使用须有专人负责记录，严禁螺栓及扳手混用。临时螺栓和冲钉倒换高强度螺栓时，应在其余高强度螺栓终拧完成后进行，以防止结构尺寸发生变化。

⑤ 终拧时施加扭矩必须连续、平稳，螺栓、垫圈不得与螺母一起转动。若垫圈发生转动应更换高强度螺栓连接副，按操作程序重新初拧、复拧及终拧。

5）高强度螺栓检验

① 高强度螺栓连接副施工质量检查应由专职质量检验员进行，并在终拧后 24 h 内完成扭矩检查。检验扭矩扳手使用前必须标定，其扭矩误差不超过 3%，且应进行扭矩抽查。对复拧后的高强度螺栓连接副，使用重约 0.3 kg 的小锤敲击螺母对边侧，再用手指紧按螺母对边侧进行检查，以防漏拧。

② 观察全部终拧后的高强度螺栓连接副，检查复拧后螺栓与螺母相对位置是否发生转动，以检查终拧是否存在漏拧。对部分螺栓群高强度螺栓连接副，使用不少于 2 套扭矩扳手进行终拧检查。采用松扣、回扣法检查，先在螺栓与螺母

相对位置画一条细直线作为标记，然后将螺母拧松 30°，再用扭矩扳手把螺母重新拧紧至原来位置，与所画细直线重合，测量此时的扭矩是否在正常范围内。

③ 高强度螺栓施工质量应有下列原始检查验收记录：高强度螺栓连接副的复验数据、栓接板面抗滑移系数试验数据、初拧扭矩及终拧扭矩、施拧扭矩扳手和检查扭矩扳手的标定及校正记录、各接口高强度螺栓连接副终拧扭矩。高强度螺栓施工现场如图 4-5-19 所示。

(a) 现场一

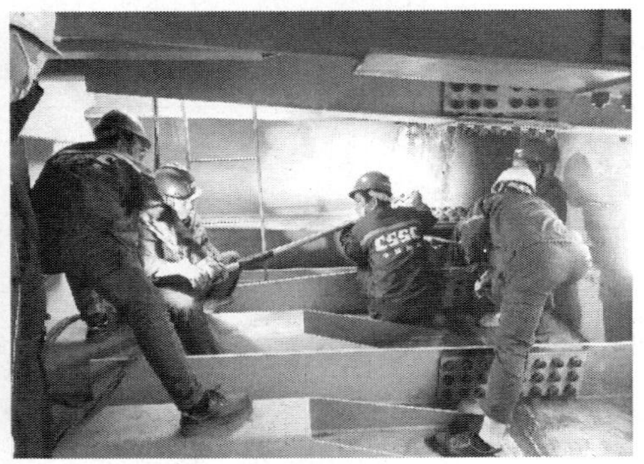

(b) 现场二

图 4-5-19　高强度螺栓施工现场

4.5.8　合龙段吊装施工

(1) 合龙段吊装施工流程

高塔为塔梁固结，矮塔塔梁采用临时刚性固结，因此采用配切法合龙。设计计算合龙温度为 15～20℃。中跨合龙段梁段长为 2.6 m，吊装重量为 77.7 t，内厂制造时梁段两端各预留 150 mm 长的合龙配切余量。高塔 G23 段安装完成且斜拉索张拉后，高塔侧桥面吊机前移，前支点位于 G23 分段拉索隔板处，从抛锚定位的运输驳船上吊装中跨合龙段，选择合适时机进行合龙段吊装。对梁端位移进行 48 h 测量，根据测量结果确定合龙时间、合龙温度及合龙段长度，通过调整合龙段附近节段的索力及线形来实现合龙段精确定位安装。两跨同时合龙，锚固工作完成后拆除临时锚固点，从而实现全桥结构的体系转换。合龙段吊装施工流程如图 4-5-20 所示。

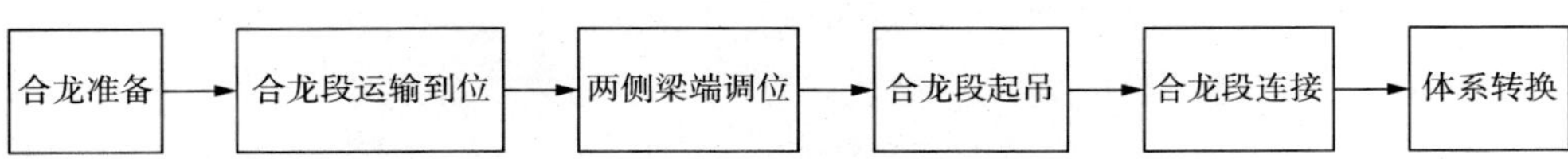

图 4-5-20　合龙段吊装施工流程图

（2）合龙段吊装

高塔 G23 节段安装到位且斜拉索张拉后拆除高塔侧桥面吊机的吊具横梁，并安装钢混段吊装专用小吊具。前移吊机并将吊机后锚点固定，矮塔侧桥面吊机锚固在 D9 梁段上。在合龙段两侧 D11 节段上设置水箱临时压载配重，实现合龙两端钢箱梁的竖向位移平衡，压载水箱设置在中纵梁处，尽量减少横向跨中挠度。

合龙段吊装前对前期普通梁段吊装施工过程中的测量数据进行汇总与分析，汇总数据包括梁段标高、梁段轴线偏位、梁段端部里程、环境温度、索力、索塔应力、钢箱梁应力等，绘制各项数据之间的时间关系曲线图。此外，需对梁段进行 48 h 以上测量，测量内容包括合龙口两端高程、合龙口宽度与温度、时间变化关系及风力变化。观测频率为每小时一次，若每次观察变化量较大可适当加密观测频率。综合分析测量数据，以实现全桥主梁线性控制目标。通过上述测量数据确定合龙段的长度，并根据理论数据对合龙段两端的加工余量进行切除。

（3）合龙段两侧梁端调位

① 标高调整

桥面吊机就位后综合监控数据及设计要求确定合龙时机，并对两侧梁段同时进行精确调位，使两侧梁段控制点标高差满足要求，可通过梁段斜拉索进行标高调整。

② 端面横坡调整

合龙段两侧已安装梁段端口在安装到位后，结构自重及拉索锚点位置不同会导致梁段端面轮廓出现不同程度变形，因此在制造阶段中必须考虑其影响。合龙段无拉索影响时，在吊装过程中自重产生的变形量为 2 mm，可忽略不计。矮塔侧 D11 分段自重产生的变形量为 11 mm，在制造阶段考虑反变形量。高塔侧 G23 分段除结构自重外还应考虑吊机及合龙段重量等因素产生的变形量。因此在合龙段吊装时，高塔、矮塔侧分段端口横坡线形理论上可与合龙段精准对接。如果出现制造偏差引起的矮塔侧 D11 分段横坡变形超出预期，可使用千斤顶调节方式使钢箱梁腹板对齐。

③ 合龙段吊装

根据测量结果确定运梁驳船停靠位置、合龙段尺寸及合龙时间，提前 3 h 由高塔侧桥面吊机起吊合龙段梁段，同步在矮塔侧梁段水箱内注水配重，确保合龙口不发生较大变形，在合龙段底面距离已安装梁段顶面约 0.5 m 时停止起升。在夜间最低温度时通过仪器实时观测已调整好的两侧梁端定位情况，在确定梁端定位数据变化微小后给出吊装条件符合指令并将梁段吊入合龙口。合龙段吊装施工现场如图 4－5－21 所示。

图 4-5-21 合龙段吊装施工现场

④ 结构体系转换

在两侧悬臂梁的前段设置轴线调整系统，用来调整和控制合龙口两侧梁段的轴线水平对位偏差。轴线调整系统由手拉葫芦及钢丝绳组成。设置劲性骨架限制合龙口两侧悬臂梁端口位移。劲性骨架设置在边腹板位置，上、下游各设置一道，劲性骨架两端与钢箱梁焊接固定。拆除矮塔 0＃块的临时固结措施，梁段可随温度变化自由伸缩。

⑤ 合龙段安装

合龙段安装时首先将中线对齐并使两侧环缝均匀，然后使用千斤顶调整腹板处错边. 调整到位后码板固定，最后调节面板处错边，边码边焊至完成合龙段与两侧分段间的精确定位安装。合龙段安装完成后将桥面吊机拆除。

4.5.9 钢箱梁涂装施工

钢箱梁采用梁内除湿和梁内外防腐涂装的防腐方案，钢主梁内表面为气密防腐，钢结构防腐涂装应符合《公路桥梁钢结构防腐涂装技术条件》（JT/T 722—2008）要求，钢主梁涂装体系按长效型配套。高强度螺栓施拧完毕后，栓接处的螺栓、螺母、垫圈等先除锈除油，清洗皂化膜，再采用环氧磷酸锌封孔剂封孔，并加涂配套涂料。

在夏季进行钢箱梁涂装施工时需测量温度，当温度超过 38℃时应避免施工。在雨天施工时需测量相对湿度和露点温度，随时检查已干燥涂膜质量，当出现裂纹、橘皮及脱落等现象时及时补涂维修。在冬季进行钢箱梁涂装施工时，尽量选择冬用型固化涂料。一般应在 10：00～15：00 作业，按先阴面、后阳面的顺序尽快完成施工。与常规涂装要求相比，在保证漆膜厚度前提下可适当增加涂装道数，延长涂装间隔，在测定涂膜实干后再涂装下一道涂料。对于双组分涂料，夏季混入甲乙组分时，采用少量、多次勤配原则，并按一定涂装间隔进行下一道涂料的涂装。

现场接缝处无损检测完毕后应进行补涂装施工。首先将焊缝处打磨除锈，焊缝部位的涂装要求与其相邻表面防腐涂装体系一样，预留最后一道面漆，待全桥合龙后统一进行最后一道面漆涂装。钢箱梁涂装施工现场如图 4－5－22 所示。

图 4－5－22　钢箱梁涂装施工现场

4.5.10　钢箱梁安装监控措施

（1）监控原则

钢箱梁安装阶段施工监控工作是最主要的部分，钢箱梁阶段安装时，以轴线偏位和高程控制为主、内力控制为辅的方式进行。这种方式能保障施工进度及安装精度，目标是桥梁合龙前，在容许误差内完成所有钢梁安装，并顺利合龙，达到目标的几何线形。除施工按规定程序进行外，对各类施工荷载应加强管理，对施工中产生的变形、应力和温度等参数进行监控测试，保证采集的数据准确可靠。需要做到：①监控及测量时宜选择无风或微风天气进行，减小风振对测量的不利影响；②测试时应停止桥上机械施工作业，消除机械设备振动及不平衡荷载对测量产生的不利影响；③各种测试应在尽可能短的时间内完成，避免测试条件产生较大的变化，测量宜在夜间气温相对稳定的时段进行。

（2）钢箱梁安装监控步骤

钢箱梁安装步骤：①梁段起吊、匹配、焊接；②斜拉索张拉、吊机前移。钢箱梁安装前对加密网各控制点标高进行联测，监控测量点布置于每节钢箱梁中轴线及两外边腹板距离前端 200 mm 处。根据监控细则对临近已拼装好的梁段进行轴线和高程联测，得出此节段安装完成后对前面梁段的几何线形的影响值，将此值反馈交于监控单位得出下一梁段的安装指令，保证几何线形是主要控制目标。

（3）变形观测

本桥梁段为钢结构，受强阳光照射或辐射时，钢构件会产生变形，为了能够正确指导施工安装，应测定桥梁上部由于向阳面与背阳面温差引起的偏移及其变化规律。采用从钢桥外部观测的方法，观测点选在受热面的不同高度与底部适中位置，并设置照准标志。日照变形的观测，宜选在夏季的高温天气进行，一般的项目，可在白天段观测，在日出前开始，日落后停止，每隔约 1 h 观测一次，或根据情况而调整。在每次观测的同时，应测出钢桥向阳面与背阳面的温度，并测定风速与风向。用高精度全站仪进行三维坐标观测，所测得的顶部的水平变形量与变形方向，应以首次测得的观测点坐标值或顶部观测点相对底部观测点的水平变形值作为初始值，与其他各次观测的结果相比较后计算求取。观测工作结束后，应提交日照变形观测点位布置图、观测成果表、日照变形曲线图及相应分析说明等。

（3）安装误差消除措施

① 安装过程中构件应采取合理保护措施

在安装过程中，细长构件较多，构件因抵抗变形的刚度较弱，会在自身重力的影响下，发生不同程度的变形。为此，在运输、倒运、安装过程中，应对构件采取合理保护措施，如布设合理吊点、局部采取加强抵抗变形措施等，来减小自重变形，防止安装带来不便。

② 节点定位实施反三维空间变形

钢构件在安装过程中，因日照温差、焊接会使细长杆件在长度方向发生显著变形。结合具体变形条件，总结其变形量和变形方向，在下一构件定位测控时，对其定位轴线实施反向预偏，即节点定位实施反三维空间变形。

③ 避免由于气候原因造成的测量误差

在现场施工过程中，若日照温度过高，江面会产生水蒸气，从而使光线发生折射现象。为了减小这种误差对测量工作所产生的影响，测量观测时间主要设在

6：00～10：00、17：00～19：00 或者夜间低温时段，在南北岸同时架设仪器进行观测，并进行平差处理。由于水面跨度太大，水准仪测架距离太远会导致精度无法满足现场需要，故使用全站仪进行测设标高，并用三角高程测设法进行复测，以满足施工需要。

④ 钢箱梁顶临时荷载控制

准确控制钢箱梁顶的临时施工荷载是顺利实现施工监控目标的前提，施工单位在钢箱梁精匹配、斜拉索张拉和测量测试时应严格按照自方提交的临时施工荷载分布方案进行布置。监控组对结构进行测量测试之前，要检查桥面临时施工荷载是否与施工单位上报荷载布置一致，若不一致应整改至满足条件方可测试。

⑤ 钢箱梁起吊控制

上、下游架梁吊机应保持中轴线在竖直平面内。

⑥ 钢箱梁节段拼装匹配及测量控制

梁段精匹配需在气温相对稳定、无日照且钢梁顶板和底板温差不大于 2℃的情况下进行，施工时间宜为 22：00～05：00。梁段匹配原则：先对齐内腹板、外腹板等刚度较大位置，并连接相应匹配件；然后用千斤顶配合“U”形马板，由梁段两内腹板位置向中间调整顶、底板局部高差。架设钢梁段和已架钢梁段精匹配原则：轴线偏差应控制在 5 mm 以内；相邻梁段以相对高程进行高程控制，高程误差应控制在±5 mm 以内，且上下游同向。梁段精匹配完成后，监控单位和施工单位均应在气温稳定、无日照且钢梁顶底板温差不大于 2℃的情况下同步对悬臂端前 3 个梁段高程、轴偏及里程进行测量，监控单位应独立完成钢箱梁应力测试。

⑦ 矮塔侧采用临时固结体系：需在每个节段吊装后对 0＃块及塔柱的变形和应力与理论值进行对比，检查临时固结处是否有松脱、变形或开裂等异常情况。

4.6 本章小结

邻玉长江大桥边跨混凝土主梁采用支架现浇法施工，需在冬季进行大体积混凝土浇筑，施工过程中需解决的难题包括如何保证主梁施工质量、减少梁体出现裂缝等。钢混凝土混合梁用于边跨混凝土梁和中跨钢箱梁过渡，如何保证前后施工的连续性是钢混凝土结合段施工面临的难题。钢箱梁节段宽度宽、重量大，节段间对接精度要求高，如何保证钢箱梁节段安全起吊、精确安装，是钢箱梁吊装施工中需要解决的关键问题。

本桥主梁施工中提出了大体积混凝土冬季施工保温养护体系，保证了大体积混凝土主梁的施工质量。针对钢混凝土结合段施工，提出了三角形牛腿承重支架支撑系统，解决了钢混凝土结合段前后施工不连续问题。在钢箱梁吊装过程中，研发了能双向调位的桥面吊机，确保了大节段钢箱梁高效、精确安装。此外，通过严格的监控措施控制主梁施工线形，确保主梁达到合理成桥线形。本桥提出的大体积混凝土主梁、钢混凝土混合梁及大节段钢箱梁施工技术可广泛应用于类似工程项目中。

第 5 章　主桥施工过程控制技术

5.1　概　述

斜拉桥的建造质量从本质上讲包括三个方面，即线形、结构的荷载效应和结构的抗力，线形包括纵面线形和平面线形。桥梁结构纵面线形和平面线形、桥梁结构的荷载效应及结构的抗力的质量保证主要是通过桥梁施工过程来控制的。

邻玉长江大桥施工监控的总体目标是通过无应力构形、制造构形和安装构形等控制，使主梁纵面线形平顺，成桥后的主梁线形符合设计和规范要求。分析各种偏差的原因及其后果，使施工过程中的每一阶段及其成桥后结构的荷载效应（即梁、塔、斜拉索的内力和应力）符合规范和设计要求。从监控角度对施工方案和斜拉索张拉方案进行论证与优化，以缩短工期，节约造价，降低风险。该桥施工监控的总目标是确保主桥施工中的安全和线形质量。在施工各阶段及时测试应力、温度、索力、支座反力及标高，保证主桥索、梁、塔的标高，以及应力、索力在设计控制范围内，确保结构内力处于最优状态，确保主桥成桥线形符合设计要求，为成桥验收做好准备。

5.2　施工监控内容

邻玉长江大桥施工监控主要内容包括设计总体复核计算与施工初步仿真分析（包括重要施工方案和工序的论证）→数据测试与采集（索力、应力、位移、弹性模量、温度等）→参数分析与反馈计算（施工控制实时计算）→施工监控指令的下达等。邻玉长江大桥主体工程各阶段施工必须按设计文件中施工阶段的划分顺序进行，根据实际施工中的现场测试参数进行计算，并根据实际施工中的实际测量数据对参数进行预测。施工监控过程中必须根据主桥具体的特点绘制出一系列施工控制表格，编制监测细则。要求施工单位和监控人员同时在关键施工环节中进行数据测量。监控人员须独立测量；施工单位将各阶段测量结果填表并由相关责任人签字认可，测量数据经施工和监控双方比较在设计文件误差容许范围内，然后由监控人员对施工单位及监控测量成果进行分析预测。预测结果由监理通知施工单位指导下一阶段施工。

邻玉长江大桥施工监控目的：校核主要设计参数；提供主梁及斜拉索的制造构形；提供索塔预抛高量和中塔柱横向预偏量；提供各施工控制工况理论线形及内力、应力数据；对关键施工技术方案进行复核；对结构线形及内力、应力进行监测；对施工各状态控制数据实测值与理论值进行误差分析；对计算结构参数进行识别与调整，以确保其与结构实际反应的一致；对成桥状态进行预测及控制分析，确保成桥状态满足设计要求；防止施工中出现位移与应力过大现象，确保施工高质量、安全、快速地进行；提供施工过程及成桥结构状态信息。

5.3 施工监控测试方案

5.3.1 监控测点布置原则

（1）斜拉索索力测点布置原则

索力测点是指在某施工阶段进行索力监测的拉索。索力测试分为张拉阶段测试及事后测试，其中，张拉阶段测试是指对正在张拉的拉索的监测；事后测试是指已经完成锚固的拉索由于其他拉索的张拉或其他外荷载将引起索力改变，对其进行的索力监测。张拉阶段测试由于过程不可逆，因此对其应采用更高精度的测试方法并辅助以多种其他手段。索力监测主要有以下几个主要目的：①确保张拉索力的准确；②为施工控制的误差分析、参数识别提供实测参数；③用于估算悬臂端几个梁段的内力状态。

（2）主梁线形测点布置原则

主梁线形测量分为放样测量及事后测量。其中，放样测量是指对新梁段进行定位的测量，一般放样测量结束后即进行新梁旧梁段的焊接或栓接；事后测量是指对已经完成的梁段进行的线形测量。放样测量有不可逆性，因此对其应采用更高精度的测试方法并辅助以多种其他手段。线形监测具有以下几个主要目的：①确保新梁段放样位置的正确性；②为施工控制的误差分析、参数识别提供实测参数；③辅助拉索张拉索力控制。

基于与索力监测相同的原因，标高测量也根据不同的目的采用局部或整体的监测方案。钢箱梁在一个梁段上布设置3个主梁线形测点，高程测点应设置在尽量靠近悬臂端的腹板顶部。当线形监测主要为放样或拉索索力控制提供参数时，可以仅对悬臂端2～3个梁段进行监测；为了分析线形和索力的误差与效应，通常对悬臂端5个梁段进行线形测试。当线形监测用于误差分析、参数识别时应进行全桥通测。

（3）索塔偏位测点的布置原则

索塔偏位的监测同样分为放样测量与复核测量。其中，放样测量主要用于确定模板或节段的正确位置，一般放样测量结束后即进行混凝土的浇筑；复核测量是指对已经完成的塔段进行的偏位测量。放样测量具有不可逆性，因此对其应采用更高精度的测试方法并辅助多种其他手段。索塔偏位监测主要有以下几个主要目的：①确保新塔段放样位置的正确性；②为施工控制的误差分析、参数识别提供辅助实测参数；③为索塔水平撑杆的施顶提供实测参数。

（4）索塔应力测点的布置原则

考虑到应力测点理论与实测值差异不可能达到误差分析或参数识别的要求，因此，索塔应力监测的主要目的是确保索塔在整个斜拉桥的施工过程中的安全性。索塔应力测点的布置应主要根据计算确定，布置在受力相对较大且反映索塔总体受力的位置处。

（5）主梁应力测点的布置原则

主梁应力监测的主要目的是确保主梁在整个斜拉桥的施工过程中的安全。主梁应力测试断面布置的具体原则：测试断面主要根据理论计算选择施工过程中最不利位置、刚度突变处位置（如辅助墩、塔梁交界处），并使中、边跨均有测试断面。

（6）温度场监测的测点布置原则

由于温度对结构变形及内力的影响均较为显著，温度对结构的影响可以分为均匀温度影响与非均匀温度影响。其中，均匀温度影响是指整个结构均处于相同的温度场下，而非均匀温度是指结构各部分由于日照或热传导速度的影响造成各部分温度不一致的情况。均匀温度场的温度改变对结构的影响较小，因此，斜拉桥的施工控制常选择在结构各部分温度尽量接近的情况下进行。在斜拉桥施工监测中，整个塔、梁、索各自的温度场比较接近，因此可以各选择一个断面进行温度场的监测。

5.3.2 监测时间的选择

斜拉索张拉后的位移测量、索力测试及应力（应变）监测应避开日照温差影响，晴天应在凌晨1：00～5：00测试（视季节略有变化），阴雨天（从早上开始没有日照的影响）可全天测试，以便张拉各参数及其效应的相互校对。

5.3.3 索塔变形监测

在主梁对称悬拼过程中，应监测索塔的偏位。索塔偏位测点布置在塔顶便于观测的适当位置上，每个塔顶在上下游各设置一个测点，测量仪器选用全站仪和棱镜，在每个梁段吊装前后和每一根斜拉索张拉前后均需要测量。

5.3.4 主梁线形和变位监测

（1）测量方法

用高精度水准仪测量主梁标高，用全站仪测量主梁轴线坐标。

（2）测点布置

每节钢箱梁悬拼梁段前端斜拉索横隔板处断面作为主梁标高监测断面，在每个断面的顶面上布设 3 个（分离式）或 5 个（整体式）测点，混凝土现浇梁段选择跨径的四分点断面作为主梁标高监测断面，在每个断面的顶、底板上布设 3 个（分离式）或 5 个（整体式）测点。测点布置如图 5-3-1 所示。钢箱梁主梁在工厂制作时，需在测点位置处进行标记。施工过程中应保护好每个断面的测点。并需要量测测点与梁底板之间的高差，主梁拼装或浇筑完成后定位以底板标高为准。

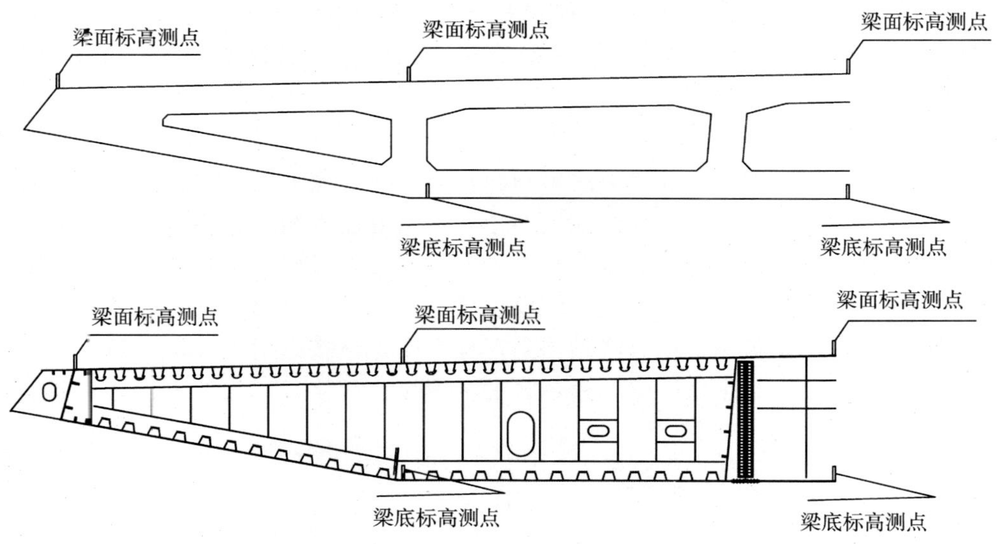

图 5-3-1 主梁标高测点布置示意图

(3) 一般坐标位置(位移)监测程序

一般坐标位置监测程序如图 5-3-2 所示。

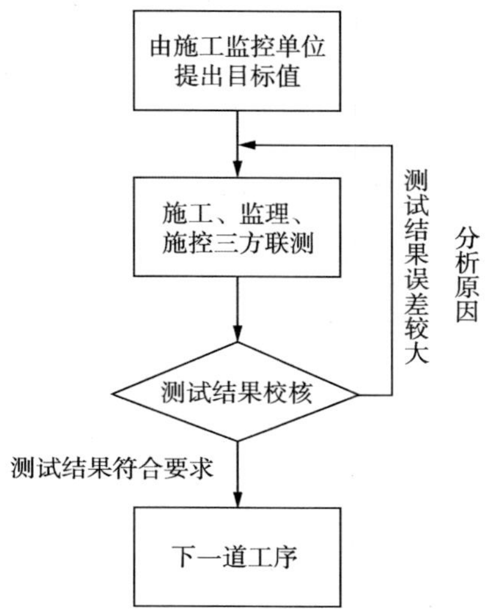

图 5-3-2 一般坐标位置监测程序流程图

(4) 测试状态和数量

在每个标准梁段悬拼施工过程中,桥面吊机吊装悬拼梁段定位完成、张拉斜拉索、吊机前移均需测量主梁的线形。每个梁段的各典型工况监控方将同施工方、监理方对梁段高程和塔顶偏位进行联测,每隔几个梁段对梁段轴线坐标进行抽查和复测。

5.3.5 斜拉索索力监测

(1) 测试方法

索力测量也是斜拉桥施工及监控的重要工作,拟采用“频率法”“油表法”和“锚索计法”共同确定,以保证索力监控的精度,避免人为错误。频率法是一种通过测定索的自振频率来换算索力的方法。锚索计法是采用在斜拉索张拉千斤顶下加锚索计,用锚索计的读数确定索力的方法。如果频率法、锚索计法与油表法测得的索力误差超过一定限值,则应找出原因,采取对策。

(2) 测试状态和数量

在每个标准梁段悬拼施工过程中,应进行悬拼梁段定位完成、斜拉索张拉到位、吊机前移 3 个状态的悬臂前端 3~5 对索索力测试。每相隔数对索,在其一典型状态(如某斜拉索张拉后)下对全桥索力做一次全面测量。在边跨合龙前后、主跨各次合龙前后、二期恒载加载前后等重要工序对全桥索力做一次全面测量。

(3) 一般索力监测程序

一般索力监测程序可参考图 5-3-2 进行。

5.3.6 主梁和索塔应力监测

为了确保大桥在施工过程中和成桥后的结构安全，及时掌握结构的受力状态，同时考虑后期桥梁结构健康监测的需要，在主梁和索塔的多个断面粘贴或埋入应变传感器，以测量主梁表面和混凝土主塔内部相应断面的应变（应力）值。

(1) 测试方法

目前，应变测试的元件有多种，如电阻应变片、绝对应力计、振弦式应变计、光纤光栅应变计和表面式应变计等。电阻应变片测试原理和仪器简单，温度补偿方便，但容易受潮，需要做好防水防潮处理。多数绝对应力计的质量仍未过关。振弦式应变计使用频率作为输出信号，适用于恶劣环境下的应变长期观测，其稳定性好，并有许多成功实例。光纤光栅应变计基本原理为光纤光栅变形后中心波长移动，通过解调光纤光栅的中心波长就可以方便获得应变值，与传统应变片、应变计相比具有抗电磁场干扰、抗腐蚀、抗潮湿、耐久性好的优点，但光纤光栅应变计接线“娇贵”，易在施工中损坏，且光纤光栅应变计与仪器的接头稍有压碰或黏上砂浆都易导致无法测试。因此，本桥拟主要采用埋入式振弦式应变计（混凝土主梁和塔柱）和表面式应变计（钢结构）。所有测试元件都需要有可靠的标定数据。

(2) 测点布置

根据斜拉桥箱梁应变测点布置的常规方法，边跨混凝土箱梁应力监测截面布置在边跨跨中（*A* 截面，即 YA8 位置后退 2 m 处）、次边跨跨中（*B* 截面，即 YA1 和 YA2 的中点位置处）以及距 MP5 主塔盖梁支座位置 2 m 处截面（*C* 截面），共计 3 个应力监测截面；两中跨钢箱梁应力监测截面布置在距主塔 MP4 中心两侧各 14 m 处截面（*H*、*G* 截面）、两矮塔侧最大悬臂长的 $L/2$ 截面（*D*、*J* 截面，即 D 节段）、高塔两侧最大悬臂长的 $L/2$ 截面（*F*、*I* 截面，即 G12 节段），以及中跨跨中截面（*E* 截面即 G17 节段），两个中跨共布置 7 个应力监测截面。全桥的主梁共布置 10 个应变监测截面，其中，*B* 和 *G* 两个截面为重点监测截面，其余截面为一般监测截面。重点监测截面测点布置：顶部布置 5 个测点，底部布置 5 个测点。一般监测截面测点布置：顶部布置 3 个测点，底部布置 3 个测点。全桥主梁共布置 68 个应变监测点。

主塔断面测点布置：MP5 索塔 3 个截面，MP4 索塔 2 个截面，共 5 个截面。每个截面布置 4～6 个测点，共有监测点 28 个，测点应变测量用传感器为埋入式振动传感器。主梁应变测试断面如图 5－3－3 所示，索塔应变测试断面如图 5－3－4所示，主梁和索塔断面测点布置如图 5－3－5、图 5－3－6 所示。

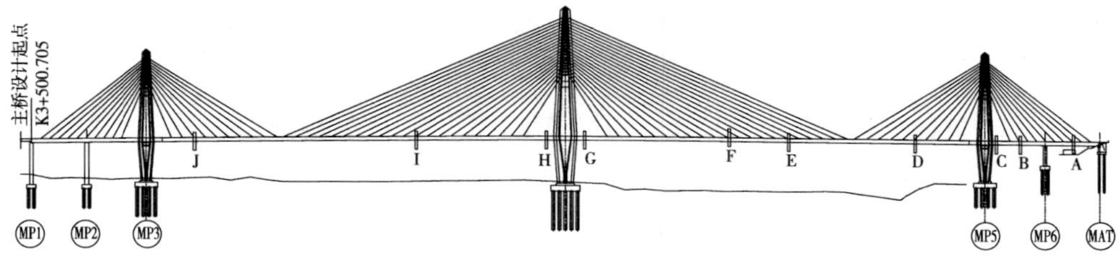

图 5－3－3　主梁应变测试断面示意图

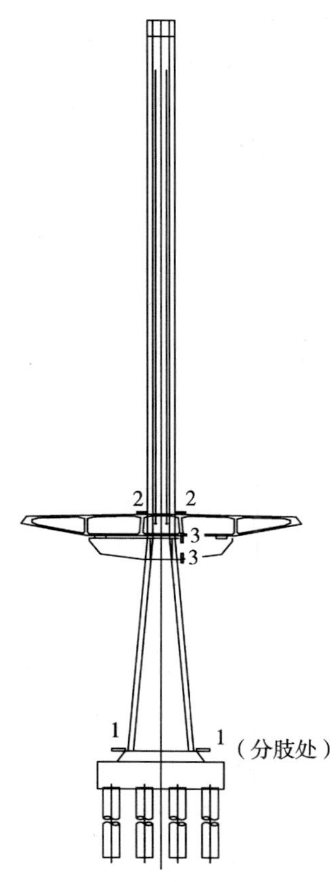

图 5－3－4　索塔应变测试断面示意图

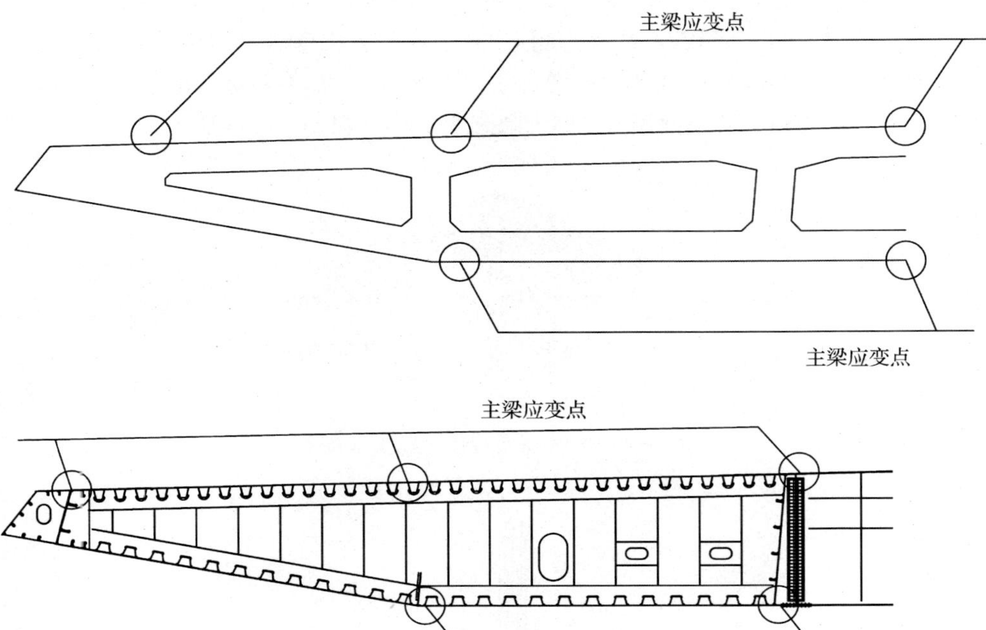

图 5－3－5　主梁应变测点布置示意图

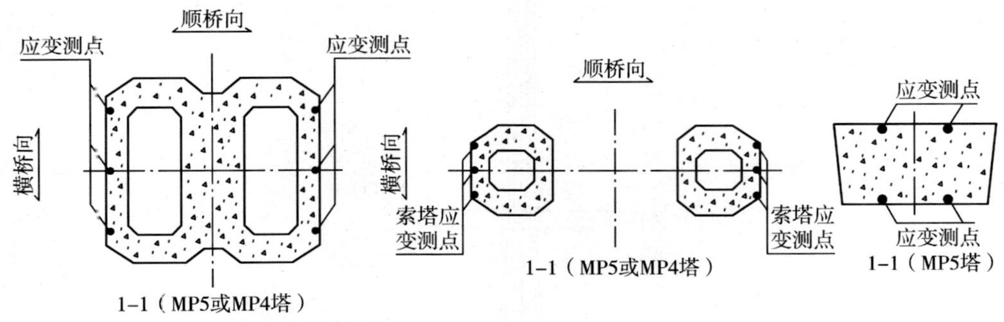

图 5－3－6　索塔应变测点布置示意图

（3）测试状态和数量

悬拼梁段：桥面吊机吊装悬拼梁段定位完成、斜拉索张拉完成、吊机前移到位均需测量主梁应力。现浇混凝土梁段：立模、浇筑完、张拉完均需测量主梁的应力。主梁悬拼 1/2（G11 或 D5）、3/4（G17 或 D8）、边跨合龙前后、中跨合龙前后、二期恒载加载前后等重要工序均需对全桥应力（应变）做一次全面测量。

测试应尽量避开日照温差影响。

(4) 测试程序

一般应力(应变)监测程序如图 5-3-7 所示。

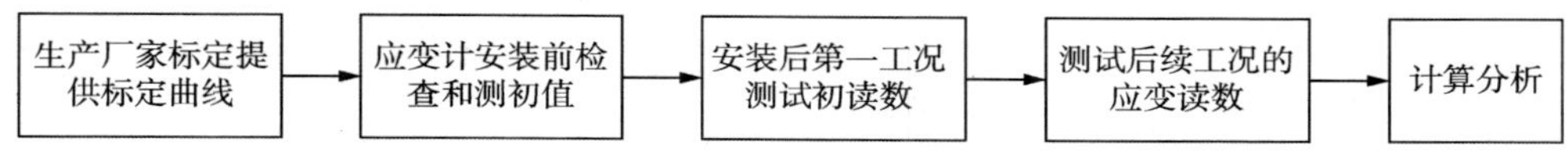

图 5-3-7 应变测试标准程序

5.3.7 温度场测试

为考虑结构温度场对施工过程和成桥结构典型状态的影响,拟对主梁、索塔进行温度场测试,所埋设的元件可用于后期健康监测过程中。

(1) 测试方法

使用高灵敏度热敏电阻作为测试元件,使用高精度数字电阻表测读。

(2) 测点布置

考虑到监测应变测试断面温度的需要,选择索塔 1 个应变测试截面、钢箱梁 2 个应变测试断面进行温度场测试,测点布置原则:能较充分地反映断面从上至下、从左至右的温度场变化,温度变化梯度较大处测点较密集,梯度较小处测点稍稀疏。① 主梁断面测点在应变观测断面中分别选择 2 个主梁断面作为测温横截面;②主塔断面测点选择中塔柱的 1 个应变监测断面进行温度场观测。

(3) 测试时间

对于日照温差的测试,在主梁施工期间选择有代表性的天气进行,例如,每个季节各选择一个晴天、多云天和阴雨天,一般情况下每个代表性天气条件下均需要进行 24 h 连续观测,测试频率为 1 次/h。

5.4 施工监控结果

5.4.1 主塔塔顶纵向水平位移

主塔塔顶纵向水平位移是衡量主塔成桥目标的重要参数指标。项目组利用瑞士莱卡 TCA2003 全站仪对主塔塔顶纵向水平位移进行了测量,得到主塔塔顶纵向水平位移实测值及偏差值见表 5-4-1 所列,主塔塔顶纵向水平位移实测值与理论值吻合较好。

表 5－4－1 成桥状态下主塔塔顶纵向水平位移实测数据与理论值对比表

主塔名称	主塔理论纵向偏量（m）	主塔实测纵向偏量（m）	实测与理论偏差量（m）
MP3	－0.050	－0.058	－0.008
MP4	＋0.001	＋0.004	＋0.003
MP5	＋0.051	＋0.056	＋0.005

注：表中给出的主塔纵向水平位移以偏向小里程侧为负，偏向大里程侧为正，测量温度为 18℃。

5.4.2 桥面线形

使用瑞士莱卡 TCA2003 全站仪对桥面线形进行了测量，测量截面选择：两个 425 m 主跨测量截面确定为跨径的八等分截面，南、北岸两侧的边跨（跨径 55 m）和次边跨（跨径 60 m）测量截面确定为跨径的四等分截面，每个截面横向设置 4 个测点，均距路缘石的边缘 10 cm。桥面线形测量截面和测点设置如图 5－4－1 所示。

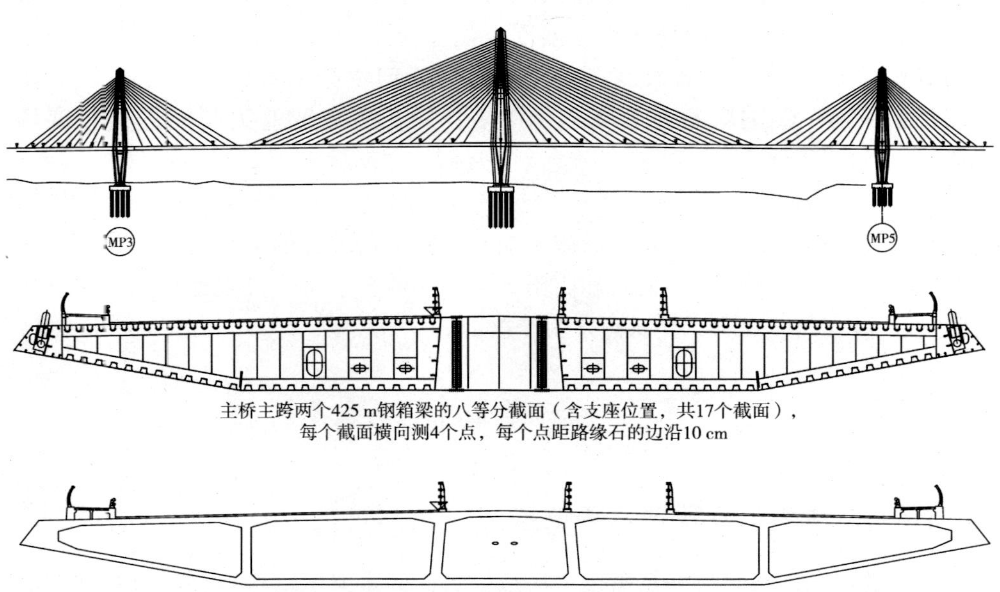

图 5－4－1 桥面线形测量截面和测点设置示意图

实测得到成桥恒载作用下桥面线形数据与理论数据对比，见表5-4-2所列。对比结果表明，桥面线形实测值与理论值吻合较好，横坡满足规范要求。

表5-4-2 成桥状态下桥面线形数据与理论数据对比

截面编号	截面位置	实测与理论偏差量（m）				左幅横坡	右幅横坡
		左幅上游	左幅下游	右幅上游	右幅下游		
1	MP1 墩顶	0.022	0.016	0.013	0.030	2.0%	1.9%
2	南岸边跨四等分截面	0.031	0.024	0.017	0.000	2.0%	2.1%
3		0.026	0.020	0.029	0.024	2.0%	2.1%
4		0.019	0.017	0.021	0.017	2.0%	2.0%
5	MP2 墩顶	0.022	0.018	0.019	0.021	1.9%	2.0%
6	南岸次边跨四等分截面	0.026	0.025	0.018	0.024	1.9%	2.1%
7		0.024	0.023	0.025	0.020	2.0%	2.0%
8		0.011	0.019	0.009	0.013	2.0%	1.9%
9	MP3 主塔	−0.012	0.017	0.016	−0.019	2.2%	2.2%
10	MP3～MP4主塔间主跨八等分截面	0.024	0.019	0.035	0.023	2.0%	2.1%
11		0.015	0.030	0.033	0.018	2.1%	2.1%
12		−0.026	−0.027	−0.009	−0.018	2.0%	2.1%
13		0.013	0.021	0.022	0.015	2.1%	2.0%
14		−0.021	−0.014	−0.014	−0.022	2.0%	2.0%
15		0.032	0.039	0.033	0.028	2.0%	2.0%
16		0.031	0.022	0.034	0.028	1.9%	2.0%
17	MP4 主塔	0.003	−0.008	0.021	0.011	1.9%	2.1%
18	MP4～MP5主塔间主跨八等分截面	0.024	0.024	0.023	0.024	2.0%	2.0%
19		0.012	−0.008	−0.006	−0.003	1.9%	2.0%
20		−0.019	−0.030	−0.018	−0.036	1.9%	2.1%
21		0.017	0.023	0.024	0.017	2.0%	2.0%
22		0.004	0.015	−0.004	0.007	2.1%	1.9%
23		0.028	0.003	0.014	0.029	1.9%	1.9%
24		0.032	0.039	0.036	0.036	2.0%	2.0%
25	MP5 主塔	−0.003	0.006	0.019	0.006	2.1%	2.1%

（续表）

截面编号	截面位置	实测与理论偏差量（m）				左幅横坡	右幅横坡
		左幅上游	左幅下游	右幅上游	右幅下游		
26	北岸次边跨四等分截面	0.024	−0.024	0.022	0，021	2.0%	2.0%
27		0.007	0.008	0.013	0.017	2.0%	2.0%
28		0.016	0.009	0.016	0.026	2.0%	1.9%
29	MP6 墩顶	0.028	0.010	0.011	0.010	1.9%	2.0%
30	北岸边跨四等分截面	0.008	0.013	0.017	0.022	2.0%	2.0%
31		0.013	0.022	0.020	0.023	2.0%	2.0%
32		0.024	0.015	0.010	0.019	2.0%	2.0%
33	MA7 桥台	0.015	0.024	0.025	0.015	2.0%	2.0%

5.4.3 斜拉索索力

用长沙金码生产的索力动测仪对全部斜拉索索力进行了测试，得到目前成桥恒载作用下斜拉索索力，见表 5-4-3 所列。各斜拉索索力实测值与理论值的误差满足规范要求。

表 5-4-3 成桥状态下斜拉索索力理论值与实测值对比表

索号	实测值与理论值相对误差		索号	实测值与理论值相对误差	
	上游	下游		上游	下游
ZA10	−0.7%	2.6%	YA10	1.5%	2.7%
ZA9	2.5%	2.5%	YA9	4.4%	4.4%
ZA8	3.2%	3.2%	YA8	1.4%	1.4%
ZA7	−4.9%	−4.9%	YA7	2.7%	2.7%
ZA6	−4.4%	−4.4%	YA6	−2.9%	−3.5%
ZA5	−5.8%	−5.8%	YA5	−1.3%	−0.8%
ZA4	−2.4%	−2.4%	YA4	−1.8%	−1.8%
ZA3	1.9%	1.9%	YA3	0.1%	0.1%
ZA2	1.0%	−5.3%	YA2	7.6%	7.5%
ZA1	−8.7%	−8.7%	YA1	6.3%	5.4%
ZB1	−3.4%	−2.9%	YB1	−4.5%	−2.0%

（续表）

索号	实测值与理论值相对误差		索号	实测值与理论值相对误差	
	上游	下游		上游	下游
ZB2	0.2%	5.7%	YB2	4.8%	4.5%
ZB3	−1.3%	5.5%	YB3	4.0%	4.2%
ZB4	−3.2%	−3.8%	YB4	4.2%	4.7%
ZB5	−4.5%	−3.7%	YB5	−0.1%	3.8%
ZB6	5.3%	2.1%	YB6	−3.7%	−4.4%
ZB7	−1.5%	1.6%	YB7	2.4%	1.8%
ZB8	5.5%	4.5%	YB8	0.5%	3.9%
ZB9	5.5%	7.0%	YB9	4.8%	4.3%
ZB10	2.7%	3.9%	YB10	5.0%	5.0%
ZC21	−2.2%	2.4%	YC21	4.8%	2.9%
ZC20	4.6%	5.1%	YC20	1.2%	2.7%
ZC19	5.0%	5.0%	YC19	1.9%	3.5%
ZC18	−1.1%	2.9%	YC18	2.4%	0.5%
ZC17	−3.1%	0.1%	YC17	1.0%	0.6%
ZC16	4.0%	2.2%	YC16	4.4%	1.8%
ZC15	2.8%	0.4%	YC15	1.0%	0.0%
ZC14	3.7%	1.7%	YC14	4.1%	−0.7%
ZC13	3.6%	1.1%	YC13	5.0%	3.1%
ZC12	3.2%	−0.1%	YC12	5.0%	2.1%
ZC11	5.2%	4.1%	YC11	5.2%	1.4%
ZC10	0.7%	−2.3%	YC10	2.0%	5.2%
ZC9	−2.4%	0.8%	YC9	−0.6%	2.4%
ZC8	0.5%	−0.3%	YC8	4.8%	4.4%
ZC7	4.0%	−0.6%	YC7	4.4%	3.9%
ZC6	4.2%	3.5%	YC6	4.0%	4.9%
ZC5	1.7%	3.2%	YC5	1.9%	−0.2%

（续表）

索号	实测值与理论值相对误差		索号	实测值与理论值相对误差	
	上游	下游		上游	下游
ZC4	4.2%	0.7%	YC4	5.2%	4.7%
ZC3	−1.9%	1.1%	YC3	5.2%	2.3%
ZC2	4.8%	4.6%	YC2	4.6%	0.4%
ZC1	1.2%	0.1%	YC1	2.4%	−2.7%

注：相对误差的计算式为（实测索力－理论索力）/理论索力×100%。

5.4.4 应力应变

（1）主梁应力应变

监测了主梁合龙后桥面铺装前MP4与MP5索塔零号块、MP5～MA7跨跨中截面、MP4索塔南北两侧G2及G12钢箱梁截面、MP5索塔侧D2及D6钢箱梁截面的应力应变。每个监测截面布置5～9个测点，布置位置主要为箱梁顶底板及倒角处。其中，MP5与MP6跨跨中截面及MP5索塔侧D6钢箱梁截面应力应变测点布置如图5－4－2所示。

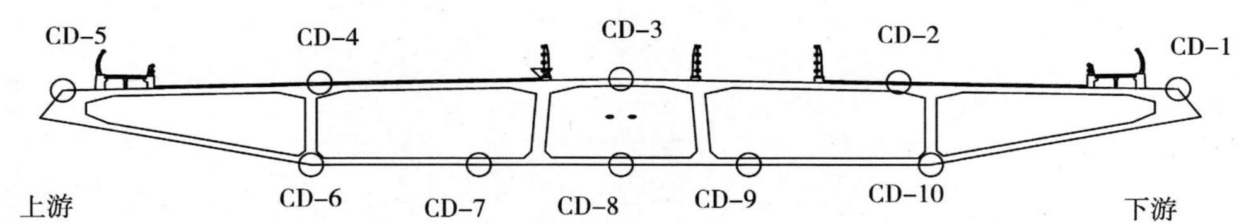

（a）MP5与MP6跨跨中截面

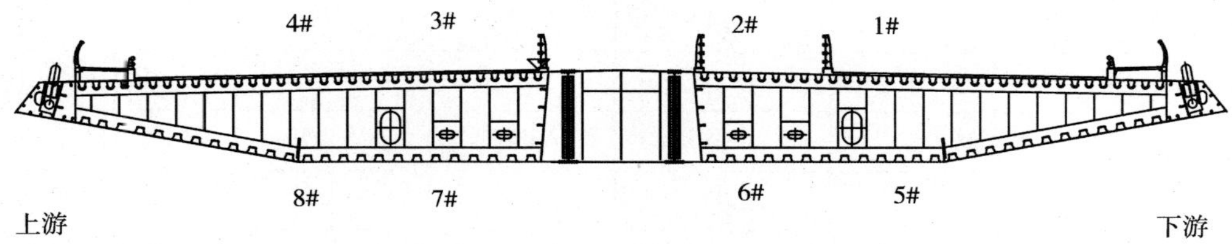

（b）MP5索塔侧D6钢箱梁截面

图5－4－2　箱梁截面应力应变测点布置示意图

主梁不同截面的应力应变理论值与实测值对比见表5－4－4～表5－4－8所列。

表5-4-4 MP4与MP5索塔零号块应力应变测试结果

测点位置		MP4索塔零号块								
测点编号		1	2	3	4	5	6	7	8	9
实测值	应变（με）	−225	−232	−200	−246	−191	−217	−219	−206	−266
	应力（MPa）	−8.1	−8.4	−7.2	−8.9	−6.9	−7.8	−7.9	−7.4	−9.6
理论值	应变（με）	−233	−280	−233	/	/	/	/	/	/
	应力（MPa）	−9.0	−8.4	−8.4	/	/	/	/	/	/
测点位置		MP5索塔零号块								
测点编号		1	2	3	4	5	6	7	8	9
实测值	应变（με）	/	/	−168	−79	−51	−64	−40	/	−157
	应力（MPa）	/	/	−6.0	−2.8	−1.8	−2.3	−1.4	/	−5.7
理论值	应变（με）	−164	−67	−197	/	/	/	/	/	/
	应力（MPa）	−5.9	−2.4	−7.1	/	/	/	/	/	/

表5-4-5 MP5～MA7跨跨中截面应力应变测试结果

测点位置		MP5～MP6跨跨中截面						
测点编号		1	2	3	4	5	6	7
实测值	应变（με）	−155	−113	−166	−207	−190	−177	−193
	应力（MPa）	−5.6	−4.1	−6.0	−7.5	−6.8	−7.4	−6.9
理论值	应变（με）	−156	−186	/	/	/	/	/
	应力（MPa）	−5.6	−6.7	/	/	/	/	/
测点位置		MP6～MA7跨跨中截面						
测点编号		1	2	3	4	5	6	7
实测值	应变（με）	/	−143.4	/	−186.9	−152.5	/	/
	应力（MPa）	/	−5.2	/	−6.7	−5.5	/	/
理论值	应变（με）	−178	−153	/	/	/	/	/
	应力（MPa）	−6.4	−5.5	/	/	/	/	/

表 5-4-6　MP4 索塔南北侧 G2 钢箱梁截面应力应变测试结果

测点位置		MP4 索塔南侧 G2 钢箱梁截面							
测点编号		1	2	3	4	5	6	7	8
实测值	应变（με）	/	/	−206	/	−194	−163	−182	−115
	应力（MPa）	/	/	−42.4	/	−40.0	−33.6	−37.5	−23.7
理论值	应变（με）	−236	−164	/	/	/	/	/	/
	应力（MPa）	−48.7	−33.8	/	/	/	/	/	/
测点位置		MP4 索塔北侧 G2 钢箱梁截面							
测点编号		1	2	3	4	5	6	7	8
实测值	应变（με）	−208	/	−289	−259	−162	−189	−115	−172
	应力（MPa）	−42.8	/	−58.9	−53.4	−33.4	−38.9	−23.7	−35.4
理论值	应变（με）	−236	−164	/	/	/	/	/	/
	应力（MPa）	−48.7	−33.8	/	/	/	/	/	/

表 5-4-7　MP4 索塔南北侧 G12 钢箱梁截面应力应变测试结果

测点位置		MP4 索塔南侧 G12 钢箱梁截面							
测点编号		1	2	3	4	5	6	7	8
实测值	应变（με）	77	33	/	24	−417	−579	−551	−503
	应力（MPa）	15.9	6.7	/	4.9	−86.0	−119.3	−113.4	−103.6
理论值	应变（με）	62	−571	/	/	/	/	/	/
	应力（MPa）	12.7	−117.6	/	/	/	/	/	/
测点位置		MP4 索塔北侧 G12 钢箱梁截面							
测点编号		1	2	3	4	5	6	7	8
实测值	应变（με）	51	28	32	54	−487	−506	−499	−512
	应力（MPa）	10.5	5.7	6.6	11.1	−100.3	−104.2	−102.9	−105.5
理论值	应变（με）	62	−571	/	/	/	/	/	/
	应力（MPa）	12.7	−117.6	/	/	/	/	/	/

表 5－4－8　MP5 索塔侧 D2 及 D6 钢箱梁截面应力应变测试结果

测点位置		MP5 索塔侧 D2 钢箱梁截面							
测点编号		1	2	3	4	5	6	7	8
实测值	应变（με）	−168	−208	−173	−133	40	26	81	89
	应力（MPa）	−34.8	−42.8	−35.7	−27.3	8.2	5.3	16.6	18.3
理论值	应变（με）	−159	77	/	/	/	/	/	/
	应力（MPa）	−32.7	15.9	/	/	/	/	/	/
测点位置		MP5 索塔侧 D6 钢箱梁截面							
测点编号		1	2	3	4	5	6	7	8
实测值	应变（με）	/	−52	−54	−65	/	−54	−68	/
	应力（MPa）	/	−10.7	−11.1	−13.4	/	−11.1	−14.0	/
理论值	应变（με）	−50	−64	/	/	/	/	/	/
	应力（MPa）	−10.4	−13.2	/	/	/	/	/	/

注：表中“/”表示传感器失效未监测到数据，应力应变拉为正、压为负。

（2）索塔应力应变

监测了 MP5 索塔零号块处的应力应变，在索塔截面布置了 6 个测点，测点分布位置如图 5－4－3 所示。

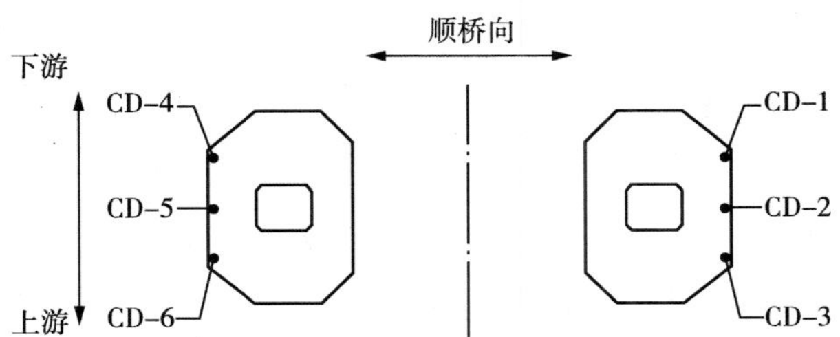

图 5－4－3　索塔截面应力应变测点布置示意图

索塔截面的应力应变理论值与实测值对比见表 5－4－9 所列。

表 5－4－9　MP5 索塔零号块处截面应力应变测试结果

测点位置		MP5 索塔零号块					
测点编号		1	2	3	4	5	6
实测值	应变（με）	−101	−132	−164	/	−157	−159
	应力（MPa）	−3.6	−4.7	−5.8	/	−5.6	−5.6

（续表）

测点位置		MP5 索塔零号块					
测点编号		1	2	3	4	5	6
理论值	应变（$\mu\varepsilon$）	－165	－165	/	/	/	/
	应力（MPa）	－5.8	－5.8	/	/	/	/

表 5－4－4～表 5－4－9 所列测量结果表明，合龙后主梁及索塔关键截面的应力应变测试值与理论值吻合较好，应力水平较低，结构内力安全。出现误差的主要原因是实测结果包含了剪力滞影响，而理论值并未考虑其影响。此外，应变测试存在一定误差。

5.5 本章小结

根据对泸州市邻玉长江大桥主桥成桥状态下的结构参数测定数据，可得到评定结论：施工及监控工作完成后，邻玉长江大桥主桥线形平顺，线形与内力状态参数的实测数据与目前状态的理论值的误差较小，满足国家相关技术标准要求。

参考文献

[1] 中华人民共和国行业标准．JTG D60—2015 公路桥涵设计通用规范［S］．北京：人民交通出版社股份有限公司，2015.

[2] 中华人民共和国行业标准．JTG 3362—2018 公路钢筋混凝土及预应力混凝土桥涵设计规范［S］．北京：人民交通出版社股份有限公司，2018.

[3] 中华人民共和国行业标准．JTG D63—2007 公路桥涵地基与基础设计规范［S］．北京：人民交通出版社，2007.

[4] 中华人民共和国行业标准．JTG/T F50—2011 公路桥涵施工技术规范［S］．北京：人民交通出版社，2011.

[5] 中华人民共和国行业标准．CJJ 11—2011 城市桥梁设计规范［S］．北京：中国建筑工业出版社，2019.

[6] 李攀，黄伟，黄强，等．大型履带吊上临时钢栈桥有限元分析［J］．工业建筑，2023，53（A2）：383－385.

[7] 李宁，杜松，王振，等．中马友谊大桥主桥深水基础临时结构设计及施工技术［J］．桥梁建设，2023，53（4）：147－154.

[8] 丁玉春，郝白龙．小浪底库区黄河特大桥高钢栈桥施工技术［J］．公路交通技术，2022，38（5）：78－85.

[9] 喻佳．钢栈桥，平台施工技术应用研究［D］．西安：长安大学，2017.

[10] 郑雅文．普通型装配式钢栈桥力学性能及稳定性分析［D］．长沙：长沙理工大学，2022.

[11] 刘宁波，周清忘．生态库区超厚硬岩条件下大直径长桩桩基施工关键技术［J］．施工技术（中英文），2024，53（13）：83－87.

[12] 梁森，袁誉飞，舒波，等．超大直径超深桩基施工技术［J］．建筑结构，2020，50（A2）：910－915.

[13] 吴鸿迪，李立坤，毛奎．深中通道大直径桩基旋挖钻机成孔技术应用［J］．公路，2020，65（11）：199－203.

图书在版编目(CIP)数据

复杂水域公轨两用大跨度钢箱混合梁三塔斜拉桥施工关键技术:以泸州邻玉长江大桥施工技术为例/符强,严泽洪著. --合肥:合肥工业大学出版社,2025
ISBN 978-7-5650-6795-2

Ⅰ.①复… Ⅱ.①符… ②严… Ⅲ.①钢箱梁-混合梁-铁路公路两用桥-长跨桥-斜拉桥-桥梁施工-泸州 Ⅳ.①U448.12

中国国家版本馆 CIP 数据核字(2024)第 106853 号

复杂水域公轨两用大跨度钢箱混合梁三塔斜拉桥施工关键技术

——以泸州邻玉长江大桥施工技术为例

符 强 严泽洪 著　　　　责任编辑 毛 羽

出 版	合肥工业大学出版社	**版 次**	2025 年 6 月第 1 版
地 址	合肥市屯溪路 193 号	**印 次**	2025 年 6 月第 1 次印刷
邮 编	230009	**开 本**	710 毫米×1010 毫米 1/16
电 话	基础与职业教育出版中心:0551-62903120	**印 张**	12.25
	营销与储运管理中心:0551-62903198	**字 数**	238 千字
网 址	press.hfut.edu.cn	**印 刷**	安徽联众印刷有限公司
E-mail	hfutpress@163.com	**发 行**	全国新华书店

ISBN 978-7-5650-6795-2　　　　定价: 68.00 元

如果有影响阅读的印装质量问题,请联系出版社营销与储运管理中心调换。